本书是国家社科基金项目"中国文化软实力评估与增进方略研究"（14BKS064）结项成果，是上海社会科学创新工程"全球视野下的中国软实力研究"创新工程成果。

SOFTPOWER

中国文化软实力评估及增进方略研究

"全球视野中的中国软实力研究"丛书　胡　键◎主编

胡　键◎著

天津出版传媒集团

天津人民出版社

图书在版编目（ＣＩＰ）数据

中国文化软实力评估及增进方略研究／胡键著. --
天津:天津人民出版社,2020.9
（"全球视野中的中国软实力研究"丛书／胡键主编）
ISBN 978－7－201－16119－8

Ⅰ.①中… Ⅱ.①胡… Ⅲ.①文化事业－建设－研究－中国 Ⅳ.①G12

中国版本图书馆 CIP 数据核字（2020）第 117714 号

中国文化软实力评估及增进方略研究
ZHONGGUO WENHUA RUANSHILI PINGGU JI ZENGJIN FANGLÜE YANJIU

出　　版	天津人民出版社
出 版 人	刘　庆
地　　址	天津市和平区西康路 35 号康岳大厦
邮政编码	300051
邮购电话	（022）23332469
网　　址	http://www.tjrmcbs.com
电子信箱	reader@ tjrmcbs.com
策划编辑	王　康
责任编辑	王　玲
装帧设计	明轩文化·王烨
印　　刷	三河市华润印刷有限公司
经　　销	新华书店
开　　本	710 毫米×1000 毫米　1/16
印　　张	19.25
插　　页	2
字　　数	300 千字
版次印次	2020 年 9 月第 1 版　2020 年 9 月第 1 次印刷
定　　价	88.00 元

总　序

　　这里要送给读者的是关于软实力研究的系列。出版这几本册子的缘起大致在于：自 2005 年以来，本人一直在从事软实力理论研究。2008 年获得国家社科基金立项，经过 4 年的辛勤研究，发表了一系列论文，最终成果以《中国和平崛起过程中的软实力发展方略》（新华出版社，2013 年）出版。2014 年，再次获得国家社科基金的立项，这使我及我的小团队不得不对该问题继续深入研究。实际上，早在 2009 年，我就向我院领导建议建立一个专门研究软实力研究的机构或平台。但是或许是对该问题认识上的偏差而最终被搁置。当然，我们的研究并没有停下来。相反，研究在不断深化，否则，不可能在该问题上再次获得国家社科基金的立项。

　　2013 年"一带一路"倡议提出后，本团队开始把软实力与"一带一路"结合起来进行研究，同样形成了不少相关成果，包括"一带一路"的话语研究、"一带一路"的国家创新力研究、"一带一路"的风险研究等。实际上，就本人而言，早在 2007 年前后就已经在从事新丝绸之路经济带的研究。2008 年到云南省社会科学院参加有关"大陆桥"经济研究的项目评审，并提出了相关的政策建议。经过数年的研究和积累，又恰逢"一带一路"倡议的提出，2015 年底出版了《"一带一路"的战略构想及其实践研究》（时事出版社，2016 年）一书。2016 年 12 月，中央全面深化改革领导小组的会议提出重视"一带一路"软实力研究。其中重要的原因在于，有种观点把"一带一路"视为中国的全球化方案，是中国塑造国际秩序的战略，等等。这使外界对中国产生了一种畏惧感，甚至把中国视为一种威胁。在这种情形下，加强"一带一路"软实力研究可以纠正相关的错误认识。鉴于此，本团队从跨文化交流的视角来研究"一带一路"和软实力的关系，因为"一带一路"的"互通",基础就是民心相通,而跨文化交流则是民心相通的有效路径。

2017 年 3 月,在经过反复汇报、请示以后,我院终于同意成立上海社会科学院软实力研究中心。3 月 17 日,中心揭牌仪式暨"一带一路"软实力论坛召开。而在此之前,本团队获得上海社会科学院创新工程的支持,组建了"全球视野中的中国软实力研究"创新团队。这样,我院软实力研究的团队建设、机构建设暂告一段落,而把全部精力投入到数据收集、田野调查和文本研究之中。

什么是软实力?

"软实力"作为一个学术概念是美国政治学者约瑟夫·奈在 20 世纪 80 年代末 90 年代初提出来的。当时的一个重要背景是,20 世纪 70 年代,美国学术界流行着"美国衰落论",这主要是因为 70 年代苏联正处于咄咄逼人的态势,与美国在第三世界全面争夺霸权,而美国则长期陷于"越战后遗症"之中。所以"美国衰落论"似乎得到了美国主流学术界的接受。然而,约瑟夫·奈认为,美国没有衰落,而是权力发生了扩散,从硬实力扩散到软实力。因此,奈建议,要充分认识软实力的重要性,尤其是要在美国的对外行为中大力推行美国的文化和价值观。尽管奈的观点当时并没有引起重视,但他的认识无疑是前瞻性的,从这些年的实际情况来看,软实力的确成为国际竞争的主战场之一。虽然"软实力"这个概念是美国学者提出来的,但对软实力的关注、运用在中国两千多年前就开始了。《易经》中就强调:"地势坤,君子以厚德载物",即德厚方能承载万物。这实际上就是软实力。《道德经》也有相应的论述。如"天下之至尊驰骋于天地之至坚""上善若水"等。这些都强调软实力的重要性。即便是关于运用军事硬实力的《孙子兵法》也强调"不战而屈人之兵"的软实力手段。由此可见,软实力并非是外来的东西。

关于软实力的来源,奈认为是来自文化、价值和对外政策。同时奈也强调,有形的物质性资源也可能产生软实力。后来被一些学者解读为软实力必须建立在硬实力的基础之上。这个认识既对也不对。当从软实力与大国成长的关系来看,即国家的硬实力是软实力的基础,离开了硬实力,软实力也就失去根基。然而如果纯粹从学术角度来看,软实力不一定需要硬实力。例如,罗马帝国、古希腊都不存在了,但它们的文化、价值迄今对西方乃至整个世界都始终有影响;苏联作为一个国家已经不存在了,但苏联对俄罗斯、其他独联体国家,乃至东欧国家的影响依然存在。从人的角度来看也是一样,马克思、恩格斯已去世了,但他们的伟大思想依然影响着世界;老子、孔子、孟子也早已作古,但他们的思想却依然保持强大的生命力。由此可见,关于软实力与硬实力的关系要区别具体情况。

软实力的内涵是什么?

奈提出"软实力"这个概念,但缺乏理论论证,因而其理论缺陷是非常明显的。20世纪90年代,软实力研究被中国学者引入中国学术界,但最初并没有引起学界的关注。一个重要的原因是,概念的"原产地"美国对此应者寥寥,而在中国最初对文化为核心内容的软实力并没有放在重要位置,更多的是关注经济发展即硬实力。当然,20世纪80年代的国内学术界的确也兴起了一个"文化热"。但是当时整个国家为了解决"短缺经济"问题,尤其是要解决贫困问题,"文化热"迅速被经济发展的势头所掩盖。社会主义市场经济启动后,经济的热潮更是把经济之外的一切都遮盖了。其结果是,经济迅速崛起的时候是文化的日益贫乏。

进入21世纪后,社会对文化的需求日益强烈,软实力尤其是文化软实力越来越受到重视,强调增强国家软实力,实施文化强国战略。需要强调的是,无论是从党和政府的文件还是国内学术界来看,中国语境中的软实力与奈所说的软实力的内涵是大相径庭的。换言之,国内学术界所研究的软实力其内涵要远远大于奈所说的软实力。国内学术界所使用的软实力只是借用了奈的软实力的外壳,其内涵则完全"中国化"了。就其内容而言,至少包括以下方面:

一是直接由文化、价值观等无形资源产生的软实力。国内学者对这方面的研究比较多,这主要的原因是,中国有五千年的文明史,文化底蕴非常深厚,文化资源也十分丰富。可以说,中国是一个文化资源大国。不过,文化资源要成为软实力还需要一个转化的过程,更需要一种转化的能力。也就是说,文化资源大国并不一定是软实力大国,更遑论软实力强国。

二是物质性即有形的资源产生的软实力。虽然奈也有此观点,即有形的资源本身也会产生软实力,如美国是世界第一大经济体,而且美国拥有最发达的高校和研究机构,也拥有最先进的科学技术,因此,美国一直就对世界各地的优秀人才具有强大的吸引力。长期来,美国一直就是世界优秀青年的移入国。这种情况首先是因为美国拥有强大的物质性资源。又如,中国经过四十多年的改革开放经济迅速腾飞,科技实力也稳步提升,与此同时,中国的国际地位也得到了前所未有的提高。因此,中国也对世界各国的人们产生了强大的吸引力,相当多的欧美各国的人们越来越多地选择来中国创业和选择到中国定居。这就是中国经济崛起而产生的强大软实力。

三是制度资源产生的软实力。这主要是指好的制度往往能产生更大的经济绩效和社会绩效,也会使制度具有更大的吸引力和社会动员力。这里所说的制度既包括社会制度、政治体制、法律制度等,也包括工作中的运行机制,但我们研究的制度更多的是指前者。

制度作为软实力并非是奈提出软实力概念之后的事。如果我们回顾一下历史,古今中外都不断在探索国家制度,目的是寻找制度的力量,包括制度的生产力、吸引力。《马可·波罗游记》传到欧洲后形成了一股"中国热",这在相当大程度上是因为马可·波罗在东方看到了一种比西方更好的制度,或者说是中国的制度对他产生了一种强大的冲击力。后来,门罗尔萨、莱布尼茨甚至直言不讳地说,中国是世界上统治最好的帝国。这是当年"大元帝国"的制度对欧洲产生的巨大软实力。

然而鸦片战争的失败,震醒了中国一批先进分子,使他们进行反思。最初是器物上的反思,从"师夷长技以制夷"到"中学为体、西学为用"等都是在器物上的反思。及至中国在甲午中日战争的再次战败,中国知识分子开始进行制度反思,寻找一种能够使中国避免亡国灭种并能够实现富国强民的制度。戊戌变法虽然只有百日,但这是中国社会第一次对中国进行制度反思,寻找适合中国且具有强大社会动员能力的社会制度。孙中山领导的资产阶级革命也是在寻找一种美好的制度。当然,这些实践都先后失败了，直到中国共产党的诞生，中国的革命面貌才焕然一新。从此，对制度的探索，就不可推卸地落到中国共产党的肩上。

中国最终选择社会主义制度，不是偶然的，也是历史的选择、人民的选择，特别是因为社会主义制度所具有的强大软实力。过去四十多年的现代化建设取得举世瞩目的成就，原因就是中国共产党领导下的社会主义制度。正是由于坚持社会主义制度，中国才在现代化建设的伟大实践中开创了创造世界现代化奇迹的"中国道路"。

为什么要研究软实力？

对某一问题的学术研究既是实践发展的结果，更是服务实践的需要。从实践发展来看，在中共十九大召开前，社会主义初级阶段的社会主要矛盾是人民日益增长的物质文化生活需要同落后的社会生产之间的矛盾。而经过改革开放和现代化的发展之后，中国社会不仅彻底告别了"短缺经济"，而且人民的物质生活水平也有了前所未有的提高，甚至可以说，人民日益增长的物质生活的需要得到基本满足，并在此基础上人们正在追求一种高质量的幸福生活。但是人们对幸福生活追求既包括对物质生活质量的追求，更包括对文化等精神生活质量的追求。而为了提高人们的文化生活质量，就必须大力发展中国的软实力，实施文化强国战略。正是这样的客观实际促使我们必须重视软实力的研究。

中共十九大召开以后，中国共产党对当前中国社会的主要矛盾又有了新的认识，即人民日益增长的美好生活需要和不平衡不充分的发展之间的矛盾。对美好生活的追求离不开物质生活质量和文化生活质量的双重提高。只有物质生活质量的提高而缺乏高质量的文化生活，这种生活绝对是没有品位的生活，而没有品位的生活也绝对算不上美好生活。而文化生活品质的提高则是以物质生活质量的提高为基础的。而发展不平衡不充分的情形，既表现在中国发展存在着的严重二元现象，也体现在中国经济发展与文化发展的不平衡之上。换言之，无论是对美好生活的追求还是解决发展不平衡不充分的问题，都离不开文化发展和大力提升国家的软实力。恩格斯曾经指出，文化的每一个进步，都是迈向自由的进步。由此可见，中国要在解决人们对美好生活的追求与发展不平衡不充分的矛盾,就是在经济继续发展的同时,大力增强国家软实力,谋求中国文化发展,朝着人的自由的重大进步。

从服务实践的情况来看,中国经济发展方式的转变长期来没有取得实质性的成效,以至于经济发展在经历了长时期的高速增长之后已现陷入增长瓶颈的迹象。这些问题虽然出在经济上,但解决问题的入口却在经济之外,具体而言是在文化上,即劳动力素质、产业素质上面。古人说,仓廪实而知礼节,衣食足而知荣辱。但是物质生活的富足并不能直接让人"知礼节""知荣辱",提升人的素质唯一的途径就是教化。一个国家也是一样,经济等硬实力的增强尽管会在一定程度上产生一定软实力,但真正要使国家软实力的整体性提升,还必须要有专门的增强战略。反过来,国家软实力的增强则会对经济等硬实力的提升产生倍增作用。也就是说,软实力发挥得好一定是硬实力的增进器。而且也只有当硬实力与软实力平衡发展的时候,中国现代化发展进程中出现的种种二元现象才能得到有效消除,中国发展不平衡、不充分的现象才有可能消除。

此外,中国正在崛起为一个新型大国。之所以称为新型大国,就是因为中国崛起的方式、中国处理国际关系、中国与国际体系的关系等,都与西方历史上崛起的大国不一样。从崛起的方式来看,中国是和平崛起,即使硬实力与软实力平衡发展的崛起方式,而不是像西方大国那样是纯粹意义的硬实力的崛起。单纯的硬实力崛起最终就很难避免走上军事扩张的道路。从中国处理国际关系的方式来看,中国倡导构建新型国际关系,即中国强调和平、发展、合作、共赢和共商、共建、共享、共赢的国际关系,并以构建人类命运共同体为目标。从中国与国际体系的关系来看,中国从游离于国际体系之外,到有限参与,最后到全面融入,在这个过程中,中国从最初的参与者转变为积极的建设者:一方面现行的国际体系是二战后建立起来的且受西方大国主导,其不公平、不公正性显而易见,但自从中国加入其中之后,中国用自己的智慧进行处理并在其中成为最大的受益者;另一方面,中国用中国智慧来加以改革。四十多年来,中国不仅为国际体系和全球治理贡献了中国方案,而且中国将中国五千年的文明和文化浓缩成为对当今中国乃至当今世界都具有重要影响的"中国价值"。特别是当今中国已经处于国际体系的中央区域,"中国价值"也毫无疑问地受到国际社会的关注、认知,最后会在"中国价值"的积极效应之下而不得不接受"中国价值"。从这一方面来看,加强中国软实力研究必然会产生世界性意义。

怎样研究软实力?

正所谓研究有法、研无定法、贵在得法。对任何问题的研究并没有一成不变的研究方法。约瑟夫·奈研究软实力的方法绝对不能简单移植到中国的软实力研究上。尤其是他研究软实力的目的是为了向全世界推行美国的文化,对全世界用美国的价值观进行改造。由此可见,尽管奈被视为国际关系理论的新自由主义代表,且以文化为内容的软实力强调的是一种认同性力量,但奈显然是用现实主义的手段来向世界推行美国的文化和价值观。也正如他自己所说的那样,他是"一个现实主义色彩非常浓厚的自由主义学者"。我认为,奈对自己的判断是恰如其分的。

中国学者研究中国软实力的目的显然与奈是大相径庭的。中国视野中的中国软实力目的是用文化来滋养国民,提高中国的品味,从而在国际社会塑造一个健康、良好的中国形象,而绝非是要用中国文化来改革世界。诚然,中国也强调中国文化要"走出去",但也是为了加强国际间的跨文化交流。中国文化"走出去"绝对不是用中国文化来同化其他国家、其他民族的文化。中国一直强调文化多样性是全球化的客观事实,而全球化一度被西方打上了西方的烙印,甚至全球化一度被视为是"消弭东方"的"西方化"趋势。然而从全球化的历史进程来看,那种趋势完全是西方的错觉。虽然从世界文化发展的客观实际来看,"西强中弱"依然是客观实际,但中国文化以其独特的魅力而必将获得世界的青睐。尤其是自 2008 年金融危机以来,西方陷入的困境也昭示着西方文化的困境。而与此相反,中国现代化的实践可谓"这边风景独好",这也正是中国五千年文化在当今世界正闪烁着熠熠的光辉。这种情形将会像第一次世界大战以后一样,西方的困境将促使西方不得不从中国历史文化中寻找摆脱现实困境的智慧,这种智慧就是:尊重多样文化,谋求共同发展。

当然,在跨文化交流中,我们要对中国文化树立足够的自信。没有文化自信就难以正常地开展跨文化交流。文化自信的前提是文化自觉,也就是费孝通先生所说的"各美其美,美人之美,美美以共,天下大同"。意思就是,既要正确对待本民族的文化,又要正确对待其他民族的文化,在此基础上进行文化交流、文明对话,在文化多样的前提下实行文明互鉴,文化融合,最终走向人类的大同社会,即人类命运共同体。因此,研究中国软实力就是要为构建人类命运共同体提供中国智慧和智力支持。

丛书主编　胡键

上海社会科学院软实力研究中心主任

上海社会科学院"全球视野中的中国软实力研究"创新工程首席专家

目录

第三篇　对中国文化的认知效应

导　言

　　一个不争的事实是,国际政治学科连基本概念都来自于西方。20 世纪七八十年代,中国学术界开始引进这一学科。在如何对待这一学科的问题上,从一开始就存在着颇多的争论,甚至从学科刚刚起步的时候,国内学术界就开始探讨构建"中国特色的国际关系理论"的问题。1987 年,时任国务院国际问题研究中心总干事的宦乡先生在上海国际关系理论研讨会①上就曾提出"建立一个有中国特色的国际关系理论"的主张。随后,梁守德先生也提出中国国际政治学理论应该突出"中国理论、中国学派、中国特色"是社会科学理论的内在规律性要求。② 但由于当时既没有理论基础,也缺乏相应的人才,因而宦乡也仅仅是一个倡议而已,更多的工作是在翻译引进和人才培养上。正是这样的背景下,从 20 世纪 80 年代开始,中国政治学科从国外翻译了大量的相关著作,也引进了大量的学术思想包括相应的学术概念。"软实力"(soft power)这个概念经约瑟夫·奈(Joseph Nye)在 20 世纪 90 年代初提出来后,很快也被中国学术界引进来,从而开启了中国学术界有关软实力问题的讨论和研究。这个概念和相关的研究已经被引进二十多年,但迄今为止依然歧见纷呈。

一、没有实质性差别的争议:"软实力"概念的翻译与使用

　　"软实力"这个概念最初是约瑟夫·奈提出来的。他基于阿尔温·托

---

　　①　1987 年的讨论会被认为是上海国际关系学会的成立大会,那次会议对上海国际关系学界是非常重要的会议。那次会议也意味着上海国际关系研究者有了一个自己的学术团体,它对培养上海国际关系后辈学者发挥了非常重要的作用。

　　②　梁守德:《试析国际政治学的中国特色》,《国际政治研究》1994 年第 1 期。

夫勒(Alvin Toffler)的"权力结构变化"的判断来分析美国所面临的挑战，并认为"美国的问题与其说是另一个大国日益增长的挑战，还不如说是权力的普遍扩散"①。冷战的结束，权力日益依赖于教育、技术和经济发展等因素，而人口、领土、自然资源、经济规模、军事力量等在国际政治中的地位下降。当今世界是一个相互依赖的世界，所以国家安全的目标已经不能完全通过军事力量来实现，如今经济发展和生态问题对一个国家的安全具有越来越重要的意义。大国用传统的权力手段已经不能奏效，国际社会相互依赖的加深，跨国集团的增加，弱国的民族主义，工艺的扩展和政治问题的转变，都使权力发生变化。鉴于此，"国际政治性质的变化常常使无形的权力变得更加重要。国家凝聚力、普世文化、国际制度正在被赋予新的意义。权力正在从'拥有雄厚的资本'转向'拥有丰富的信息'"②。这就是奈所说的软实力。奈提出软实力的重要背景是保罗·肯尼迪(Paul Kennedy)1987年在《大国的兴衰》一书中关于"美国衰落论"的辩论。当时，"美国衰落论"成为国际学术界所接受的主流观点，但约瑟夫·奈却认为美国的力量并没有衰落，而是权力的本质和构成发生了变化。美国不仅没有衰落，相反美国在信息、普世文化等方面依然得天独厚。③ 也就是说，奈不仅是"美国衰落论"的坚定反对者，而且从当前的眼光来看，他对世界权力的认识无疑具有前瞻性，尽管当时美国主流学术界并没有接受奈的观点。

哲人的睿智往往是能够隔空对唱的。在奈提出软实力不久，中国学者就对此给予了很高的关注，并将这个当时并没有引起美国学术界所关注的概念引进到中国学术界。国内学术界最早引进这个概念的是中国社会科学与政治研究所的黄苏，他在评估美国当时的经济与实力的时候，第一次把软实力纳入分析框架。一方面，他通过对美国的贸易逆差(美国从1890年一直到20世纪70年代，就始终保持贸易顺差，70年代以后，美国开始出现贸易逆差)、债务(80年代美国从债权国已经变成了世界"最大债务国")两个方面分析了美国的地位，并指出20世纪美国投资地位出现了巨

---

① ［美］约瑟夫·奈:《硬权力与软权力》，门洪华译，北京大学出版社，2005年，第99页。

② 同上，第105页。

③ Joseph S. Nye Jr. ," The Changing Nature of World Power", *Political Science Quarterly*, Vol. 105 , No. 2 ,1990 ,pp. 177 – 192.

大变化,不能仅仅从"最大债务国"的传统理念来认识美国的地位;另一方面,他借用了奈软实力的概念分析了美国实力的变化,特别指出美国在信息实力、无形实力、融合性实力等软实力方面拥有强大的优势。也就是说,美国不仅继续保持着传统硬实力的优势,而且也拥有强大的文化等方面的影响力和组织能力方面的软实力。① 这是中国学者用美国学术概念分析美国的最早案例。当然,黄苏并没有系统介绍奈的软实力,所不同的是,紧随其后的王沪宁则专门介绍了奈的软实力概念及其内涵。

王沪宁指出,奈不仅提出了软实力这个概念,而且还分析了软实力是在冷战结束后世界相互依存的背景下产生的一种"权力扩散"现象而形成的一种国家实力要素,这种要素主要来源于文化等无形的资源。因此,文化不仅是一个国家政策的背景,而且是一种权力,或者一种实力,可以影响他国的行为。王沪宁进一步阐发奈的软实力的动能来自于扩散性,即只有当一种文化广泛传播时,"软权力"才会产生越来越强大的力量。而如果封闭或垄断一种文化,那么就不能使它构成"软权力"的基本的支柱。"软权力"基于文化,在现代社会中,文化是一种广义的信息,而信息早已跨越了国界。当代国际社会生活中,文化的"超国界行动"正是"软权力"的总的势能。②

值得注意的是,黄苏用的是"软实力",而王沪宁用的是"软权力"。两位先行者用的不同概念从而引发了中国学术界对这个概念的争议,当然,争议与这两位学者并没有直接的关系,只是学者在使用上的一种偏好而已。从"中国知网"检索的情况来看,最初的研究者以使用"软权力"为多。例如,在继王沪宁之后,比较早地使用这个概念的是张骥、桑红发表在《社会主义研究》上的文章,作者认为,冷战后伴随冷战时期处于潜伏和生成状态的许多因素开始跃居国际政治的前沿,使影响国际政治的因素呈现日趋多维化的特点。文化作为国际政治中无形的"软权力",其争夺构成了当今国际政治中的一个独特的景观。在这种认知基础上,作者从三个维度探

---

① 黄苏:《怎样估价美国的经济与实力——逆差、债务、软实力剖析》,《世界经济》1991 年第 11 期。

② 王沪宁:《作为国家实力的文化:软权力》,《复旦大学学报(社会科学版)》1993 年第 3 期。

讨了文化与国家力量、文化与国家利益、文化与国家战略的"软权力"问题。① 总的来看,在这个概念进入中国以后的十年里,国内学术界与美国学术界一样并不太关注。

进入 21 世纪以后,中国学术界对此的研究逐渐升温。一方面用"软权力"来分析美国霸权扩张的全新方式。正如刘德斌所说,美国"软权力"在冷战后的迅速扩张加剧了全球化进程中的"美国化"现象,同时也改变了大国之间竞争的方式和主题。② 朱锋在剖析了软权力与硬权力的内在关系后认为,一国的兴衰包含软、硬权力的兴衰,美国短期内能维持软权力的突出地位,随着其他国家软权力的增长、美国软权力的衰落,未来美国并不注定领导世界。③ 另一方面,也有学者用软权力理论来分析中国和平崛起的内涵,认为奈的软权力理论对中国和平崛起有重要借鉴意义,软权力正越来越成为衡量和评估中国国际地位的重要指标。鉴于此,中国的和平崛起进程和提升中国的国际地位,在相当大程度上取决于在增强硬力量的同时,要提升中国的软权力。④

不过,另外一批学者则更愿意用"软力量"这个概念,从对"中国知网"的检索发现,国内学术界最早使用"软力量"是庞中英,他在评述奈《注定领导世界:美国权力性质的变迁》一书时,剖析了软力量的内在含义,并提出了关于软力量在国际关系理论方面的意义,尤其是关于如何界定软力量、它有哪些构成要素、世界是否存在着软力量格局,以及软力量对国际关系的意义等,都是国际政治科学需要进一步研究的问题。⑤ 而作为奈的著作的翻译者的吴晓辉、钱程在翻译《软力量:世界政坛成功之道》时,关于如何翻译"soft power"这个词而声称与约瑟夫·奈进行了多次交流,还声明"软力量"的译法得到了约瑟夫·奈明确肯定,并表示"软力量"这个词比较准确地表达了他的思想。⑥ 这样,"软力量"之说就似乎获得了"正统

① 张骥、桑红:《文化:国际政治中的"软权力"》,《社会主义研究》1999 年第 3 期。

② 刘德斌:《软权力:美国霸权的挑战与启示》,《吉林大学社会科学学报》2001 年第 3 期。

③ 朱锋:《浅谈国际关系理论中的"软权力"》,《国际论坛》2002 年第 2 期。

④ 刘阿明:《软权力理论与中国的和平崛起》,《太平洋学报》2005 年第 12 期。

⑤ 庞中英:《国际关系中的软力量及其他——评美国学者约瑟夫·奈的〈注定领导〉》,《战略与管理》1997 年第 2 期。

⑥ [美]约瑟夫·奈:《软力量:世界政治成功之道》,吴晓辉、钱程译,东方出版社,2005 年,第 221 页。

性"。即便如此,国内学者(含以中文发表的华人学者)实际上使用"软力量"概念的依然远远少于使用"软权力"概念。郑永年、黄仁伟、刘杰等在他们的研究中都使用"软力量"这个概念。郑永年对约瑟夫·奈的软力量学说进行批评,认为奈把"软"与"硬"简单化地"一刀切",这是不科学的。在此基础上,郑永年对国际政治中力量的"软""硬"做了不同的诠释,认为国际政治中力量的软硬是一种相对而言的感知,要根据具体情况而论;同一种力量资源既可以表现为软力量,又可以表现为硬力量。在国际政治学里,软力量的范畴不能无限扩大,因而应该用动态思维看待国际政治中力量的软硬表现。① 黄仁伟等则剖析了中国软力量发展的结构性缺陷,指出这种力量失衡与新一轮"中国威胁论"产生的相关性。鉴于此,黄仁伟等指出,要将根据中国国情和借鉴其他大国的历史经验来确定中国发展软力量的战略设想和目标定位。②

与"软权力"和"软力量"两个概念相比,"软实力"这个概念似乎在中国学术界的接受程度更大。一方面,从发表的成果来看,数量远远超过前二者;另一方面,前文述及,"软实力"这个概念最早在 1991 年就在国内学术界使用。从发表成果的情况来看,阎学通、秦亚青、俞新天、门洪华、陈玉刚、郭树勇、胡键、陆钢、方长平等学者在 2005 年关于"soft power"的研究进入高峰期以后都使用"软实力"这个概念。这时候的关于软实力的研究逐渐系统化,而且都持有一种国家情怀来研究软实力,也就是在中国崛起进程中,不仅要正确评估中国的软实力发展水平,而且都强调要大力发展中国的软实力,这样才能确保中国和平发展的持久性和可持续性。③

尽管在概念的使用上不同,但从成果上看都是指向同样的内容的。也就是说,翻译的争议并没有影响到概念内容的差异。也正因为如此,从"soft power"这个概念进入中国以后,迄今为止,中国学术界三种翻译的概

①　郑永年、张弛:《国际政治中的软力量及其对中国软力量的观察》,《世界经济与政治》2007 年第 7 期。

②　黄仁伟、胡键:《中国的和平发展道路与软力量建设》,《社会科学》2007 年第 7 期。

③　参见阎学通、徐进:《中美软实力比较》,《现代国际关系》2008 年第 1 期;门洪华:《中国软实力评估报告》(上),《国际观察》2007 年第 2 期;门洪华:《中国软实力评估报告》(下),《国际观察》2007 年第 3 期;陈玉刚:《试论全球化背景下的中国软实力构建》,《国际观察》2007 年第 2 期;郭树勇:《新国际主义与中国软实力外交》,《国际观察》2007 年第 2 期;胡键:《软实力新论:构成、功能和发展规律——兼论中美软实力比较》,《社会科学》2009 年第 2 期。

念都一直在使用,并没有引发相关学术思想的讨论。这就说明三个概念并无实质性的差别,主要还是个人使用上的偏好。

二、"软实力"外壳与内涵的差别:中美学术界的内涵分歧

国内对软实力的态度是有相当大的分歧的。虽然在学术期刊上没有反映出来,但在这个问题的讨论的时候是有比较多的反映的。一种观点认为,软实力是美国学者创造的,我们不能照搬过来。特别是在"构建中国特色哲学社会科学体系"的背景之下,国内学术界有一部分学者有一种"惧外"心理,并主张使用"中国原创的概念"。然而如果由于是西方的概念而拒绝,那么我们回顾中国哲学社会科学的发展历程来看,不仅众多概念来自于西方,而且众多学科几乎是整体性地来自于西方,尤其是关于市场经济理论的学科,无疑是来自于西方的。我们无法否认这些学科为中国市场经济的建立和发展为中国社会经济的发展等都做出了重要贡献。"软实力"的确是约瑟夫·奈的原创概念,但国际政治学科的所有的概念如全球化、全球治理等都是西方原创的,我们能不用吗,能不研究吗? 另外,尽管这个概念源自于西方,但实际的运用中国在两千多年前都已经非常普遍了,例如《周易》中有"君子以厚德载物"的说法,即只有品德高尚的人才能承载万物;《道德经》也说"上善如水","天下之至柔者,驰骋于天下之至坚";《孙子兵法》虽为兵书,但也强调"不战而屈人之兵",等等。这些实际上说的都是软实力,只是当时没有提出"软实力"这个概念。不过,有学者根据《道德经》的思想而提出"柔实力"这个概念。① 这应该也算是中国学者的原创性概念,只是尚未引起学术界的关注。

另一种观点认为,"软实力"来自于西方,是奈的原创,因此中国学者的研究一定要从理解原创者的本意开始进行研究,而不可偏离原创者的思想。这种观点显然又陷入了机械照搬的陷阱之中。首先,奈的本意是什么? 从奈的著作来看,奈的软实力并非是用文化等软实力因素来塑造美国,而是在美国的硬实力所无法达到目的地方,辅以软实力来"改造"。因

---

① 叶自成:《说柔、用柔、柔实力》,《社会科学》2017 年第 3 期。

此,尽管学术界将约瑟夫·奈归为新自由主义学派的学者,然而他自己却说:"我会把自己定位成一个'自由主义化的现实主义者(a liberal realist)'。我一直认为,无论自由主义还是现实主义都是不完整的理论。即便在罗伯特·基欧汉与我合著的《权力与相互依赖》一书中,我们也并没有摒弃现实主义理论,而是试图说明,在一个众多层面上都存在着复合相互依赖的世界里,单单用现实主义是不足以解决问题的。"①从他自己的学术定位来看,约瑟夫·奈的软实力显然不是所谓的"同化力",而是一种具有强制性作用的强制力。如果完全从奈的原意来理解和研究软实力,那么对国家来说,最终的目标就是对外进行文化"改造"。这绝对不适合中国,也会导致中国更加受到指责,当然,中国也没有这种用文化来"改造"外部世界的能力。

因此,中国学术界并不主张按照奈的原意来理解和研究软实力,而仅仅是接了"软实力"这个外壳而已。至于其内涵则完全是"中国化"了的东西。② 那么究竟如何"中国化"了呢?

(一)概念的演变

正如前文所述,奈的"软实力"概念在中国不仅在理解层面上是在演变的,而且在概念的使用上也是在变化的。尤其是近些年来,由于在党和国家的文件中都使用"软实力"这个概念,因此尽管在学者发表的成果中仍然有"软力量"这个概念,但"软实力"的概念显然在国内的接受程度更高、更广泛。不仅如此,由于奈的软实力首要的内容是来自于文化,特别是那些"在能对他国产生吸引力的地方起作用"③,所以国内学术界特别强调文化在软实力中的重要地位。为此,国内一些学者将奈的"软实力"概念阐发出"文化软权力"或"文化软实力"的概念。与前面关于"软权力"和"软实力"的讨论一样,最初国内学术界也是使用"文化软权力"这个概念。从"中国知网"的主题词搜索,最早公开使用"文化软权力"这个概念的是

①　[美]约瑟夫·奈、张哲馨:《自由主义化的现实主义者——对约瑟夫·奈的访谈》,《世界经济与政治》2007 年第 8 期。

②　郑永年、张弛:《国际政治中的软力量及其对中国软力量的观察》,《世界经济与政治》2007 年第 7 期;胡键:《文化软实力研究:中国的视角》,《社会科学》2011 年第 5 期。

③　[美]约瑟夫·奈:《软力量:世界政治成功之道》,吴晓辉、钱程译,东方出版社,2005 年,第 11 页。

在 2006 年年初,文章认为,奈虽然提出了文化是软权力的主要来源,但他并没有研究文化在哪些条件下可以成为软权力。作者指出,文化的软权力化需要三个条件:文化的传播能同化他人的观念和思维方式;他人观念的同化有助于本国战略目标的实现;在通过文化同化实现本国目标的过程中,国家的控制力得以增强。奈所引为例证的美国流行文化的某些内容确实可以软权力化,但其他种类的文化大多不符合这些条件。因此,在研究对外文化交流的过程中,要去"泛权力主义"的色彩。①

不过,对这种观点,从一开始就引发了争论,有学者指出,文化必须"软权力化",当然文化的"软权力化"也是有条件的,即文化的先进性、国内有效运用的资本,以及强大的传播和辐射能力,特别是要借助大众媒介传播到国际社会中,只有这样,一国的文化才有可能提升为国际社会普遍认同的世界文化(或国际文化)。② 然而"文化软权力"概念的使用在国内学术界受到冷遇,每年用这一主题词发表的论文都是在个位数上。而用"文化软力量"的概念发表的论文就更少了,所以在这里就不需要讨论了。

相反,以"文化软实力"概念为主题词发表论文数量却呈直线上升态势,有些年份竟然达到一千多篇。从检索来看,2004 年《文化报》和《解放日报》率先使用了"文化软实力"的概念,当年只有两篇文章,第二年就上升到二十多篇,用得最多的是主流报纸,但也有一些学术期刊开始使用这个概念,不过主流的学术期刊尚未使用。到了 2007 年,主流学术期刊和主流报纸上的文章都大规模使用"文化软实力"这个概念。这一年召开的中国共产党第十七次全国代表大会在报告中第一次使用了"文化软实力"的概念。报告指出:"要坚持社会主义先进文化前进方向,兴起社会主义文化建设新高潮,激发全民族文化创造活力,提高国家文化软实力,使人民基本文化权益得到更好保障,使社会文化生活更加丰富多彩,使人民精神风貌更加昂扬向上。"从此以后,国内学术界普遍接受了这个概念,不仅相关的研究不断深入,而且还把文化软实力视为中国发展战略的重要内容和当代

---

① 陈玉聃:《论文化软权力的边界》,《现代国际关系》2006 年第 1 期。
② 郭洁敏:《论软权力的基础、条件及其运用准则——兼与陈玉聃先生商榷》,《现代国际关系》2006 年第 3 期;李智:《对文化软权力的一种传播学解释》,《当代传播》2008 年第 3 期。

中国强国的使命。① 也正因为如此,有学者指出,文化软实力是中国特色社会主义实践中产生和形成的创新话语,既是中国共产党人在中国特色社会主义实践中作出的创新理论概括,又是推动中国特色社会主义实践强大的精神力量。② 一些学者进而指出,实现"提高国家文化软实力"的目标包括以下四方面的任务:同步发展物质文明和精神文明,彰显中华民族的国际自信力;统筹国内发展和对外开放,提升国家形象的国际亲和力;结合传统智慧和现代文明,扩大民族文化的国际影响力;推进文化创新和产业升级,提高文化产业的国际竞争力。③ 鉴于此,有学者指出,不能把提升国家的文化软实力简单地理解为是一种对文化的宣传、包装与推广策略,而应当把它作为一种文化的自我建构战略来落实。④

（二）概念的演变更反映了内涵的变化

从"软实力"到"文化软实力"的演变,不只是概念的变化,更重要的是内容的变化。奈认为"软实力"主要来自于三个方面,即文化、政治价值观和对外政策。文化和对外政策对外能够产生软实力,这是不容怀疑的,但政治价值观能够产生软实力是需要讨论的。奈所说的软实力并非是从国家内部来分析的,而是从对外的角度来认识的。从国际关系的角度来看待文化的作用,文化具有可分享性的特点,"任何民族所创造的文化成果,一方面为整个人类文化的多重复合体增添了色彩,另一方面也为其他民族的成员贡献了可分享的精神财富"⑤。但是从国际关系来看,政治价值观是不可以分享的,如果要把一国的政治价值观"分享"给另外一国而成为软实力,极大的可能就是要求对方强制性接受,但强制性接受就不是软实力,而是现实主义的"改造",是"负软实力"。从美国自冷战结束以后对外输出政治价值观的情形来看,如在独联体国家的"颜色革命""阿拉伯之春"等,原本是美国对外的"价值观改造",以推行美国的价值观,但实际情况

---

① 参见唐代兴:《文化软实力战略研究》,人民出版社,2008 年;陈正良:《增强中国文化软实力论要》,《浙江社会科学》2008 年第 1 期。

② 骆郁廷:《文化软实力:基于中国实践的话语创新》,《中国社会科学》2013 年第 1 期。

③ 童世骏:《提高国家文化软实力:内涵、背景和任务》,《毛泽东邓小平理论研究》2008 年第 4 期。

④ 贾磊磊:《主流文化体系的建构与国家文化软实力》,《电影艺术》2008 年第 1 期。

⑤ 童世骏:《文化软实力》,重庆出版社,2008 年,第 17 页。

是美国的软实力受到严重伤害。这些情况与美国发动的阿富汗战争尤其是伊拉克战争的后果加在一起,的确使得美国的吸引力等相关的软实力急剧下降。①

与美国的情况不同,中国学者眼中的软实力特别是文化软实力完全是"中国化"的阐释。在中国学者看来,文化软实力来源于中国的传统文化特别是传统的人文精神,即"重天道""法自然""尚人道"的人本主义;反省自求、提升自我的内省主义;"尚中贵和"的"中和"思想;"克己复礼"的礼仪主义。这是"中国品格"所在,也是世界普存的"中国元素",它们不仅能彰显中国文化软实力的柔性一面,而且作为资源要素也为中国文化软实力提供源源不断的动力。② 从这些情况来看,中国学术界所论及的文化软实力内涵更强调国内社会的内化问题。因此,学者们大多把文化软实力与政治价值观和意识形态联系起来进行研究,认为提升国家文化软实力必须要以意识形态为引领,因为意识形态对文化软实力具有"定责、定向、定性"作用;以意识形态为核心提升文化软实力的逻辑要求在于,保持意识形态的客观性、警惕西方意识形态的渗透、坚持社会主义意识形态的主导性;以意识形态为核心提升文化软实力的实践要求在于,坚持社会主义意识形态的对内说服力、对外影响力和全球竞争力。③ 有的学者甚至认为,中国的文化软实力集中体现在党和政府的组织力、感召力、凝聚力、动员力上,其灵魂则是社会主义核心价值体系。④ 这种观点虽然很难获得国际学术界的认可,但在中国的哲学社会科学话语体系之下却获得了合理性的接纳。这也可以说是"中国特色哲学社会科学话语创新"的重要表现之一。

关于文化软实力国内社会化的研究不仅用于对中国自身的研究,也有学者将这种方法用于对其他国家的研究上。例如,陆钢在研究美国的文化软实力的时候也有这种观点,他认为,美国外交决策虽然主要以军事、经济

---

① [美]约瑟夫·奈:《软力量:世界政治成功之道》,吴晓辉、钱程译,东方出版社,2005 年,第 37 页。

② 胡键:《文化软实力研究:中国的视角》,《社会科学》2011 年第 5 期。

③ 王永友、史君:《以意识形态为核心提升文化软实力的实践逻辑》,《马克思主义研究》2015 年第 4 期。

④ 张国祚:《关于中国文化软实力建设的几点思考》,《毛泽东邓小平理论研究》2012 年第 7 期。

等硬实力手段实现战略目标,但文化软实力的作用不可忽视,尤其是在笼络各国人心、争取精英认同和修复国家形象等方面展现了强大的能力。美国文化软实力之所以强大,是因为它拥有比较灵活的文化体制和深厚的文化资源基础。① 与此相似的研究还有叶淑兰对日本文化软实力的研究、刘晓音对俄罗斯文化软实力的研究、刘笑言对新加坡文化软实力的研究、曾信凯对印度文化软实力的研究等。② 这些情况表明,关于软实力和文化软实力的内涵,中国学术界所指的与美国学术界所说的大相径庭。

（三）中国学术界对软实力和文化软实力的研究有较大范围的拓展和延伸

尤其是把软实力和文化软实力从国家战略的层面引入到一个地区、一个城市、一个单位或组织（主要是企业）等的研究上,从而产生了一系列相应的概念如"区域软实力""城市软实力""企业软实力""执政党的软实力"等。关于"区域软实力"概念最早在2007年学术界开始使用③,并几乎在同时就有学者关于建立区域软实力综合评价指标体系的研究④。实际上,国内从事区域经济研究的学者多少会涉及这个概念。与"区域软实力"相比,"城市软实力"概念在国内学术界的使用更加广泛。从进入21世纪开始,"城市软实力"这个概念就与国内关于城市研究的情况相伴相随,也同样涉及建立城市软实力评价指标体系的问题。这方面的研究成果颇多,这里不必一一枚举。"企业软实力"则是从企业文化的角度来思考而形成的一个概念,从事企业文化研究的也或多或少会涉及这个概念。至于"执政党的软实力"则是国家软实力延伸到执政党的软实力建设而形成的概念,由于中国共产党是执政党,直接用"中国共产党的软实力"这个概念撰写的论文并不多,在极少的研究成果中可以发现软实力不仅仅用于国家层面,也可以用于具体的组织、政党上。有学者指出,中国共产党的软实

① 陆钢:《美国文化软实力的发展及其对中国的启示》,《社会科学》2015年第2期。

② 参见叶淑兰:《文化软实力:生成与借鉴》,《社会科学》2015年第2期;刘晓音:《俄罗斯软实力发展与国家形象的提升》,《社会科学》2015年第2期;刘笑言:《新加坡文化软实力的制度载体与价值内核》,《社会科学》2015年第2期;曾信凯:《印度崛起的传统文化因素刍议》,《社会科学》2015年第2期。

③ 秦尊文:《区域软实力研究——以武汉市为例》,《学习与实践》2007年第10期。

④ 周晓宏、王小毅、谢荷锋:《区域软实力及其综合评价体系研究》,《技术研究》2007年第6期。

力就是通过说服、公信、吸引和感染人民群众;是通过马克思主义中国化、全心全意为人民服务的根本宗旨、先进性建设、正确的政策策略和良好的政党形象等一系列核心的价值理念和治理水平构筑起了中国共产党的政治认同、政治合法性以及自身的吸引力和社会整合能力,从而说服、吸引和凝聚起民众,获得支持,不断走向成功的。其构成要素主要包括意识形态的解释力和说服力、信息时代政治传播的感染力、政策和行为的公信力等。党的软实力与执政合法性之间有着天然的联系,党的软实力的构成要素与执政合法性的三种资源之间都有着直接或间接的关联。① 不过,也有学者从政党发展的角度指出,无产阶级政党对内部成员主要靠强制性才具有凝聚力的,但无产阶级政党最初由于自身并不拥有国家的合法暴力,它要发动民众来支持其革命,主要甚至只能依赖其软实力。革命成功以后,要使自己的政权稳固、要赢得国际社会的支持,也需要有软实力。② 软实力的内涵在这方面的拓展是奈不可能想象得到的。

在奈有关软实力的研究中认为软实力主要是由无形的资源产生的,很难进行量化研究。然而中国学术界却不这样认为,而是为软实力和文化软实力的评估构建了相应的评估指标体系。当然,不同的学者和来自不同学科的学者,他们建立的指标体系是不完全一样的。例如,唐代兴提出了一个关于静态的文化软实力构成要素体系,这个静态的构成要素是非常抽象的,而且基本上主要用一个指标来衡量即创新力。这样的指标体系是无法进行测量的。③ 花建等也构建了一个较为详细的文化软实力要素指标体系(统计指标)。④ 在这个体系中,文化软实力一共有 6 个一级指标,32 个二级指标。但是这个指标体系基本上是文化的"硬"资源指标,除了"本国国民对本国所持的好感"等少有的几个指数是属于文化的"软"资源指数。此外,有几个指标是值得商榷的。例如,"全球化指数"如何确定,如何体现国家的文化软实力。全球化指数高的国家并不意味着其文化软实力就

---

① 郭燕来:《中国共产党软实力的合法性效应分析》,《学习与探索》2011 年第 5 期;佘湘:《中国共产党软水建设的历史经验与启示》,《学术交流》2011 年第 7 期。

② 胡键:《中国共产党软实力研究》,《社会科学》2015 年第 3 期。

③ 唐代兴:《文化软实力战略研究》,人民出版社,2008 年,第 39 页。

④ 花建等:《文化软实力:全球化背景下的强国之道》,上海人民出版社,2013 年,第 42～43 页。

强。"和平指数""暴力行为控制指数""文化融合性指数""创新指数"等都是难以确定的指标。此外，"出国旅游人数"也很难与文化软实力的强弱联系起来，因为出国人数的多少与文化软实力的强弱没有直接的关系。出国人数多，假若出国的人在行为方式上很糟糕，不遵守文明的准则，那么出国人数越多，就意味着文化软实力就越弱。此外，在这个指标体系中，多个指数是静态的一次性指数，而不是定期发布的动态指数，因而很难具有说服力。还有众多学者建立相应的具有特色的指标体系，在吸收了上述研究成果的基础上，笔者也建立了一个指标体系，从国际比较的视角来评估中国文化软实力的发展状况。① 很显然，从中国学术界的研究来看，中国学者对软实力内涵的理解和运用与美国学术界相比是大相径庭的。因此，不能因为这个概念来自于西方、来自于美国，我们就不用，中国学者的研究不仅可以对这个概念进行创新，而且通过在这方面的学术交流，也可以反馈回美国来影响美国的学术界。学术交流与文化交流一样，在对话中交流、吸收，在创新中又回流。②

三、软实力的功能：中美在战略层面的分歧

软实力的功能究竟是什么？在这个问题上中美双方学者的观点差异性非常大。而学者的观点常常与国家的战略有关，或者说，国家战略影响学术研究。这二者总是有千丝万缕的关系的。我们先看奈是怎样论述软实力的功能的，虽然他没有直接用"功能"这个词，但在其著作中是有所论及的。奈曾指出："同化权力(即软权力)是一个国家造就一种情势、使他国仿效该国发展倾向并界定其利益的能力。这一权力往往来自文化和意识形态吸引力、国际机制的规则和制度资源等。"③另外，奈又在《软力量：世界政治成功之道》一书中进一步讨论了这个问题，他认为，"软力量"就是"吸纳力——左右他人愿望的能力——依赖于一国文化和价值的吸引

①　胡键：《中国文化软实力评估与增进策略：一项国际比较的研究》，《中国浦东干部学院学报》2014 年第 2 期。
②　季羡林：《中印文化交流史》，中国社会科学出版社，2008 年，第 2 ~ 3 页。
③　[美]约瑟夫·奈：《硬权力与软权力》，门洪华译，北京大学出版社，2005 年，第 107 ~ 108 页。

力,或者依赖于通过操纵政治议程的选择,让别人感到自身的目标不切实际而放弃表达个人愿望的能力"①。我们可以从这两段话来理解奈认为的软实力功能在于:第一,改变别国的意愿,使别国认识到在美国造就的"情势"之下,自己不得不效仿美国;第二,改变别国的选择,即在美国操纵下的政治议程之中,被迫改变本国的选择而屈从于美国的目标。简而言之,奈的软实力就在于用美国的文化和价值观来塑造别的国家。也正因为如此,在美国对世界其他国家进行这种塑造的时候遭遇了种种阻力。或者说,美国的软实力在对外推行的过程中由于采取了现实主义的方式而严重下滑。这对奈来说也是出乎意料的。

中国学者又是怎样理解软实力功能的呢?最初,国内学者并没有对这个问题进行研究,而是研究某种文化产品或文化平台所具有的软实力功能。而专门研究软实力的功能的研究成果微乎其微。不过,在有限的研究成果中,我们发现中国学者都承认软实力对国家具有塑造功能。孟亮认为,软实力对国家利益具有维护作用,包括可以提高政权存在的合法性、增强政权运行的稳定性、增强政治当局的凝聚力、塑造国家的良好形象,以及维护国家的安全利益等。

除此之外,鲜有学者专门分析软实力到底在国家成长进程中发挥什么样的功能。但是笔者认为,软实力对国家的塑造功能具有二重性。软实力的功能二重性表现为一个方程式:$Ps = \pm A(Rs + Rf + Rp)$," + "表示接受者对他国软实力积极认可,也就是实际的软实力;" - "则表示接受者对他国软实力持消极的态度,也就是负软实力。这个方式的内涵在于,一方面,软实力是国家成长中不可或缺的一种实力,是大国成长进程中具有可持续性的关键性力量;另一方面,也就是如奈的观点,软实力是一种同化性实力,具有影响、改变和塑造他者的功能。也就是说,软实力同样是征服他者的力量,所不同的是,软实力的征服性比较柔和、隐蔽。但是只要含有征服性的因素在其中,软实力的受动者最终总会对施动者产生消极的反馈,从而在软实力问题上导致国家成长也会陷入软实力"安全困境"。

此外,有学者不是直接讨论软实力功能的具体表现,而是研究软实力

---

① [美]约瑟夫·奈:《软力量:世界政治成功之道》,吴晓辉、钱程译,东方出版社,2005年,第9页。

功能体系构成问题。例如,唐代兴认为,国家软实力的构成要素可以归纳为五个方面,即作为国家软实力土壤的传统魅力和伦理水准,作为国家软实力基础的制度活力和政治取向,作为国家软实力动力的学术思想、教育能力和艺术创造,作为国家软实力主导力的政府作为和作为国家软实力辐射力的外交政策,此五者构成了国家软实力的功能体系。尽管孟亮没有具体分析,但也承认软实力具有塑造的功能。

　　从中美学者上述的论述的情况来看,两国学者都承认软实力具有塑造功能。在奈的软实力内涵中,软实力的塑造功能主要是指塑造新的他者的功能。奈把国家实力分为命令性实力和同化性实力,但在奈那里无论是命令性实力还是同化性实力,目的都在于改变他者。所不同的是,命令性实力是基于"胡萝卜加大棒"的引诱和威胁方式来改变他者的行为,这种实力通常与施加对象的意愿是不一致的;而同化性实力则是使他国希望实施者所希望的能力。也就是说,无论是硬实力还是软实力都对他者具有征服性的色彩。① 这也正是奈依然有非常浓厚的现实主义色彩的"新自由主义学者"的重要原因。在中国学者看来,无论是软实力的正功能还是负功能,实际上都是塑造功能。不过,与奈用软实力来塑造他者不同,中国学者更强调用软实力来塑造中国自我形象。原因就在于,尽管中国崛起进程很快,中国解决了"挨打"和"挨饿"的问题,却始终没有解决"挨骂"的问题,中国进入国际体系之后,就处于国际舆论的各种"问题话语"的漩涡之中。因此,中国试图从文化等软实力方面来塑造中国在国际社会中的"自形象"。实际上,大国崛起进程中都会伴随着各种舆论,例如,英国崛起时就遭遇颇多舆论。伏尔泰就说:"商业让英国人发财致富,也使他们获得自由,这种自由反过来又拓展了商业,这是该国之所以伟大的基石。"②面对英国的崛起,当时的舆论的确是复杂的,正如霍布斯鲍姆的描述:"这是一个富裕的国家,主要因贸易和经营致富;这是一个强大又可畏的国家,不过这种实力

---

① 参见胡键:《软实力新论:构成、功能和发展规律——兼论中美软实力的比较》,《社会科学》2009 年第 2 期。

② 参见[英]埃里克·霍布斯鲍姆:《工业与帝国:英国的现代化历程》,梅俊杰译,中央编译出版社,2016 年,第 16 页。

主要建立在那种商业性最强、贸易气最终的武器——海军之上……"①这可以说是直接而坦率的一种"英国威胁论"。不过,英国并没有在意这些舆论,反倒是当今中国在崛起进程中面对世界各种舆论却有些焦虑。正是这种焦虑感使得中国迫切希望用中国的文化因素来塑造中国的国际形象。这就是中国学术界对软实力功能的现实理解,与奈关于软实力功能的理解有本质的区别。

回顾"软实力"被引进到中国学术界这二十多年的情况,软实力研究从"冷淡"到"暴热",不仅反映了中国学术界对外来概念的接受是有一个过程的。这个过程实际上有与中国战略发展有直接关系,正是由于国家在战略上接受了"软实力"这个概念,而且要不断增强中国的文化软实力。因此,学术界的研究在中共十六大以后骤然活跃起来。这也反映了中国学术界对学术问题的研究充满了国家关怀。

不过,随着中国的崛起以及中国社会经济发展和现代化进程对哲学社会科学的渴望,尤其是"构建中国特色哲学社会科学体系"的主张,国内一些学者开始对"软实力"提出质疑,甚至是抵制。这不仅体现了中国学术界的一种矛盾心态,也表明国内一些学者对"中国特色哲学社会科学体系"的理解是片面的、狭隘的。实际上,习近平在哲学社会科学座谈会上的讲话中就已指出:构建中国特色的哲学社会科学体系不仅要体现继承性、民族性;原创性、时代性;系统性、专业性的统一,而且对人类创造的有益的理论观点和学术成果,我们应该吸收借鉴,但不能把一种理论观点和学术成果当成"唯一准则",不能企图用一种模式来改造整个世界,否则就容易滑入机械论的泥坑。换言之,我们要敢于"拿来",也要善于"拿来"。

当然,我们对外来的思想、理论和相关概念持"拿来主义"的态度,并非是不加区分地兼收并蓄的,也不是原封不动地照搬的。相反,"拿来主义"是经过反复鉴别并进行"中国化"的创新的。"软实力"在中国从概念到理论都完全被中国学术界进行了创造性的发挥和运用。因此,我们在构建中国特色哲学社会科学体系的时候,绝对不能陷入封闭僵化的文化"夜郎主义"泥沼之中。一个善于吸收其他民族创造的优秀文明成果的国家,

---

① [英]埃里克·霍布斯鲍姆:《工业与帝国:英国的现代化历程》,梅俊杰译,中央编译出版社,2016年,第16页。

才具有源源不断的崛起动力,其大国崛起的进程才具有长久不衰的持久力。

四、本课题的研究

(一)主要内容

一是理论研究,主要阐述文化实力的资源和构成要素,探讨文化实力的特点和发展规律,并以要素构成为基础设计文化软实力的评估指标体系。本书将文化软实力分为硬性资源产生的文化软实力和软性因素产生的文化软实力。其中硬性文化软实力由文化基础力、文化发展保障力、文化研创力、文化生产和消费力、文化产品竞争力、文化产业竞争力六个二级指标构成,软性文化软实力由文化价值观、文化传播力、文化包容性、文化品位四个二级指标,以及相应的五十多个三级指标构成,并依此为根据指标进行量化分析。

二是比较研究,比较研究最能够揭示问题所在,本书对美国、俄罗斯、法国、英国、德国、意大利、日本、印度、韩国、新加坡等不同类型国家的文化软实力现状、具体政策进行考察,并把这些国家的情况放在上述评估体系中进行比较分析,从而用定量的分析方法来揭示中国文化软实力的优势与劣势。

三是现状分析,本书专门分析中国文化实力的发展现状,用定量和定性相结合的方法分析中国文化实力的优势与劣势,发展机遇与挑战,特别是分析增强我国文化实力的瓶颈性问题以及走出瓶颈的路径。

四是效应分析,中国文化实力存在的问题,必然会引起国际社会对中国文化的认知并形成某种话语。因此,这里主要研究上述国家主流社会对中国文化的认知,以及我们如何化解消极文化话语,为中国的现代化建设营造良好的国际文化环境。这里要专门进行问卷调查分析,分不同的人群、不同的国家、不同的机构对中国文化的认知,深度剖析境外有关中国的"问题话语"产生的文化根源。

五是方略研究,在上述四个方面研究的基础上,本书进一步阐述了文化软实力在大国崛起进程中的重要作用,就如何增强我国文化实力进行战略思考,并提出具体的对策建议。

（二）主要观点

第一,文化包括物质文化、精神文化和制度文化。我们不仅要提炼中国的精神文化资源,而且更需要总结中国的制度优势即制度文化资源,以及在这种制度下创造的巨大物质文化资源。中国的经济建设成就、科技创新成就、社会稳定等都是在中国政治制度下取得的,因而中国政治制度产生了直接而巨大的制度软实力。

第二,文化软实力的发展有其自身的客观规律,增强国家文化软实力,不能靠盲目投入和盲目生产,必须在尊重文化发展规律的前提下,寻找文化软实力的发展路径,特别是要协调文化供给与文化消费之间的关系。

第三,当今中国经济总量得到空前提升,但文化实力的发展相对落后,这已经成为我国经济进一步发展的瓶颈性因素。硬实力与文化软实力发展的不平衡性表明,发展文化软实力已经成为我国现代化进程中的核心问题之一;而且,大国的成长不仅需要强大的物质实力,而且也需要强大的文化软实力。只有文化的复兴,才能真正体现中国作为一个伟大国家的复兴。

第四,文化软实力建设的目的就是要把中国建设成为一个文化强国,但文化强国战略的前提是要有文化自觉,既要重视本土的文化价值、传统的文化精髓,也要吸收世界其他国家和民族创造的文明成果,要跳出文化自负与文化自卑的窠臼。也就是如费孝通先生所说的:"各美其美,美人之美,美美与共,天下大同。"

（三）主要研究方法和创新之处

本书主要采用两种研究方法:一是国际比较研究。本书把中国文化实力的发展状况与美国、俄罗斯、英国、法国、日本、印度、韩国、新加坡等国进行比较,以分析中国文化软实力的优势与劣势,并探讨文化软实力建设的不同路径和效果。二是定性分析与定量分析相结合的方法。本书将通过定性的分析揭示文化实力发展的特点、规律等理论问题;同时,借用权威统计机构的相关统计数据和相应的智库调查数据,对中国与纳入比较的国家进行定量的比较分析,通过建立一个关于文化实力评估的指标体系,更好地分析我国文化实力诸要素发展的状况。

基于上述两种方法的研究，本书试图从以下方面进行创新：

一是从内容上看，其一，本书从理论上阐释了马克思主义关于文化的社会功能的理论，文化对社会的功能具有二重性：一方面优秀的文化对社会具有积极的塑造作用，表现为推动社会向前发展；另一方面，劣质文化和不适合本国发展的文化就会对社会产生消极阻碍作用。因此，在世界多样文化中，我们要善于甄别文化，更要善于吸收优秀的文化，并将它转化为本民族文化之中，以推动社会向前发展。其二，本书梳理了传统文化资源对增强文化软实力的重要性，但同时也注意到传统文化是文化软实力的资源，而并非直接就是文化软实力。文化资源转化为文化软实力需要有一个转化能力。另外，传统文化对于文化软实力而言，既有可能是资源，也有可能是包袱，关键是要正确对待。其三，本书构建了一个文化软实力评估的指标体系，在这个体系中分为3个一级指标、14个二级指标和50多个三级指标。当然，在研究的时候，本书选择具有代表性的一些具体指标进行归集比较，通过对11个国家的比较来评估中国文化软实力的发展状况，同时也把纳入比较的另外10个国家的文化软实力做了相应的分析。然后，在此基础上，提出了增进中国软实力的相应政策建议。因此，本书最突出的特点和创新之处在于，将文化软实力进行定性与定量相结合的分析，揭示了文化软实力的发展特点和基本发展规律，同时强调增强文化软实力必须尊重文化软实力发展客观规律的重要性。此外，内容上还对国际社会如何认识中国的文化进行了分析，这是文化软实力的外部效应。

二是在研究视角上有独到的创新。在有关文化软实力的既有研究中，都是从文化学的视角来研究的，本书将把文化软实力放在国际的视角中来研究，体现本书的国际视野。

三是在研究方法的创新。有关文化软实力的既有研究，大多是用逻辑推导的方法来阐述增强文化软实力的重要性，而缺乏定量的分析，更缺乏国家间的比较。本书既建立了一个定量分析的指标体系，而且还要进行国家间比较，更直观地展现中国文化软实力的优势和劣势。

（四）课题成果的价值

一是学术价值。本书作为国家社科基金项目结项成果，梳理了软实力、文化软实力、文化等学术概念，从理论上阐述了这些概念的理论逻辑和构成机理。这在此前的研究是少见甚至是没有见到的。而学术研究的价值主要就是体现在理清概念、理论的同时努力构建相关的理论。本书也尝试在文化软实力方面构建中国的学术话语。当然文化软实力提出的时间不长,理论研究相对薄弱。但是中国现代化对文化软实力的理论提出了非常迫切的需求。本书在既有研究的基础上继续深化文化软实力的理论研究,对推进文化软实力研究的理论创新和为增强我国文化实力提供理论支持,具有重要的学术价值。

二是成果的应用价值。本书所构建的关于文化软实力评估指标体系,不仅仅是评估中国的文化软实力的工具,也可以用来评价其他任何一个国家的文化软实力,该体系具有普遍性的意义。这在既有的研究中是尚未见到的,所以在一定意义上具有原创性价值。更为重要的是,中国的目标是崛起为世界大国,但绝不能仅仅靠物质实力的支撑而缺乏文化软实力支撑,如果是这样,中国的大国成长进程将很难具有可持续性。因此,增强文化软实力就必然成为中国总体发展战略的一部分。鉴于此,本书对文化软实力有比较深入的研究,为中国崛起提供相应的理论解释,为构建中国话语进行非常有益的尝试。

三是本书内容社会影响。本书在理论研究和文化软实力的量化分析方面具有开创性的意义,从发表的中期成果来看,不少已经发表的论文被《新华文摘》、人大复印资料、《中国社科文摘》转载,而且在短时间内的引用率也不低。这表明学术界对此有了较高的关注度,有重要的学术影响。而文化软实力是一个应用性非常强的领域,这个评估指标体系可以用来评估一个国家、一个地区、一个城市、一个组织的文化软实力发展状况,具有广泛的应用价值。目前,该指标体系经略作调整已经运用到一些城市的文化软实力评估上,这为城市的文化发展和文化规划提供了具有针对性的标尺和相应的政策参考。

第一篇

文化软实力的理论与分析工具

本篇主要是分析文化软实力的来源。文化软实力的概念来自于软实力，是美国学者约瑟夫·奈最早使用的概念。但软实力在中国并且从软实力的概念引申到文化软实力的概念完全"中国化"了。那么中国文化软实力究竟来自于哪里呢？

本篇认为，从国家的角度来看，文化从广义来看包括物质性文化、精神性文化和制度性文化，既然文化是文化软实力的资源，那么这些文化所产生的软实力就是相应的物质性文化软实力、精神性文化软实力和制度性文化软实力。本篇立论的前提是：马克思主义经典作家指出，文化对社会具有塑造功能，但这种塑造具有双重的作用，既可以推进社会发展，文化的这种功能就是国家的文化软实力；也可能是对社会具有阻碍作用，文化的这种功能就是国家的负文化软实力。但由于本篇的目的在于对中国的文化软实力进行评估，并在此基础上提出增进的方略和措施，因此文化对社会的负功能不纳入分析之中。

本篇认为，中国的文化软实力一是来自于中国的传统文化，中国历史悠久，中国文化五千年从未间断，具有丰富的文化资源。二是中国文化也吸收了外来文化的诸多元素，这些元素也是中国文化软实力的重要来源。三是现代科学技术引发的各种新思想、新观点、新思维等，也是中国文化的重要组成部分，因而也是中国文化软实力的重要来源。当然，中国文化软实力最重要的内容是马克思主义，尤其是马克思主义与当今中国的伟大实践结合而形成的新时代中国特色社会主义思想，是中国文化软实力直接的来源。究竟如何评估中国的文化软实力发展状况？本篇吸收了当前学术界的重要研究成果，在此基础上尝试构建一个指标体系，这个体系也许不可能做到完善，但在吸收当前学术界既有的关于文化软实力指标的基础上，进一步拓展并建立一个由诸多具体指标组成的指标体系。本篇的目的并非是构建一个指标体系，而在于把这个指标体系作为评估文化软实力发展状况的一把重要标尺、一种工具，不仅用来测评中国的文化软实力，也用于测评其他国家的文化软实力发展状况，从而可以对文化软实力在相同的指标体系下进行国家间的比较。

第一章　文化何以成为文化软实力

　　文化并非就是文化软实力,但文化软实力首先得有文化,就是说,文化是文化软实力的来源。之所以这样讲,是因为文化对社会、对国家具有塑造功能。这里所说的文化既包括用来滋养人们内心的精神文化,也包括人们在社会生产中创造的物质成果而形成的文化,以及人们在政治生活中为了规范政治行为体而制定各种政治制度、规范人们日常生活的规章制度等制度文化。① 当然,这些文化要转化为文化软实力还有一个前提,就是这些文化必须是有生命力的文化。没有生命力的文化,不仅不能成为文化软实力,反而是文化发展中的物化包袱。正如王沪宁所说,只有把优秀的文化遗产激活成为文化创新的原动力,并使之通过跨国界传播,成为其他国家和国际社会的基本价值观或主流文化,那么发源这种文化的社会才能获得巨大的软实力。② 当然,王沪宁所说的文化是狭义上的文化,只是指精神文化。他没有涵盖物质文化和制度文化。物质文化是否需要转换呢?也需要转换,特别是历史上创造的物质文化,如果不转换,就更加是文化包袱。至于制度文化就不只是一般意义上的转换问题,而是要使某种制度能够直接产生经济绩效、社会绩效和秩序绩效。这样的制度才能从制度上产生文化软实力。因此,有文化的积淀,并不意味着拥有文化软实力,只有将

---

　　① 本书所涉及的文化软实力的资源主要是从物质文化资源、精神文化资源、制度文化资源三个方面来研究的。当然,也有学者提出"行为文化资源"之说,但行为文化资源是前三者所派生出来的,不是原生性的,即一个人的行为方式、生活方式都是受其所拥有的物质财富、所持的价值观念和在具体的正式制度之下而形成的。另外,本书是关于国家文化软实力的研究,是把国家作为一个整体来研究的,行为文化即便是文化软实力的资源,那也是从具体的个人而言的,因为国家内部不可能有一个整体一致性的行为方式。鉴于此,本书不把"行为文化资源"作为研究对象。

　　② 王沪宁:《作为国家实力的文化:软权力》,《复旦学报(社会科学版)》1993 年第 3 期。

文化转化为现实的影响力、感召力、认同力、投射力等以后，文化才能转化为文化软实力。这个过程简而言之就是以文化之。文化对于一个国家、一个民族的重要性就在于该国家、民族要不断地"以文化之"。

第一节　马克思恩格斯是如何认识文化对社会的作用的

文化对社会的作用是双重的，既有积极的作用，也有消极的作用，关键看是哪种性质的文化在社会发展中发挥主导作用。如果文化对社会发挥积极的作用，那么这种文化转化的文化软实力就是真正的文化软实力；如果这种文化对社会发挥的是消极作用，那么它就是负文化软实力。马克思恩格斯认为，资本创造文化。资本家以社会名义占有工人的剩余劳动，"这种剩余劳动一方面是社会的自由时间的基础，从而另一方面是整个社会发展和全部文化的物质基础。正是因为资本强迫社会的相当一部分人从事这种超过他们的直接需要的劳动，所以资本创造文化，执行一定的历史的社会的职能"①。实际上在他们的著作中专门论及文化的很少，而关于文化史的研究却很多。这主要因为很多学者无限地夸大精神文化作用，他们对这一现象很警惕，多次批判这种唯心主义历史观。"这些个人的一定社会性质的生产，自然是出发点。被斯密和李嘉图当作出发点的单个的孤立的猎人和渔夫，应归入18世纪鲁宾孙故事的毫无想象力的虚构，鲁宾孙故事决不像文化史家设想的那样，仅仅是对极度文明的反动和想要回到被误解了的自然生活中去。"②

马克思恩格斯对文化没有明确定义过，也没有专门系统地探讨过。在他们的著作中文化的含义较为宽泛，包括意识、意识形态、精神生产、精神产品、上层建筑、文学艺术、文明、受教育和知识水平等多种含义。马克思恩格斯创立历史唯物主义，强调社会存在决定社会意识，经济基础决定上层建筑，然而他们历来重视文化的作用。从早期开始，他们一直坚持与各种错误的资产阶级意识和小资产阶级社会主义意识做斗争；中期，马克思

---

① 《马克思恩格斯全集(第47卷)》，人民出版社，1979年，第257页。
② 《马克思恩格斯文集(第八卷)》，人民出版社，2009年，第5页。

的政治经济学批判手稿及《资本论》和恩格斯的很多文献高度重视含精神元素的科学技术对生产方式的重大作用；晚期，马克思深入研究文明的多样性，认识到民族文化对社会经济发展潜在的和长期的影响，恩格斯纠正了人们对历史唯物主义理解的偏差，批判了庸俗的经济决定论，指出了文化等上层建筑要素对社会发展的重要性。

马克思恩格斯指出文化对社会具有巨大的能动作用，而发挥核心作用的则是作为文化核心要素的意识形态。文化是社会发展的基因，文化对社会发展的作用有时候是显现的，有时候是隐性的。但是无论是显性的还是隐性的，都具有双重性的作用：积极的和消极的，但这都可以成为文化对社会的"雕塑力"。小到个体的客观性，大到一种制度的存在、一个国家，都是因为被灌注了精神文化的力量而成为这种特定的存在。否则这种存在就仅仅是"自然"的存在，而没有任何社会意义。从精神文化对社会的"雕塑"作用中，我们还可以看到精神文化对社会特有的维模功能。帕森斯把社会体系分为价值、规范、集体和角色四种结构范畴，而其中属于精神文化范畴的"价值"，帕森斯认为，它在社会体系的维模过程中处于头等重要的地位。这就是说，制度秩序的外在表现是物质的存在，但其本质也是个体精神生活秩序从"内部"向"外部"的延续。因此，文化对社会或者说是国家的"雕塑"作用，就是文化软实力。具体而言，意识形态最重要的就是对社会发挥整合的作用。社会在加速转型期，社会分化的烈度也会增大，这不仅包括社会结构、利益的分化，也包括社会思潮、价值取向等的分化。在这种情形下，社会需要聚合力也就是整合力，而最根本的整合力就是意识形态。在思想价值多元化的时代背景下，意识形态的社会整合功能的重要性日益凸显，成为意识形态理论研究的重要视域。因为意识形态是文化的核心和灵魂，它引领文化前行进而引领社会发展。

马克思认为，支配着物质生产资料的阶级必然支配着精神生产资料，统治阶级的思想必然是占统治地位的思想。相反，那些没有精神生产资料的人的思想一般就从属于统治阶级。统治阶级作为一个阶级进行统治，决定着某一时代的全貌。在统治阶级内部，"一部分人是作为该阶级的思想家出现的，他们是这一阶级的积极的、有概括能力的意识形态家，他们把编造这一阶级关于自身的幻想当作主要的谋生之道"①。作为职业的意识形态家,他们对外为统治者的统治提供合法性,从思想上维护和强化既有的统治,对内巩固成员之间的团结,划清阶级之间的界限。意识形态最直接地体现统治阶级的利益和意志。意识形态维护阶级统治的性质在阶级对立和阶级斗争时鲜明地体现出来。这里特别需要强调的一句话是,"统治阶级作为一个阶级进行统治,决定着某一时代的全貌"。这就非常明显,意识形态是塑造一个国家、一个社会关键的文化力量。

以上是关于文化对社会发展发挥积极作用的一面,但文化在社会发展进程中并非总是扮演积极的角色,特别是那些与社会发展趋势不符甚至是逆社会发展的文化,一定是对发展起阻碍作用的因素。而支撑旧式生产力的旧式文化总是千方百计维护一个旧式的制度和政权。正如马克思恩格斯所指出的那样,资产阶级关于宗教、道德、教育、法、哲学和政治的观念都维护资产阶级的私有制。马克思在《资本论》中揭露了资产阶级的宗教、哲学、法律意识形态形式掩盖真相、误导群众的实质。在哲学方面,随着资本主义大工业发展,抽象的自然科学的唯物主义也发展起来,"那种排除历史过程的、抽象的自然科学的唯物主义的缺点,每当它的代表越出自己的专业范围时,就在他们的抽象的和意识形态的观念中显露出来"②。法律意识方面,资产阶级法学家歪曲事实,"他从法律幻想的观点出发,不是把法律看作物质生产关系的产物,而是相反,把生产关系看作法律的产物"③。恩格斯批判了普鲁士政府灌输资产阶级道德,麻痹人民的斗志。莱比锡政府一百多年来反复出版罗霍的《儿童之友》,将其指定为国民学校的读本。这本书的目的是教育农民和手工业者的子弟,"懂得他们一生的使命,以及他们对社会和国家的领导应尽的义务,同时,教导他们愉快地满足于他们在人间的命运,满足于黑面包和土豆,满足于劳役、低微的工资、长辈的鞭笞以及诸如此类的好事,而所有这些都是利用当时流行的启蒙方式进行的"④。社会底层的青少年自小接受这些"教育"后,精神麻木,安于现状,

---

① 《马克思恩格斯文集(第一卷)》,人民出版社,2009 年,第 551 页。
② 《马克思恩格斯文集(第五卷)》,人民出版社,2009 年,第 429 页。
③ 《马克思恩格斯文集(第二卷)》,人民出版社,2009 年,第 711 页。
④ 《马克思恩格斯文集(第九卷)》,人民出版社,2009 年,第 192 页。

他们自然而然地认可了被雇用被剥削的命运,心甘情愿地做普鲁士国王的安分守己的臣民。这种教育的成本低,但其效用和后劲远胜过统治者的刀剑。在旧式文化的支撑之下,社会即便发展一小步都要付出沉重的代价。这种文化一定不是一个国家的文化软实力,而是负文化软实力。更为严重的问题是,文化作为一种非正式制度在社会发展进程中具有非常的惯性,从而影响社会转型的路径选择,使社会发展产生严重的路径依赖。这不仅会导致国家发展陷入停滞甚至是倒退,也有损于国家的外部形象。

第二节　传统文化如何成为国家的文化软实力

约瑟夫·奈认为:"一个国家的软实力主要有赖于三种资源:文化,即对其他国家能够产生吸引力的地方;政治价值,即在国内外都能够得到坚守并遵从的;外交政策,即被视为具有合法性和道德威信。"[1]从传统文化来看,中国是一个文化资源大国,但文化资源大国并不一定是文化软实力大国。文化资源需要进行转化才能成为文化软实力。那么中国传统文化如何成为国家的文化软实力呢?

第一,我们来看中国传统文化的内容富有生命力,完全可以直接纳入当今中国文化的范畴之中。第一,中国传统文化的核心,是强调人在天地万物中核心地位的同时又尊重人生存环境的人本主义精神。早在西周时期,中国的典籍里就有"人为万物之最灵最贵者"的思想。《尚书》说:"惟天地万物之母,惟人万物之灵。"[2]后来荀子强调"人最贵"的思想与前者是一致的。不过,中国传统文化虽然强调"人最贵"且"人有其治",但并不是"随心而治"的,而是使万物有一个秩序同时又"莫从己出"[3]"私志不得入公道"[4],也就是不从自己的主观出发去改变事物,个人的意志和愿望不能转变成天地万物的本然。简而言之,就是"循理而举事"并"推自然之势",

---

① Joseph S. Nye,*The Means to Successin World Politics*,New York:Public Affairs,2004,p.11.

② 《尚书·泰誓上》。

③ 《淮南子·主术训》。

④ 《淮南子·修务训》。

最后达到"天人合一"的境界。

当今中国所倡导的建设社会主义和谐社会、坚持以人为本,实际上就是坚持人本主义原则。毫无疑问,当今中国社会所坚持的人本主义原则是马克思主义唯物史观基础上的人本主义。马克思在《1844 年经济学哲学手稿》中批判地吸收了费尔巴哈思想的"基本内核"和黑格尔哲学的"合理内核"之后,通过对人与动物的比较,通过对人在自然界中的位置的确定,不仅揭示了"人是自然界的一部分"①的事实,而且提出了解决人和自然的对立的正确途径,从而形成了以"人的全面发展"为核心内容的人本主义思想。但是在不同的物质条件下究竟如何来实现"人的全面发展"也是有所不同的。

马克思主义中国化的重要内容之一,就是把马克思主义的基本原理同中国传统文化有机结合起来。2012 年 11 月 29 日习近平在参观"复兴之路"展览时的讲话就指出:"中国传统文化博大精深,学习和掌握其中的各种思想精华,对树立正确的世界观、人生观、价值观很有益处。"2013 年 8 月 19 日习近平又指出:"中华文明源远流长,孕育了中华民族的宝贵精神品格,培育了中国人民的崇高价值追求。自强不息、厚德载物的思想,支撑着中华民族生生不息、薪火相传,今天依然是我们推进改革开放和社会主义现代化建设的强大精神力量。"这实际上就是把中国传统文化的精华直接纳入当代中国文化之中,可以直接成为当今中国的文化软实力。

第二,中国传统文化的主脉是儒、释、道三位一体。儒家强调"唯德是辅",也就是强调自身品德的提升是根本,也就是主张把德行放在最重要的位置,这样才能祈求上天保护国运永昌。按照儒家的看法,提升自身的道德就是要修身,通过"克己"来完善人品操行,提高人生境界。而这种情形与道教所倡导的通过内心的修养来实现道德的提升,有异曲同工之处。佛教虽不是中国土生土长的文化,②但佛教与道家"这两个出世的思想与儒

---

① [德]马克思:《1844 年经济学哲学手稿》,中共中央马克思恩格斯列宁斯大林著作编译局编译,人民出版社,2000 年,第 56～57 页。

② 不过有一种观点认为,佛学分为两种,一种是"中国的佛学",另一种是"在中国的佛学"。在中国的佛学是自印度输入的,而中国的佛学是这个本土理知的产物,为在中国的佛学的后期发展。参见[美]成中英:《从中西互释中挺立——中国哲学与中国文化的定位》,中国人民大学出版社,2005 年,第 14 页。

家入世的思想,构成了一个辩证关系,彼此兼容,它们也在中国人人生的不同阶段彼此代替"①。因为站位高,佛教才很好地融入了中国本土的文化之中并成为中国文化的传统来源之一。那么国家又如何来修德以保国运永昌呢? 中国传统文化主张推王道、施仁政。儒家思想的核心就是以"仁政王道"来化导天下。"王道"就是以仁义治天下,以德政安抚臣民。"王道"的社会理想就是实现"天下为公"的"大同世界"。由此可见,"王道"体现了中国的另一重要传统:天下主义。② 天下主义也许如有的学者所说的那样,是"一个现实的超越性的乌托邦",但它提出了一种对话式的、无中心的天下大同理想,③而且这种价值理念很可能会被证明是一种优越的价值观,它已经被世界越来越多的人所认同并成为一种普世的价值。④

第三,中国传统文化也强调"尚中贵和"。"中"的意思是指执行刑罚要准确、合理、不偏不倚、无过不及,也就是要严格按照法律(刑书)所制定的标准行事。孔子把"中"的思想运用到他的伦理道德理论中并提出了"中庸"之说,并把"中庸"视为一种难能可贵的道德伦理准则。"中"就是慎独自修、忠恕宽容和至诚尽性,简言之就是包容。"和"就是事物或系统中不同因素、不同要素、不同倾向之间的对立统一,它包含自然界内部、人与自然、人与己、人与人、人与社会、人与环境之间的和谐。"和"更强调"和而不同",是多样性的统一,这是中国传统文化的根本特征和基本价值取向。简言之,"尚中贵和"就是多元并存、相互包容。这种思想,作为中华文化之精粹,不仅在中华民族的发展过程中产生过且继续发挥巨大的影响作用,而且在当今西方各国大多已经深深感到,西方个人主义所包含的以自我为中心的闭锁和孤独,给人类带来了道德和心灵的迟钝,造成各领域的隔绝,限制了人们的智慧能力,使人们孤立无援,在复杂面前束手无

---

① 许倬云:《中西文明的对照》,浙江人民出版社,2013 年,第 64 页。

② 李慎之:《全球化与中国文化》,《太平洋学报》1994 年第 2 期;梁漱溟:《中国文化要义》,上海人民出版社,2005 年,第 146 页;郭沂:《从古代中国的天下一体化看当代全球化趋势》,《哲学动态》2006 年第 9 期;赵汀阳:《天下体系的一个简要表述》,《世界经济与政治》2008 年第 10 期。

③ Tong Shijun, "Chinese Thought and Dialogical Universalism", in Gerard Delanty, ed., *Europe and Asia beyond East and West*, New York: Routledge, 2006, pp. 305 – 315.

④ 赵汀阳:《天下体系的一个简要表述》,《世界经济与政治》2008 年第 10 期。

策。① 所以他们越来越倾向于借非西方文化,特别是中国传统文化作为参照系来反思自己的文化,以寻找新的未来。②

第四,传统文化强调"克己复礼"。礼在儒家的思想体系中居于首要和核心的位置,这主要是因为在春秋时期由于诸侯之间进行的争霸战争导致周代的礼乐崩颓,所以孔子一心要恢复礼乐制度。儒家的"克己复礼"就是要克制欲望来遵守礼乐制度,或者说是通过对人的规范,最终达到社会秩序的稳定。道家则用自然的本性批判了儒家所倡导的仁义礼教的规范,以得之于天道。③ 道家所强调的则是天然本性,也就是事物发展的内在规律。二者虽有矛盾,但都强调秩序。所不同的是,儒家的礼是社会规则所规范的秩序,而道家的本性则是事物的内在规律。二者只是从不同的层面阐述了中国人文精神中的礼,即在尊重人的本性的基础上遵循社会认同的规则。

此外,中国传统文化的特质如"正德利用厚生""修己安邦""和而不同"等,都在当今具有现实的意义。就正如习近平2013年10月21日在欧美同学会成立100周年庆祝大会上的讲话中指出:

> 一个国家、一个民族的强盛,总是以文化兴盛为支撑的,中华民族伟大复兴需要以中华文化发展繁荣为条件。对历史文化特别是先人传承下来的道德规范,要坚持古为今用、推陈出新,有鉴别地加以对待,有扬弃地予以继承。国无德不兴,人无德不立。必须加强全社会的思想道德建设,激发人们形成善良的道德意愿、道德情感,培育正确的道德判断和道德责任,提高道德实践能力尤其是自觉践行能力,引导人们向往和追求讲道德、尊道德、守道德的生活,形成向上的力量、向善的力量。只要中华民族一代接着一代追求美好崇高的道德境界,我们的民族就永远充满希望。

① [法]埃德加·莫兰:《跨越全球化与发展:社会世界还是帝国世界?》,乐黛云、钱林森编:《迎接新的文化转型时期》,上海文化出版社,2006年,第203页。
② 乐黛云:《21世纪的新人文精神》,《学术月刊》2008年第1期。
③ 楼宇烈:《中国的品格》,南海出版公司,2009年,第122页。

第三节 外来文化在何种情形下成为中国的文化软实力

正如前文所述,文化资源成为文化软实力,首先文化必须要有生命力,没有生命力的文化不可能成为文化软实力。中国传统文化在当今的生命力,一方面来自于中国传统文化众多的特质与当今社会发展趋势是相吻合的,因而才获得了生命力。另一方面,中国传统文化自古以来就具有非常大的吸纳力,因吸纳周边众多文化而产生巨大的对外辐射力。这也是中国传统文化生命力的重要来源。

中华文化不仅具有强大的生命力,而且还具有强大的成长力。强大的生命力和成长力而使中华文化五千年不衰。其深层的原因在于,中华文化自古就具有特别的包容性和吸纳力。正如梁漱溟先生所说,中华文化有强大的吸纳力,把周围各民族的文化都纳入到中华文化的大熔炉之中,最终又都成为中华文化的构成元素;中华文化又具有强大的辐射力,对周边地区都有深刻的影响。[①] 这两方面是中华文化的生命力和成长力最重要的表现。从构成元素来看,中华文化不是单一民族的文化,更不是单质文化。当我们把文化与民主放在一起来讨论的时候,往往会犯一个常识性的错误——把华夏民族与中华文化混同起来。众所周知,民族是现代政治的建构,也就如本尼迪克特·安德森所说的,是一个"想象的共同体"。在"华夏民族"这个概念产生以前,中华文化早就历经了悠悠数千年。这是随着现代政治而诞生的华夏民族,承继了古老大地上的中华文化。但是今天的华夏民族与古代生活在这块古老大地上的民族显然是不同样的,当今的华夏民族或者说中华民族已经在历史的变迁中融入了周边诸多民族的血脉。当然,文化交流和民族融合的过程血与火的争夺远远多于各民族和睦相处的风花雪月,但战争的争夺最终是被文化交流、文化对话和文化融合,以及民族融合所取代。因此,钱穆先生指出,"五胡乱华"对当时社会秩序来说的确是悲剧,特别是导致中国社会陷入近五百年的"黑暗时期",但"五胡

---

① 梁漱溟:《中国文化要义》,上海人民出版社,2005 年,第 7~8 页。

乱华"却最终促进了民族的融合，为后来隋统一中国和大唐的复兴打下了基础。当然，钱穆同时也指出"胡人复兴中国仍靠汉化"①。

在如何处理外来文化的问题上，中华文化历史上经历了至少四次与外界文化的对视：第一次是大汉帝国时期，这一次是因张骞出使西域之后古丝绸之路的开通，第一次将东方与与西方连接起来。公元前138年，张骞出使西域，目的是联合大月氏共同对付匈奴。虽然是为了战争，但最终带来的是亚洲文化交流、文明对话的盛况。在张骞的伟大"凿空"之举之后，亚洲内部乃至亚洲与欧洲都开启了千年的对话。张骞第二次出使西域归来后不久便去世，汉武帝派出了一支队伍沿着张骞出使西域的路线最远到达巴格达，从此两大文明之间通过驼峰、驼铃相互传递着一个个美丽的传说。张骞之后的一百多年后，班超在张骞的影响下而"心系天山"，在西域纵横捭阖三十年之久，用三十年的生命维护了当时中国与西域、南亚之间走廊的战略安全，与西域诸国的人们结下了深厚的情谊。最初，文化的交流自然是在悲惨的战争背后踽踽而行，但每一次战争却意外地消解了异质文化的陌生感，结果是文化之间更加紧密的交流与往来。就正如班超在西域最初都是以武力来解决，但武力之后则是历经岁月历练的浓厚情谊。凭借此，班超才确保了中国与西域之间战略通道的相对安全性，从此，诞生于印度的佛教便通过西域而传到东方帝国，并在这片古老土地上落地生根，逐渐融入中华本土文化的河流之中。海上的贸易往来和文化交流甚至更早，根据《后汉书》的记载，大约在公元前111年，大汉的商船就经交趾郡的合浦（今广西北海市合浦县）到达印度洋港口，所以这里已经被确定了古代海上丝绸之路的始发港。这里有大规模的汉墓群，出土了大量的文物，包括来自波斯、印度、罗马、东非等地的各种陶器、瓷器、金币等。当然，这一次文化的对视是非常有限的，但文化交流却出人意料地大规模开展起来，西域文化、罗马文化、波斯文化等在东方帝国有的成为一种时尚。第二次是在大唐时期，这一次是在历经了帝国分离和长期战乱之后的国家统一，以及帝国重新崛起并开创了一个新的审视帝国之后的文化"探亲"。佛教在汉代传入中国，大唐时期佛教在中国的影响进一步加强，以至于一

---

① 钱穆：《中国通史》，天地出版社，2017年，第87~93页。

些人包括玄奘、义净等对佛教的诞生地产生"探亲"的冲动。另外,大唐还有官方的代表经海路到达波斯湾一带,大唐与阿拉伯地区、西域、印度、日本等的文化交往已经大大超出了第一次。这一次一直延续到大宋时期。第三次是鸦片战争以后,东西文化在经历了郑和下西洋及明朝的锁国政策之后的"隔雾看花"。这一次是东方帝国由盛转衰的交往,所以冲突性要远远大于对话和交流。第四次就是在当今,中国重新崛起的进程又把中华文化与世界文化的关系放在新的框架中来认识:中国文化将如何处理与世界多元文化的关系?

从历史发展进程来看,我们发现,中国历史上越是发达的时候就越开放,文化也具有更大的包容性。大汉时期,历经了文景之治之后,盛世初现,虽有武帝穷兵黩武耗费了不少国家资源,以及西汉后期的王莽改制,但总体上看,大汉的国祚未衰。所以大汉对待外来的文化都持包容的态度,甚至一度还"追逐"外来文化。汉灵帝就特别喜欢"胡文化"(西域文化),以至于其宫廷所用的器具都是来自于"胡"地,洛阳城里也都是各种西域商号。大唐时期,民族融合程度非常高,可以说大唐时期的中国就是当时世界的"民族熔炉"。有学者说大唐的强盛是学者们的假象,一个证据说是大唐对世界影响非常小。然而古代的强盛不是去影响外部,而是用万邦来朝来吸纳外部的。大汉、大唐、大宋都是这样,以至于在兴科举之后周边各族都来华夏政权参加科举考试以成就自己的功名。鸦片战争之后,是东方帝国走向衰落的时期,因此尽管遭遇西方文化,但主要的态度是拒斥,除了少部分有眼光的官僚和知识分子外,如林则徐、魏源的"放眼向洋看世界",洋务派的"中体西用"等。

当今的中国不是晚清时期的中国,是正在崛起的中国,因此处理中华文化与世界文化的关系,不可能也不应该以晚清的态度对待。当今的中国应该以一种文化自信来处理当今世界的文化多元性。文化上的夜郎自大,只会导致封闭和愚昧。世界各民族的文化发展都是在于其他民族的文化交流融合之中而走到今天的,任何封闭孤立的文化必然会逐渐被淘汰。文化、文明发展的继承实际上就是一个不断淘汰的进程。习近平在哲学社会科学座谈会上的讲话中就指出,对国外的理论、概念、话语、方法,要有分析、有鉴别,适用的就拿来用,不适用的就不要生搬硬套。一个国家只有不断汲取其他民族创造的优秀成果，才能够真正崛起为大国。因此，在当今，我们如果认为中国可以在与世界隔离的状态下实现崛起，那不过是一种文化夜郎主义的表现。任何自负的后果，就是拒斥外来的一切文化。赵武灵王都能够采取"胡服骑射"的方式来实现赵国的强大，今天我们为什么不能以"拿来主义"的态度来对待其他民族的优秀文明成果呢？习近平指出，今日之中国，不仅是中国之中国，而且也是亚洲之中国、世界之中国。既如此，我们除了开放包容、互学互鉴之外，没有别的方式可以铸就中华文化在新世界中的新生命。

第四节　如何使现代科技文化成为中国的文化软实力

科学技术是硬实力，但科学技术文化则是一个更加宽泛的概念，它指的是因科学技术而产生的哲学思维、技术思维，以及相应的观察问题、解决问题、战略决策等的方法论。由这些所构成的科技文化一旦被国家所掌握运用，并推动国家的发展进步，就成为国家文化软实力的重要组成部分。科技文化是通过塑造国家硬实力来提升国家形象的，也就是它对国家而言是一种间接的文化软实力，但却是对国家硬实力产生直接的作用。但即便如此，科技文化同样是文化软实力最重要的内容。科技文化的软实力表现最重要的就是科学技术包含精神要素，科学技术成果影响哲学的思维方式。

恩格斯年轻时从事企业经营，他切身体验到科学技术在现代工业中的作用。他认为劳动包括资本，并且除资本之外还包括第三要素——科学技术，"我指的是简单劳动这一肉体要素以外的发明和思想这一精神要素。……尽管科学通过贝托莱、戴维、李比希、瓦特、卡特赖特等人送了许多礼物给他（指经济学家），把他本人和他的生产都提高到空前未有的高度，可是这与他有何相关呢？他不懂得重视这些东西，科学的进步超出了他的计算"[①]。恩格斯还指出："各门科学在 18 世纪已经具有了科学形式，因此它们便一方面和哲学，另一方面和实践结合起来了。科学和哲学结合的结果

---

① 《马克思恩格斯文集（第一卷）》，人民出版社，2009 年，第 67 页。

就是唯物主义(牛顿的学说和洛克的学说同样是唯物主义所依据的前提)、启蒙时代和法国的政治革命。"①自然科学的研究方法直接影响哲学思维的方法。恩格斯分析了自然科学发展对哲学方法的影响。18世纪自然科学只有先研究单个事物,然后才能研究事物的变化过程,例如生物学领域把生物和非生物当作一成不变的东西去研究。这种研究导致哲学上把事物看作是既成的东西的旧形而上学——孤立、静止、片面的思维方式。当自然科学从搜集材料的科学、关于既成事物的科学,发展到整理材料的科学,即关于过程、关于事物的发生和发展以及事物之间的联系的系统科学。相应的,哲学上形而上学的方法就被辩证法所代替。恩格斯指出由于细胞学说、能量守恒定律、达尔文的进化论等三大发现和其他自然科学的巨大进步,"我们现在不仅能够说明自然界中各个领域内的过程之间的联系,而且总的说来也能说明各个领域之间的联系了,这样,我们就能够依靠经验自然科学本身所提供的事实,以近乎系统的形式描绘出一幅自然界联系的清晰图画"。自然科学的进步使得以前依靠幻想和纯粹的臆想的自然哲学变得荒唐可笑。今天即使这些研究成果违背了某些哲学家形而上学的头脑时,他们也不得不承认,这样以前那种主观臆断的自然哲学就变成多余的而且最终被排除了。

就科学技术对社会发展而言,科技文化的软实力因素通过以下四个方面表现出来:

其一,科学技术是旧社会形态向新社会形态过渡的助产婆。马克思认为,火药、指南针、印刷术三大发明宣告资产阶级社会的到来。火药粉碎了骑士阶层,指南针开拓了新的世界市场并建立了殖民地,印刷术成了传播新教和科学文明的工具,为精神发展提供了最强有力的杠杆。恩格斯把分工、水力特别是蒸汽力的利用、机器的应用看作18世纪中叶起工业用来摇撼旧世界基础的三个伟大的杠杆。马克思预测未来的理想社会要消灭私有制、自然形成的分工、商品生产、市场交换和货币等,要创造巨大的物质财富,要实现按需分配也必须建立在先进的科学技术基础上。

其二,先进的科学技术是落后民族跨越式发展的捷径。在探讨俄国农

---

① 《马克思恩格斯文集(第一卷)》,人民出版社,2009年,第97页。

村公社如何跨越卡夫丁峡谷时,马克思提出,俄国农村公社可以利用自己的土地适合大型机器耕作的天然地势,引进国外先进的机器而逐步以联合耕种代替小土地耕种,这样农村公社在现在的形式下事先被引导到正常状态,那它就能直接变成现代社会所趋向的那种经济体系的出发点,不必经过资本主义的苦难但却充分吸收资本主义文明的成果,率先进入了社会主义。马克思同样肯定了西方资产阶级文明在东方传播时带去的先进科学技术和生产工具如电报、科学、蒸汽机、铁路等,这些现代因素与东方国家丰富的自然资源、众多的劳力和广阔的市场结合将会推动东方的发展。

其三,科学技术的进步最终有利于人的全面发展。马克思肯定资本主义的科学技术也有促进人的发展的一面。资本为了增加剩余劳动,必然要降低社会必要劳动,这促使它不断进行发明创造,推动科学技术发展。资本完全无意地采用机器"使人的劳动,使力量支出缩减到最低限度。这将有利于解放了的劳动,也是使劳动获得解放的条件"[1]。将自然科学发展到它的顶点是资本的文明面之一。"探索整个自然界,以便发现物的新的有用属性……采用新的方式(人工的)加工自然物,以便赋予它们以新的使用价值。要从一切方面去探索地球,以便发现新的有用物体和原有物体的新的使用属性,如原有物体作为原料等等新的属性。"[2]自然科学的发展使资本不断地开拓市场,刺激人的消费需求,增加利润。同时,它客观上提高了生产力水平;增加人的需要,丰富了人的属性,提升了人的素质,促进了社会进步。科学技术是人类器官功能的延伸,是人类改造自然社会的工具,它本身并无好坏之分。但是在不同的历史阶段,科学技术与不同社会制度和社会关系相结合,它对社会就产生了不同的后果。

其四,科学技术是生产力发展的火车头。恩格斯较早就关注到了科学技术对生产力的作用。他预言精神要素将会列入生产要素,会在生产费用中有一席之地,扶植科学将会得到物质回报。瓦特改良的蒸汽机在50年中创造的价值比研制它的花费多得多。马克思也高度重视科学技术对生产力的作用。他认为,社会生产力的发展来源于劳动的社会性质和社会分工,来源于智力劳动尤其是自然科学的发展。马克思把科学看成是历史上

---

① 《马克思恩格斯全集(第31卷)》,人民出版社,1998年,第97页。
② 《马克思恩格斯文集(第八卷)》,人民出版社,2009年,第90页。

起推动作用的、革命的力量。他重视科学中的每一个新发现,"看到那种对工业、对一般历史发展立即产生革命性影响的发现的时候,他的喜悦就非同寻常了。例如,他曾经密切注视电学方面各种发现的进展情况,不久以前,他还密切注视马赛尔·德普勒的发现"①。马克思恩格斯认为,科学技术对生产力的影响是全方位的。科技进步能改进生产工具,广泛使用机器驱使自然力,改善生产工艺和生产方法,深化分工,从而提高劳动生产率,从而改变整个劳动的社会性质。科学技术还不断地发明创造新的交通和运输工具缩短人与人之间交往的时间和空间,改变人们的生活方式。《共产党宣言》中高度评价了科学技术的积极作用:"自然力的征服,机器的采用,化学在工业和农业中的应用,轮船的行驶,铁路的通行,电报的使用,整个大陆的开垦,河川的通航,仿佛用法术从地下呼唤出来的大量人口——过去哪一个世纪料想到社会劳动里蕴藏有这样的生产力呢?"②

从二战后的情形来看,科学技术(自然也包含科技文化)对一个国家来说不只是影响国家形象的东西,而是决定国家命运的因素。战后科技革命浪潮不断推动西方世界走出战后的萧条时期,德国(联邦德国)、日本先后崛起,正是因为它们与新科技革命浪潮同步,大约在 20 世纪 70 年代都实现了经济的腾飞和国家实力的整体提升。与此相反,苏联就没有那么幸运了。苏联在战后则陷入关于改革的漩涡之中,虽然赫鲁晓夫上台后就提出了改革的口号,但赫鲁晓夫时期的改革主要还是在原有的计划体制内调整。正因为这样,有的学者把苏联的改革称为"从来不是改革的改革"③,实际上,苏联从赫鲁晓夫时代社会经济就已经陷入停滞。④ 不仅如此,一方面对外与美国在第三世界争夺霸权,另一方面内部强化控制。结果,苏联与战后发生的新科技革命浪潮失之交臂。中国的幸运之处在于,20 世纪 70 年代末期推行的改革开放和现代化建设抓住了战后科技革命浪潮的衣襟,所以中国抓住了战后科技革命最后的机会。正因为这次机会,中国

①《马克思恩格斯选集(第三卷)》,人民出版社,2012 年,第 1003 页。

②《马克思恩格斯文集(第二卷)》,人民出版社,2009 年,第 36 页。

③ [美]马歇尔·戈德曼:《失去的机会——俄罗斯的经济改革为什么失败》,田国培等译,上海译文出版社,1997 年,第 1 页。

④ [俄]格·阿尔巴托夫:《苏联政治内幕:知情者的见证》,徐葵等译,新华出版社,1998 年,第 265 页。

才在现代化进程中崛起为世界第二大经济体。

第五节　马克思主义文化是中国最强大文化软实力

　　毫无疑问,马克思主义是中国最重要的文化软实力。中国共产党是执政党,又坚持以马克思主义为指导。中国共产党诞生以后,就高举马克思主义的伟大旗帜,并且在马克思主义指导下领导中国人民取得了新民主主义革命的胜利。在革命时期,中国共产党没有掌握任何行政资源,也没有掌握任何国家资源,为什么能够有如此巨大的革命动员能力呢? 就是因为马克思主义的巨大魅力。中国选择了马克思主义不只是历史的选择,更是中国正确的选择。不过,中国选择马克思主义是一个非常艰难的过程,是一个文化(包括器物文化、制度文化和精神文化)的综合反思过程。

　　首先是器物文化即技术文化的方式。由于鸦片战争的失败,在与西方列强的第一次遭遇中,中国这样的泱泱大国为什么会失败? 战争的失败尤其是在战争中切身地感受到西方列强的船坚炮利的情形促使中国的开明士绅和知识分子对自身技术文化进行反思。这表现最为突出的就是林则徐和魏源。林则徐是"睁眼看世界"的第一人,他主张了解西方,学习西方进步的自然科学与实用技术。他总结鸦片战争失败的教训,认为英国之所以胜利在于,英帝国主义"器良、技熟、胆壮、心齐"。林则徐尤其强调英国的器物文化的先进性。因此,他认为中国要想御侮图强,必须学习西方先进的科学技术。魏源继承了林则徐师夷制夷的思想,他在林则徐《四洲志》的基础上完成了《海国图志》,非常详细地介绍了世界各国的地理、历史和社会的状况,比较详细地阐发了"师夷长技以制夷"的向西方学习的思想。魏源强调指出:"师夷"是为了"制夷",向西方学习是为了抵御西方的侵略,而要成功地抵御西方的侵略,实现"制夷"的目的,首先必须要"师夷"。在器物文化上用实际行动来反思的是洋务派发起的洋务运动,倡导在"中学为体,西学为用"的基础上,洋务派创办了各种近代企业,这的确是使中国在现代化的道路上迈出了非常重要的一步。但遗憾的是,"体""用"之间的矛盾从一开始就暴露出来,最终导致洋务运动以失败而告终。

这表明仅仅在器物文化上的反思是不够的。但是客观地说,鸦片战争第一次把中国社会引向了现代化的历程,也是第一次使中国社会开始思考民族复兴和现代化的命题。

器物文化的反思失败后,中国社会继续遭受着列强的蹂躏。特别是甲午中日战争的失败,激发了一批知识分子从制度文化上进行反思。甲午战争的失败,康有为、梁启超发起了"公车上书"。这是制度文化反思的重要的诱因,在数年后,康有为、梁启超发动了维新变法运动。其目的就是要学习日本的君主立宪制,在维新派看来,中国之所以积贫积弱,延续数千年的专制制度才是根本的原因。要使中国强大,非改变中国的制度不可。梁启超明确提出"中国专制说",他指出:"有郡县,然后土地人民直隶于中央政府,而专制之实乃克举。亦惟以如此广漠辽阔之土地,而悉为郡县以隶于中央政府,则非大行专制不能为功。故自始皇置三十六郡,而专制政体之精神形质,始具备焉。"①不改变专制制度就难以使中国强大。在这种理论支撑下,康有为、梁启超等试图借助于光绪皇帝来推行"制度革新"。

然而变法仅仅百余天而失败,结果光绪皇帝被囚禁于瀛台,同时这也意味着变法的思想也被囚禁起来了。虽然变法历经百日而失败,但也检验了当时中国社会对革新的接受程度。实践证明,即便在中国处于亡国灭种的危亡之中,中国社会对革新的接受程度也是非常低的,这也验证了马克思在此前所说的:"中国,这块活的化石……在东方各国我们总是看到,社会基础停滞不动,而夺得政治上层建筑的人物和种族却不断更迭。"②更有甚者,还有一批守旧的知识分子和士大夫为这种"活化石"做守护人。例如,王国维就公然对外说,君主专制是至善至美的制度。然而欧风美雨虽然遭到中国社会的拒斥,但对中国社会仍然具有摧枯拉朽的作用。正如马克思在《鸦片贸易史》中所说:"一个人口几乎占人类三分之一的大帝国,不顾时势,安于现状,人为地隔绝于世并因此竭力以天朝尽善尽美的幻想自欺。这样一个帝国注定最后要在一场殊死的决斗中被打垮……"③果不其然,帝国最终被孙中山领导的资产阶级民主革命所推翻,代之而起的是

---

① 梁启超:《中国专制政治进化史论》,《饮冰室合集》文集之九,中华书局,1989 年,第 66 页。
② 马克思:《中国记事》,《马克思恩格斯论中国》,人民出版社,2015 年,第 122 ~ 125 页。
③ 《马克思恩格斯文集(第 2 卷)》,人民出版社,2009 年,第 632 页。

民主共和制。这是制度文化比较彻底的一次反思。遗憾的是,资产阶级民主共和缺乏民众基础,原因就是缺乏对中下层民众的思想启蒙,以至于民众根本不理解何为革命。虽然资产阶级民主革命对中国进行了"旧邦新造",但对革命的不理解导致中国社会陷入军阀混战的黑暗时期。这也就意味着民族复兴、现代化的使命再一次落空。

因此,中国先进分子深入到文化深处进行反思即精神文化的反思。这种反思始于1915年的新文化运动,当时中国社会充斥着一股复古逆流,所以新文化运动的矛头直指中国"传统文化"。陈独秀、李大钊、鲁迅、胡适等一批知识分子以"反传统、反孔教、反文言"为目标,倡导"德先生"(民主)和"赛先生"(科学),主张向西方学习。然而这期间在欧洲爆发了第一次世界大战,向西方学习遭受一些道路上的障碍:一是1919年的巴黎和会,中国向西方学习的时候,西方却没有把中国当回事,反而把中国的权益从战败国手里转给日本,尽管中国也是战胜国之一,但西方列强却根本不在意中国的正当诉求。因此,在中国爆发了抵制西方列强的爱国运动。这场运动实际上是新文化运动的延续,但文化革命更加深刻。二是战争对欧洲的影响非常大,以至于被东方开始认可的"发达的欧洲"竟然是"满目萧然"。因此,在对欧洲进行了考察之后的梁启超指出:"这回战争,给人类精神上莫大的刺激",所以完全学习西方而贬低自己的文化并不是一种好的作法,"一个人不是把自己的国家弄到富强便了,却是要叫自己的国家有功于人类全体,不然,那国家便算白设了⋯⋯明白这道理,自然知道我们的国家,有个绝大责任很窄前途。什么责任呢? 是拿西洋的文明补充我的文明,又拿我的文明去补充西洋的文明,叫他化合起来成为一种新的文明"。① 梁启超这个观点对五四运动以后知识分子的影响非常大。特别是在20世纪30年代更加广泛的文化反思,在众多知识分子的观点上都有梁启超思想观点的烙印,尽管梁启超已经辞世。

20世纪30年代,国民政府时期,加上一战的结束,世界主要大国都处于"休养生息"时期,中国民族经济迎来了发展的"黄金十年"。然而经济在发展的同时,中国知识界也在探讨中国现代化的走向问题,这种思考最

---

① 梁启超:《欧游心影录》(节录),罗荣渠主编:《从"西化"到现代化(上)》,黄山书社,2008年,第9、10页。

终也反映到文化上,并在知识界中形成了西洋派、折中派、复古派三大流派。这场文化论战则是由陈序经挑起的。1933 年,陈序经发表了《中国文化的出路》一文,主张全盘西化,其理由是:西洋文化比中国文化进步;西方现代化是世界的趋势;中国道德(公德、私德)不及西洋。① 大约两年后,王新命、萨孟武、陶希圣、何炳松等十位教授针锋相对地发表了《中国本位的文化建设宣言》一文,表达了折中派的文化主张:中国的特殊性;不能凭空赞美中国的制度,要加以检讨;按照中国的需要吸收欧美文化;中国文化建设的关键是创新;文化建设的目标是世界大同等。② 当时被这场论争卷入其中的有一大批知识分子,包括折中派的张东荪、吴景超、张申府、嵇文甫;西洋派的胡适、张佛泉、张熙若、梁实秋等。这场论战虽然是因经济而起,但直到全面抗战爆发以后这场论战也没有真正停止。从他们的观点来看,折中派在文化上的主张与梁启超在《欧游心影录》中的主张非常相近。这段历史我们会发现,从新文化运动到五四运动的文化反思,为马克思主义在中国的传播和中国共产党的诞生创造了有利条件。也就是说,鸦片战争以来民族复兴、现代化的双重使命不仅没有完成,在五四运动后随着中国共产党的诞生,中国社会的使命又增加了社会主义这一重大而神圣的使命,从此以后,民族复兴、现代化、社会主义中国三大使命就无可推卸地落在中国共产党的肩膀上。

其一,马克思主义文化是中国最重要的文化软实力,就在于在马克思主义指导下,最终诞生了一个先进的革命政党——中国共产党。中国共产党是历史的选择,是人民的选择,而人民之所以选择了中国共产党,就是因为马克思主义在中国的传播使中国人民看到了中国革命的希望。自从有了中国共产党,中国革命的面貌就焕然一新了。虽然中国共产党建立后中国革命并非是一帆风顺的,而且在革命斗争中党内也犯了一些错误,但都是因为中国共产党处于幼年时期,马克思主义理论水平还不高,在实践中运用马克思主义理论也缺乏必要的经验。但是中国共产党正是在革命斗

---

① 陈序经:《中国文化之出路》(节录),罗荣渠主编:《从"西化"到现代化(中)》,黄山书社,2008 年,第 383～389 页。

② 王新命等:《中国本位的文化建设宣言》,罗荣渠主编:《从"西化"到现代化(中)》,黄山书社,2008 年,第 417～421 页。

争中不断成熟和成长起来的,并且领导人民开创了一条中国特色的革命道路,最终取得了新民主主义革命的伟大胜利。如果没有马克思主义的指导,就没有中国共产党的壮大,也就不可能取得中国革命的胜利,或许中国依然长期处于"一盘散沙"的状态。

其二,马克思主义文化是中国最重要的文化软实力,是因为中国共产党在革命胜利之后始终坚持马克思主义实事求是的思想路线,也在这条思想路线指引下不断开创社会主义建设的新境界。在社会主义革命和建设时期,中国共产党缺乏自己的经验,所以在一段时期内照搬苏联模式。在20世纪30年代建立起来的苏联模式,从一开始就暴露出严重的弊端,但由于二战的冲击,以及苏共内部的权力争夺,因此苏联模式的弊端无法得到及时纠正。相反,在权力斗争中反而作为一种重要的工具来对付政治对手。例如,赫鲁晓夫是以反对斯大林的个人崇拜而树立其自己的威望的,但很显然,"赫鲁晓夫一边反对斯大林的独断专行,一边自己又搞独断专行"①。当然,应该承认,照搬苏联模式并不是说对中国一无是处,相反,中国照搬苏联模式在短期内的确是建立起中国的国民经济体系和初步的工业化体系。但是苏联模式确实导致中国在社会主义建设道路上走了不少弯路,也犯了不少错误。然而中国共产党坚持马克思主义的指导,并运用马克思主义的立场观点和方法,通过自我纠错而走上社会主义建设的正轨。在这一点上,没有一个其他政党而只有中国共产党是能自我纠错的,原因就在于中国共产党是马克思主义指导下的无产阶级政党,始终不忘"为人民服务"的初心。

其三,马克思主义文化是中国最重要的文化软实力,是因为中国共产党在马克思主义指导下开创了一条非西方的现代化道路——中国道路。马克思恩格斯在《共产党宣言》中指出,无产阶级上升为统治阶级以后,"必须尽可能快地增加生产力的总量"②。但是马克思恩格斯没有指明"增加生产力总量"的具体手段和路径,所以长期以来无产阶级政党建立政权之后关于如何增加生产力总量的问题,在党内和学术界都存在着比较激烈的争论。例如,最初就关于是推行战时共产主义政策还是新经济政策的问

---

① 邢广程:《苏联高层决策70年(3)》,世界知识出版社,1998年,第98页。

② 《马克思恩格斯文集(第二卷)》,人民出版社,2009年,第52页。

题上,俄共(布)内就有激烈的争论。在 20 世纪 30 年代,苏联社会主义工业化迅速发展的同时也面临着诸多困难,理论界在计划与市场的问题上产生了激烈的争论,这场争论断断续续地一直延续到 20 世纪 70 年代。① 在中国,这种争论始终伴随着中国特色社会主义现代化进程,从改革开始,争论就开始了,先后历经了这样一些争论:要不要改革;要不要市场经济;怎样改革;国退民进还是国进民退。② 当然,每一次争论都最终会达成共识,最后都有力地推进中国改革开放的伟大实践。正因为如此,中国现代化建设取得举世瞩目的成就,特别是迅速崛起为世界第二大经济体。历史已经证明,没有中国共产党就没有中国的崛起;没有马克思主义的指导,中国共产党就会丧失精神支柱。这是颠扑不破的历史事实。

其四,马克思主义文化是中国最重要的文化软实力,是因为马克思恩格斯在《共产党宣言》中所设定的"人的自由发展"的目标在中国社会主义条件下有了可用于检验的实践。《共产党宣言》指出:"代替那存在阶级和阶级对立的资产阶级旧社会的,将是这样一个联合体,在那里,每个人的自由发展是一切人的自由发展的条件。"③马克思恩格斯虽然对未来社会进行了很好的预测,但毕竟他们没有看到现实的实践。苏联建立起第一个社会主义国家,但由于苏联模式的固有弊端在没有实现"人的自由"的时候就亡党亡国了。中国在 21 世纪的崛起以及当今中国已经比任何时候都靠近中华民族的伟大复兴,所以中国的伟大实践最有可能为马克思恩格斯的未来社会的预测提供可以用来检验的实践,至少有许多的理论假设被中国的伟大实践所证实。因而,马克思主义在当今社会更加焕发出新的活力和生命力。

其五,马克思主义文化是中国最重要的文化软实力,是因为马克思主义在中国随着中国现代化伟大实践的发展而不断发展,并又在新的实践中给实践以新的指导。马克思主义经典作家早就指出,马克思主义从来就不是教条,而是行动的指南,是随着实践的发展不断发展的。在新民主主义革命时期,中国共产党把马克思主义与中国革命的实践相结合创立了指导中国革命的伟大理论——毛泽东思想,使马克思主义在中国实现了第一次飞跃。

---

① 参见胡键:《转型经济新论》,中共中央党校出版社,2006 年,导言。
② 参见胡键:《理解中国的改革》,学林出版社,2015 年,第 21~42 页。
③ 《马克思恩格斯文集(第二卷)》,人民出版社,2009 年,第 53 页。

革命胜利后,在社会主义现代化建设时期,在恢复实事求是的指导思想之后,中国共产党又把马克思主义与中国现代化的伟大实践结合起来,创立了指导中国现代化建设伟大实践的邓小平理论。正是在邓小平理论的指导下,中国摆脱了贫困落后的状态,中国更融入了国际体系和全球化进程,从而使中国的国际地位得到前所未有的提高。这是马克思主义与中国具体实践相结合的第二次飞跃,也使中国实现了从"站起来"到"富起来"的巨大跨越。

在21世纪的第二个十年,中国现代化和社会发展进入新时代,中国社会的主要矛盾也发生了转变,简言之,中国特色社会主义开启又一个新的伟大实践。在这种情形下,中国共产党又把马克思主义与当今中国的伟大实践有机地结合起来,创立了新时代中国特色社会主义思想。这是马克思主义与中国实践相结合的又一次飞跃,这次飞跃正在实践中使中国"强起来"。因此,马克思主义是中国最大的文化软实力,而习近平新时代中国特色社会主义思想则是当今中国最直接的文化软实力。

不过,由于西方还没有习惯与一个崛起的中国打交道,在中国崛起的进程中,总会有一些对中国不友好甚至怀有敌意的人恶意攻击中国,对中国怀着固化了的成见、偏见。例如,有关中国的各种问题话语诸如"中国威胁论""中国崩溃论""中国强硬论""中国傲慢论"等;"中国是一个脆弱的超级大国","中国是一个孤独的军事大国","中国是一个精神分裂的超级大国","中国是一个致命的国度"等;以及"中国魅力进攻论""中国锐实力论"等。此外,还有的质疑中国特色社会主义的正当性,如有的认为"中国特色社会主义实质上是中国特色资本主义"[1];有的认为"中国特色社会主义就是儒家社会主义"[2];还有的认为"中国特色社会主义就是民主社会主义"[3];以及有的甚至认为中国特色社会主义就是"新殖民主义",包括中国的"一带一路"倡议也是一种"新殖民主义",等等。所有这一切无不充斥着对中国的误解、曲解和偏见。然而随着国际社会对中国了解的不断深入

---

[1] See Yasheng Huang, *Capitalism with Chinese Characteristics: Entrepreneurship and the State*, Cambridge University Press Sep. 2008.

[2] 甘阳:《中国道路:三十年与六十年》,《读书》2007年第6期。

[3] 谢韬:《民主社会主义模式与中国前途》,《炎黄春秋》2007年第2期。

和有关中国的知识不断增多,这些误解、曲解、偏见都必将烟消云散。

众所周知,中国特色社会主义道路是中国社会主义现代化建设的道路,这条道路无疑是基于中国社会主义实践的现代化之路。这就正如习近平所说,中国特色社会主义本质上就是社会主义。换言之,中国特色社会主义道路的本质就是"中国特色"。正是这些"特色"会使中国继续走中国特色社会主义道路。这种"特色"至少表现在以下方面:一是中国文化的特色。中国文化绵延数千年且从未间断,因而有很深的积淀。文化是社会发展的"遗传基因",在社会发展中发挥着至关重要的作用,而且其影响是长期的、持久的、隐性的。它作为民族的集体记忆往往在关键的时候成为社会发展无法摆脱的因素而发挥作用。二是中国的实践特色。三是中国的理论特色。理论来自于实践,也受到文化的影响。当今中国的主导理论既不完全是中国文化,也不完全是经典的马克思主义,而是融合了传统文化、马克思主义,甚至还在一定程度上吸收了一些西方文化元素,因而当今中国的理论,既有实践性,也有很大的包容性。四是由于前面三个特色,从而产生了中国的体制特色。

正是由于在新时代中国特色社会主义思想指导下,中国才取得了举世瞩目的成就:一是中国特色社会主义道路创造了一个现代化的"中国奇迹"。二是中国特色社会主义道路在现代化进程中开创了"中国现代化模式"。毋庸置疑的是,西方的现代化进程比中国、比东方各国都早。因此长期以来,不仅现代化的话语权掌握在西方手中,而且现代化的模式也被西方模式所垄断。但是全球化并不是趋同化,现代化也不是西方化,不同国家的现代化应该有各自不同的路径和模式。中国今天所取得的成功不是照搬照抄西方的结果,而是基于自身发展模式上的伟大创举。因此,中国现代化模式从根本上打破了西方现代化的话语垄断权和模式的垄断权。三是中国特色社会主义道路在中国发展进程中开创了大国成长的和平发展道路。中国发展为一个大国,但中国发展的方式与西方历史大国发展的方式完全不一样,并且中国以自己独特的方式跳出了西方大国成长的"历史周期律"。①

---

① 参见胡键:《理解中国的改革》,学林出版社,2015 年,第 239 ~ 241 页。

第二章　文化软实力的指标体系构成①

　　美国学者约瑟夫·奈不仅提出了"软实力"这一概念,而且还指出文化(在能对他国产生吸引力的地方起作用)、政治价值观(当它在海内外都能真正实践这些价值时)及外交政策(当政策被视为具有合法性及道德威信时)是软实力的三个来源。② 在奈提出这一概念之初,实际上学界应者寥寥。然而在大约十年过去之后,关于软实力的讨论却成为学界乃至政界的热门话题。随着文化在当今国家发展战略中的地位日益重要,文化软实力更成为国家软实力最重要的构成要素之一,因此学界都从各自的学科背景出发不断深化对文化软实力的研究。虽然文化软实力这一概念是从奈的软实力概念引申出来的,但这一概念已经明显"中国化"了③,即无论是其内涵还是功能等,中国视野下的文化软实力与奈等西方学者笔下的软实力已大相径庭。④

---

　　① 本章的内容是基于几年前笔者的一项研究,但纳入本书之中则有新的深化研究。参见胡键:《文化软实力研究:中国的视角》,《社会科学》2011 年第 5 期。另外,关于文化软实力指标体系的构建,作者此前进行了前期的研究并建立了一个指标体系,纳入本书后指标体系有所改进。参见胡键:《中国文化软实力评估与增进策略:一项国际比较的研究》,《中国浦东干部学院学报》2014 年第 2 期。

　　② 〔美〕约瑟夫·奈:《软力量:世界政坛成功之道》,吴晓辉、钱程译,东方出版社,2005 年,第 11 页。

　　③ 郑永年、张弛:《国际政治中的软力量以及对中国软力量的观察》,《世界经济与政治》2007 年第 7 期。

　　④ 胡键:《文化软实力研究:中国的视角》,《社会科学》2011 年第 5 期。

第一节　什么是文化软实力

什么是文化软实力？这一概念既源于奈的软实力概念，又有中国特色，是中国话语中一个全新的概念。从奈提出软实力概念以来，国内学者首先是从研究奈的软实力理论开始，后来越来越关注文化软实力这一概念。学术界关注点的转移表明，文化力的确是软实力的核心要素。[①]十多年来，国内学者对文化软实力的理解大致有以下三种观点：

第一种观点是直接把文化作为软实力来看待，或者说是从文化的角度来解释软实力这一概念。这种观点在20世纪90年代初引入奈的软实力概念时比较流行。[②]而在这方面做出学术上的贡献的是王沪宁教授。他在《作为国家实力的文化：软权力》一文中就表示："文化不仅是一个国家政策的背景，而且是一种权力，或者一种实力，可以影响他国的行为。"[③]在他看来，文化就等于软实力。后来也有不少学者沿袭了这一观点并将它进一步阐发。[④]不过，把文化直接视为软实力的一部分，就很容易让人觉得只要是文化资源丰富的国家，其文化软实力就越强大。

然而事实并非如此。文化自身发展的历史长河，并非完全是一个优胜劣汰的过程，留下来的并非都是精华，文化糟粕同样可以在历史长河中乃至在当今时代滥竽充数，并在相当大程度上影响着社会发展的历史进程。

---

①　在这一问题上，国内学者有不少争论，一种观点认为，苏联的文化实力在1991年远大于1951年，但增强的文化实力却未能维持国家的生存；古巴、朝鲜、越南和许多非洲国家的文化实力都远小于苏联，但这些国家却能在冷战后生存下来。原因就在于苏联的政治变得弱小而亡国，古巴、朝鲜、越南等国虽然文化弱小但政治力在增强，从而国家得以生存。所以说，政治力才是软实力的核心。另一种观点认为，软实力的本质就是指国家的对外吸引力、劝说能力，其源头是传统文化、价值观和具有正统性（即合法性）的政策。而这一切归结起来都是文化层面的东西，所以文化力是软实力的基础性要素和动力性要素，因而更是软实力的核心。参见阎学通：《软实力的核心是政治力》，《环球时报》2007年5月22日；陆钢：《文化实力弱让这个失分》，《环球时报》2007年6月19日；吴旭：《中国软实力不能吃老本》，《环球时报》2007年10月29日；高占祥：《文化力》，北京大学出版社，2008年；唐代兴：《文化软实力战略研究》，人民出版社，2008年。

②　胡键：《文化软实力研究：中国的视角》，《社会科学》2011年第5期。

③　王沪宁：《作为国家实力的文化：软权力》，《复旦学报（社会科学版）》1993年第3期。

④　例如，单世联：《在全球竞争中实现中国文化的复兴》，《哲学研究》2008年第7期。

这样的文化糟粕无论如何也不能转变为一个国家的文化软实力,相反它还会对国家文化软实力产生负面作用。正因为如此,王沪宁也承认,只有把优秀的文化遗产激活成为文化创新的原动力,并使之通过跨国界传播,成为其他国家和国际社会的基本价值观或主流文化,那么发源这种文化的社会才能获得巨大的软实力。① 由此可见,文化并不都是文化软实力,或者说,并不是所有文化都能直接转化为软实力,丰富的文化资源和文化传统只是为软实力提供了必要的物质基础和前提条件。

第二种观点把政治价值观视为文化的一部分,进而认为政治价值观也可以直接转化为文化软实力。这样,文化软实力就带有鲜明的国家意识形态属性。② 问题在于,文化具有可分享性的特点,任何民族所创造的文化成果,一方面为整个人类文化的多重复合体增添了色彩,另一方面也为其他民族的成员贡献了可以分享的财富。③

所谓文化的可分享性,是指文化具有非竞争性和非排他性的特点。一个民族、一个国家所创造的文化,该民族、该国家可以享用,同时并不排斥世界其他民族、其他国家对某一特定民族、特定国家所创造的文化进行享用。从这一角度来看,文化具有公共物品的特性。而政治价值观却不一样。政治价值观是社会成员对政治世界的看法,包括社会成员看待、评价某种政治系统及其政治活动的标准,以及由此形成的政治主体的价值观念和行为模式的选择标准。在某种政治文化的影响下,社会成员在总体上都存在着基本一致的政治价值观念,它直接影响着政治行为主体的政治信念、信仰和态度。可见,不同政治文化影响下的社会成员其政治价值观是不同的。

政治价值观的核心是政治意识形态。而政治意识形态又具有明显的阶级性。在一定社会中占统治地位的政治意识形态,必然是该社会经济上占统治地位的阶级的政治体系。④ 因为,"一个阶级是社会上占统治地位的物质力量,同时也是社会上占统治地位的精神力量。支配着物质生产资

---

① 王沪宁:《作为国家实力的文化:软权力》,《复旦学报(社会科学版)》1993 年第 3 期。
② 贾磊磊:《国家文化软实力的主要构成》,《光明日报》2007 年 12 月 7 日;福建省社科联课题组:《提高国家文化软实力》,《东南学术》2008 年第 2 期。
③ 童世骏:《文化软实力》,重庆出版社,2008 年,第 17 页。
④ 胡键:《文化软实力研究:中国的视角》,《社会科学》2011 年第 5 期。

料的阶级,同时也支配着精神生产的资料。因此,那些没有精神生产资料的人的思想,一般地也是受统治阶级支配的"①。可见,政治价值观特别是其核心——政治意识形态——是绝不会具有可分享性的特性。一种政治价值观只能是一个国家或一个政党所拥有,其他国家、其他政党绝不会与之分享同一种政治价值观,更不可能与之分享同一种意识形态。假若说某一个国家的政治价值观具有可分享性,那么就意味着该国的价值观具有普适性,而这恰恰是西方国家凭借着自身强大硬实力对世界进行"价值观改造"的关键所在,即把自己的政治价值观作为普适性的"福音"推广到全世界。文化是可分享的,而政治价值观却不能,因而政治价值观不应包含在文化的框架之内。② 不过,当政治价值观对于凝聚社会、动员社会、组织社会的确是具有不可或缺的作用,因而政治价值观既可以成为国家的文化软实力,有可能是精神方面的,也有可能是制度方面的。

第三种观点是把文化软实力简单地视为文化竞争力,或者说是把文化竞争力等同于文化软实力。③ 把文化软实力等同于文化竞争力,在发展国家文化软实力的时候,其必然的政策取向是大力发展文化产业、培育新的文化业态、抢占国际文化市场、大力推进文化产品的出口贸易等,而所有这一切都为提高文化竞争力服务。诚然,面对西方的强势文化,包括中国在内的所有发展中国家都非常有必要提升本国的文化竞争力,以抵御西方的文化霸权。特别是中国,虽然中国拥有雄厚的文化资源,但中国文化在国际文化竞争中却并不占据优势。相反,中国在文化产品的进出口贸易中一直就存在着巨大的逆差。④ 这种现象不仅与中国巨大的经济贸易顺差形成巨大的反差,而且与中国世界贸易大国的地位也不相符。更重要的是,这一现象反映了一个现实问题,即世界文化传播格局仍然处于"西强我弱"的境地,西方仍然掌握着世界的绝对制信息权。在这种情形下,增强中

---

① 《马克思恩格斯选集(第一卷)》,人民出版社,1995 年,第 52 页。

② 胡键:《文化软实力研究:中国的视角》,《社会科学》2011 年第 5 期。

③ 这方面的研究大多来自于从事文化产业研究的学者之中,他们认为,建设中国的文化软实力主要就是要通过发展中国的文化产业来提升中国的文化竞争力。这方面的研究成果可见于花建等:《文化力:先进文化的内涵与 21 世纪中国和平发展的文化动力》,上海文艺出版社、百家出版社,2006 年;田丰、肖海鹏、夏辉:《文化竞争力研究》,中国社会科学出版社,2007 年,等等。

④ 关于中国文化产品对外贸易巨大逆差的详细数据可参见中华人民共和国新闻出版总署发布的相关各年的《全国新闻出版业基本情况》报告。

国文化竞争力非常紧迫。但是过分强调文化竞争力在文化软实力中的地位,实际上就使国家软实力建设陷入权力政治学的泥潭,不仅会把文化软实力明显"硬化",而且还必然会使国际社会认为,中国发展文化软实力就是为了抢占国际文化市场。这在很大程度上将成为外部"中国文化威胁论"或者"中国文明威胁论"的重要依据。①

那么什么是文化软实力呢?笔者认为,文化软实力是以文化为基础的一种软实力,这种软实力不是强制施加的影响,而是受动者主动接受或者说是主动分享而产生的一种影响力、吸引力。②

从文化的受众来看,一种文化产品能够成为该国的文化软实力,接受者一定是主动接受并对这种文化产品形成积极的评价。因此,假若 A 国拥有某种文化产品,只是说 A 国拥有了一种软实力资源,只有把 A 国的该文化产品放在 A 国与 B 国或更多国家的相互关系中才能确定 A 国的这种文化产品是否能成为 A 国的文化软实力。如果 A 国的这种文化产品是通过强制手段要求 B 国接受的,这种情况不是 B 国分享了 A 国的该文化产品,而是 B 国被迫接受了它,那么 A 国所拥有的这种文化产品不仅不能转化为 A 国的文化软实力,反而会对 A 国的文化软实力产生副作用。A 国通过这种情形来推介自己的文化,实际上它还是沿用了现实主义的逻辑来扩张自己的文化实力。这种文化实力就不是一种柔性的软实力,而是一种刚性力量。反过来,如果 B 国主动接受了 A 国的该文化产品并且还认为 B 国从 A 国的该文化产品中获得了某种收获。这种情形就意味着 A 国的该文化产品在 A 国与 B 国的互动关系中直接转化成为 A 国的文化软实力,而且在 B 国的主动接受之下,A 国的该文化产品的软实力特性充分显示出

---

① 最初亨廷顿认为,不同文明间的冲突将取代国家利益和意识形态冲突而成为未来国家间战争的根源,中国将与伊斯兰国家联合起来,对以美国为首的西方基督教世界形成挑战。全球政治的主要冲突将在不同文明的国家和国家集团之间发生,即"文化冲突是沿着文明的断层线发生的"([美]塞缪尔·亨廷顿:《文明的冲突与世界秩序的重建》,周琪等译,新华出版社,2002 年,第 7 页)。后来,西方一些学者沿用了他有关"文明冲突论"的观点,但换了一个视角认为,中国文化向世界的扩张特别是在亚非拉地区的扩张构成了对西方文化的威胁(如 David Shambaugh, "Beijing Charms Its neighbors," *International Herald Tribune*, May 14, 2005; Joshua Kurlantzick, "China Buys the Soft Sell", *The Washington Post*, Oct. 15, 2006 等)。另外还可参见胡键:《文化软实力研究:中国的视角》,《社会科学》2011 年第 5 期。

② 胡键:《文化软实力研究:中国的视角》,《社会科学》2011 年第 5 期。

了其柔性的一面。因此,文化软实力应该是一种完全意义上的柔性力量。

　　从性质来看,文化软实力包括软性的文化资源所产生的文化软实力,如价值观、包容性、文化的品位、传播力等。这些要素体现的是文化"软"的一面。但是,这只是文化软实力的一个方面,文化软实力的另一方面是文化硬性资源所产生的文化软实力,如文化基础力、文化发展的保障力、文化产业竞争力、文化产品竞争力、文化生产和消费力等。这些体现的是文化软实力"硬"的一面。不能说,文化软实力只有软的成分,而忽视文化软实力硬的成分。反过来,我们也不能把文化软实力硬的成分等同于文化软实力的全部内容。否则,文化软实力软的成分就被忽视了。

第二节　文化软实力的来源

　　文化软实力来源于文化,即文化是文化软实力的资源。但是并非所有的文化都可以转化为文化软实力。只有那些具有生命力和创造力的文化资源才有可能转化为文化软实力。正如王沪宁所说,只有把优秀的文化遗产激活成为文化创新的原动力,并使之通过跨国界传播,成为其他国家和国际社会的基本价值观或主流文化,那么发源这种文化的社会才能获得巨大的软实力。[①] 唐代兴也认为:"文化虽可以成为一种柔性的力量,但并不意味着凡文化都是软实力,只有当那种拥有实际的生存创造力(即内在凝聚力和对外竞争力、协调力、融合力、扩张力)的文化,才可构成文化软实力。"[②]从当前中国文化来看,至少有三种文化可以直接转为中国的文化软实力,即物质文化、精神文化、制度文化。[③] 精神文化能够产生文化软实力,学术界对此没有任何异议。但是物质文化和制度文化会产生文化软实

　　①　王沪宁:《作为国家实力的文化:软权力》,《复旦学报(社会科学版)》1993 年第 3 期;胡键:《文化软实力研究:中国的视角》,《社会科学》2011 年第 5 期。

　　②　唐代兴:《文化软实力战略研究》,人民出版社,2008 年,第 6 页。

　　③　有学者将人类文明分为三种形态,即物质文明、精神文明和制度文明。制度文明是一种涵括着物质文明、精神文明而又独立于二者的文明形态。参见徐显明、齐延平:《制度文明是一种独立的文明形态》,《学习与探索》2002 年第 2 期。本书主张用文化的概念,而不主张用文明的概念。相应地,文化形态也包括物质文化、精神文化和制度文化三种。

力可能不一定得到普遍的接受。也正因为如此,在关于文化软实力的既有研究成果中,一般都主要关注精神文化资源,而很少关注物质文化和制度文化这两种资源。

(一)物质文化

物质文化是指为了满足人类生存和发展需要所创造的物质产品及其所蕴含的文化,包括饮食、服饰、建筑、交通、生产工具以及乡村、城市等,是文化要素或者文化景观的物质表现方面,是物质文化中最重要的文化符号。

一个国家的美食得到其他国家的赞赏,从而形成该国的文化软实力。例如,美国的快餐、饮料为什么能在世界流行?原因就在于世界各国对美国的快餐、饮料产生了依赖,进而对这种快餐文化也产生了依赖。这就是美国能够通过巨无霸汉堡和可口可乐获得巨大的文化软实力的原因。可口可乐的成功并不是偶然的,在发展初期,可口可乐的销售商阿萨·坎德勒就发誓一定要用可口可乐征服世界。为此,可口可乐的创业者们不断地进行创新,包括统一产品标准使每一瓶可口可乐无论在什么地方出售,其外观和味道都是一模一样的;加强市场营销,特别是通过极具感染力的形象广告的营销而使可口可乐深入人心,等等。正是诸如此类的营销才使得可口可乐成为美国在世界上的象征,甚至是美国资本主义的象征。纳粹德国曾经说:"除了口香糖和可口可乐,美国从未对世界文明做出任何贡献。"[1]这句话虽然是在贬责美国文化对世界文明缺乏贡献,但反过来说也表明可口可乐在世界上的影响力,甚至在二战初期,一方面可口可乐在抵制德国,另一方面德国也在想方设法削弱可口可乐在德国的影响——即便如此,据说,希特勒在私人电影放映厅一边观看《乱世佳人》,一边喝着可口可乐。他的重要助手赫尔曼·戈林也特别喜欢可口可乐。这就是说,美国的可口可乐即便是纳粹德国都对其无法摆脱地依赖,从而使美国通过可口可乐产生了重要的软实力。其实各国的美食都成为自己国家最大的文化软实力。因为世界各地的游客到任何一个国家最重要的是感受该国的文化,美食文化则是进入一个陌生的国家最能直接感受的文化。又如,随着中国力量的上升,中国的美食文化也迅速传播开来。笔者曾经在美国跟

---

① 参见[加拿大]马修·弗莱泽:《软实力:美国电影、流行音乐、电视和快餐的全球统治》,刘满贵等译,新华出版社,2006年,第256页。

美国朋友聊天时问他们是否喜欢中餐馆。他们说非常喜欢,但不能经常去中餐馆,只有在重要节庆活动等特殊的日子里全家才会到中餐馆去聚一聚。这说明,中国的美食已经成为西方一些民众节日符号的重要载体了。

排在美食之后的无疑就是一个国家的服饰文化。服饰文化作为一种文化符号也能够给一个国家带来巨大的文化软实力。服饰文化最能体现一个国家、一个民族的审美,而这种审美被其他国家、其他民族所认同时,那么该国、该民族的文化软实力就会通过对这种服饰文化的审美而获得。每个国家、民族都有自己有代表性的服饰在国际上产生重要影响。例如,中国的旗袍、中山装、汉服、唐装以及中国各少数民族的服饰,日本的和服,朝鲜和韩国的朝鲜服或韩服等,都在世界上有很大的影响力。虽然没有广泛流行开来,但在一些重大的活动中,一些政要等具有特殊身份的人物,都非常乐意穿这些具有民族元素的服装,甚至一些民众也以穿异国服饰而感到是一次审美的升华。

建筑文化也是物质文化最重要的文化符号代表之一。一个国家的建筑艺术体现了该国民众的审美水平和审美标准。因为建筑艺术是利用创造性的思维或方法,策划、设计、建造、雕塑、装饰、布置、制作的,是一种综合的、空间的、造型的艺术。所以建筑艺术又被称为无言的诗、立体的画、凝固的音乐、完满的历史:

无言的诗,即以物质(土石、钢铁、水泥、木材、玻璃、颜料等)为语言,技术与艺术相结合塑造了高矮、方圆、扁挺、曲直、色泽不同的,实用与审美相统一的、静态固定的造型实体。立体的画,即建筑的造型主要是由几何形的线、面、体组成的一种立体艺术形式,是通过建筑群体组织、建筑物的形体、平面布置、立面形式、内外空间、虚实安排、远近距离、动静组织、明暗搭配、古今延续的结构造型,亦即建筑的构图、比例、尺度、色彩、质感和空间感,以及建筑的装饰、绘画、雕刻、花纹、庭园、家具陈设、植物栽培等多方面的考虑和处理所形成的一种表现性的综合性艺术。[1] 对建筑的远眺,就像是在识读和欣赏挂在天空的一幅图画。凝固的音乐,即建筑与空间构成了一定的序列、节点、延续、节奏和韵律,给人们创造了一种意境、气氛、风

---

[1] 赵兴瑞、马艳华:《论建筑艺术的审美特征》,《商品与质量》2012 年第 1 期。

格,或庄严,或活泼,或华美,或朴实,或凝重,或轻快,或典雅,或婉约,引起人们的共鸣与联想。完满的历史,即建筑艺术几乎囊括了人类所关注事物的全部,书写和显现了人类文化的历史,本质是一个民族乃至多个民族的国家在一定社会发展时期,社会文化思想以及社会科技和经济发展(有机构成)水平的综合体现。自然的和谐,即每一个建筑艺术形体和时态,都与所在位置的天体、地域、区位、地点、气候、物种、人群、个人、情景构成了一个和谐、平衡、统一、发展的自然环境。

如果一个建筑能够将无言的诗、立体的画、凝固的音乐、完满的历史、自然的和谐五个要素都聚集在一起,那么这样的建筑文化必然能够得到世界各民族的认同,从而成为世界的审美标准。例如,哥特式的建筑在 12 世纪源起于法国,但在 13—16 世纪在欧洲广泛流行,成为影响欧洲 300 年的建筑风格,它以卓越的建筑技艺表现了神秘、哀婉、崇高的强烈情感,对后世其他艺术均有重大影响。哥特式大教堂等无价建筑艺术已列入联合国教科文组织的世界遗产,也成了一门关于主教座堂和教堂的研究学问。18世纪,英格兰开始了一连串的哥特复兴,蔓延至 19 世纪的欧洲,并持续至20 世纪,主要影响教会。① 原因就在于,这种式样的建筑成为几个世纪以来欧洲的建筑审美标准。也正因为它,法国的建筑艺术是该国最重要的文化软实力。又如,巴洛克建筑是 17—18 世纪在意大利文艺复兴建筑基础上发展起来的一种建筑和装饰风格。这种建筑对追求自由奔放的格调和表达世俗情趣等方面起了重要作用,对城市广场、园林艺术以至文学艺术部门都产生影响,一度在欧洲广泛流行,18 世纪传遍欧洲包括俄罗斯,以至远达美洲。② 这种建筑风格在中国也有较大的影响。哈尔滨的中华巴洛克建筑群;南方上海的外滩建筑群,也主要是巴洛克风格的建筑群。意大利作为巴洛克风格的起源地无疑因巴洛克建筑风格而在世界获得重要的文化软实力。

中国的古典建筑业一直备受世界各国宠爱。一是以宫廷建筑为代表的中国古典建筑,气势恢宏、壮丽华贵、高空间、大进深、雕梁画栋、金碧辉煌,造型讲究对称,色彩讲究对比,装饰材料以木材为主,图案多龙、凤、龟、

---

① 白文龙、朱晓菲:《浅析建筑的艺术体现》,《安徽建筑》2010 年第 6 期。
② 林源:《巴洛克风格在现代简约装修中的应用》,《艺术研究》2012 年第 3 期。

狮等,精雕细琢、瑰丽奇巧。① 二是以设计造型为代表的中式园林式建筑。其特点是简朴、对称、文化性强,格调高雅,具较高审美情趣和社会地位的象征。由于中国风格的空间需要相当宏观的尺度才能表现,这并非简单的室内设计格局所能充分展现,因此活动元素相对地就扮演了相当重要的画龙点睛角色,才能弥补无法呈现进深、景深的这种空间气度。此外,皖南的徽派建筑、福建的土楼、云南的一颗印等,在建筑形式、建筑装饰上都有自己的独特之处,都对其他国家产生了相当大的吸引力。所以中国的古典建筑艺术为中国增添了文化软实力。

城市的发展是物质文化发展的最集中体现,也是国家现代化水平的重要标志。从文化来看,城市是一个综合的文化概念,它至少包括城市的生活方式、生活秩序、生活品位、市民素质、建筑风貌等,以及由此产生的对外影响力、吸引力、辐射力等。从世界角度来看,一个城市往往会被用一个非常抽象的概念来概括其特征,当这个概念被外界所接受时,这个概念就成为这个城市的代称,也就成为其文化软实力的具体载体。例如,纽约被人们誉为"世界之都""世界金融之都"。这是因为,纽约是美国和世界的金融和证券交易中心。特别是位于曼哈顿岛南部的华尔街耸立着许多摩天大楼,集中了世界著名的几十家大银行、保险公司和证券交易所,以及成百家大工业公司和运输公司的总部。纽约也是美国文化教育和电视、广播中心。拥有近百所大学、学院和众多的博物馆、美术馆、图书馆、科研机构、艺术中心等。其中最著名的大都会艺术博物馆是全美洲规模最大的一所,自然历史博物馆也享有盛名,其他各种文化设施也非常齐全。正因为如此,纽约在世界上都具有巨大的吸引力。② 同样,巴黎被称为世界"时尚之都",是因为巴黎的时装享誉世界。巴黎时装周起源自 1910 年。早在 19 世纪末成立的法国时装协会,便一直致力于将巴黎作为世界时装之都的地位打造得坚如磐石——这也是该协会的最高宗旨。③ 凭借法国时装协会的影响,卢浮宫卡鲁塞勒大厅(Carrouseldu Louvre)和杜乐丽花园(Jardindes

---

① 孙丽:《传统文化的现代吟唱——室内设计中的中式新古典风格设计》,《艺术百家》2010 年第 6 期。

② 崔莉:《纽约——让您实现怎样的梦想》,《大视野》2007 年第 8 期。

③ 李薇、徐乐中、谢伟:《复古风来袭——2011 年秋冬巴黎国际时装周》,《装饰》2011 年第 4 期。

Tuileries)被开放成为官方秀场。时装的历史与巴黎紧密相连,直到今天,巴黎的时装风格仍对顶尖的时装设计师有着巨大的影响。巴黎将时装与香水任命为自己的"特使",正因如此,为了让香气和美丽完美的结合,时装设计师们在创作时装的同时,还会调制与华服相配的香水。各式各样的香水最终都会聚集于巴黎,为这座各国游客心目中的浪漫之都增添一点芬芳气息。另外,新加坡一直被人们赞誉为美丽文明的花园城市,就是因为只要迈进新加坡的大门迎接人们的便是满目的碧草鲜花。新加坡不仅把花草种满了城市的每一个角落,而且在仅有 681 平方千米国土的情势下,居然拿出了 0.52 平方千米珍贵的土地建起了植物园。植物园里长满各种热带的乔木、灌木和奇花异草,特别引人注目的是品种繁多的各色兰草争芳吐艳,在绿影掩映中是一片花的海洋。圣淘沙岛更是新加坡的精华。在这个三面环海的绿岛上,古木参天、林丛蔽日、绿岛腹心,夜色下再加上精彩的激光描绘出的美妙画图,使整个绿岛如诗如画,如梦如幻。这繁花绿树簇拥的城市,魔幻般地吸引了世界各地的游人,仅有三百六十多万人口的城市和国家居然在一年中汇聚了七百多万游人,仅此足见新加坡迷人的魅力是何等诱人。① 不仅是上述城市,在亚洲,北京的庄严与伟岸、上海的繁荣与富丽、成都的秀色与情调等,都显示出各自的魅力,从而都成为中国文化软实力的一部分。

当然,物质文化还有很多,不可一一枚举。初看,我们会觉得这些似乎是硬实力的要素。其实不然,物质要素既是硬实力的来源,也可以直接转化为软实力和文化软实力。正如约瑟夫·奈所说:"硬力量能够创造出不可战胜和注定论的神话来吸引他人。"②也就是说,强大的物质文化自然会产生出文化软实力。

(二)精神文化

关于什么是精神文化,学术界的定义有多种,一种认为,所谓精神文化是指属于精神、思想、观念范畴的文化,是代表一定民族的特点反映其理论思维水平的思维方式、价值取向、伦理观念、心理状态、理想人格、审美情趣

---

① 范然:《山水为体 文化为魂——建设山水花园城市初探》,《镇江高专学报》2011 年第 2 期。
② [美]约瑟夫·奈:《软力量:世界政坛成功之道》,吴晓辉、钱程译,东方出版社,2005 年,第 24 页。

等精神成果的总和。另一种观点认为,精神文化是指价值观念、道德规范、心理素质、精神面貌、行为准则、经营哲学、审美观念等。还有一种观点认为,精神文化是指人类思维领域所涉及的诸如哲学、伦理学和文学艺术等的总称。可见,内容其实是大同小异的,它们的共同特点都是指观念上的东西。我们可以这样来界定精神文化的内涵,所谓精神文化,就是指人类在从事物质文化基础生产上产生的一种人类所特有的意识形态,是人类各种意识观念形态的集合。精神文化的优越性在于具有对人类文化基因的继承性,还有在实践当中可以不断丰富完善的待完成性。这也是人类文化精神不断推进物质文化的内在动力。由于文化精神是物质文明的观念意识体现,在不同的领域,其具体文化精神有不同的表现和含义。另外,唐代兴还提出了精神文化的构成要素,即神话(或艺术)精神、自然精神、宗教精神、科学精神、人文关怀精神、伦理精神、政治精神、哲学精神八大要素。①笔者深表赞同。

所谓艺术精神是指通过艺术作品所展示出来的人们的价值观、世界观、人生观。艺术作品包括任何一种但最具有代表性的则是音乐、舞蹈、诗歌、文学作品、绘画、影视,在中国还有书法、武术、戏曲等。例如,希腊神话、意大利的歌剧、俄罗斯的芭蕾、英国的十四行诗、中国的古诗词和四大名著、好莱坞的电影、西方的油画、中国的山水画、世界著名的经典文学作品等。这些作品不只是在本国产生了重要影响,而且在全世界的历史长河中都始终在传递着正能量,因而它们都成为相应国家的文化软实力。关于中国文化的艺术精神就不得不提到中国的书法艺术。中国五千年璀璨的文明及无与伦比的丰富文字记载都已为世人所认可,在这一博大精深的历史长河中,中国的书画艺术以其独特的艺术形式和艺术语言再现了这一历时性的嬗变过程。中国书法艺术的形成、发展与汉文字的产生与演进存在着密不可分的连带关系。理解中国的书法艺术必须要从它的性质、美学特征、源泉、独特的表现手法方面去理解。中国书法艺术是通过汉字的表现形式反映了人作为主体的精神、气质、学识和修养。

所谓自然精神是指人对自然的看法。人生活在一定的社会环境中,同

---

① 唐代兴:《文化软实力战略研究》,人民出版社,2008年,第41页。

样也生活在一定的自然环境中。"劳动首先是人与自然之间的过程,是人以自然的活动来中介、调整和控制人与自然之间的物质变换过程。"①人通过劳动作用于自然,以不断地生产消费资料和生产资料来生存和发展,从而使人类与自然的一体性得以实现,即实现了人类主义与自然主义的统一。但是人类改造自然的过程最初总是带有盲目性的、短见的,而且在人与自然的关系中又是以人为中心的"人类中心主义",因而人类常常不能善待自然。尤其是在资本主义传统工业文明兴起后,资本唯利是图的本性塑造了一种"经济至上"的价值观,因此资本主义工业文明总是以"恶"的方式向自然进行破坏性的攫取。在大量生产—大量消费—大量废弃的生产和生活方式下,向自然排放大量的有毒、有害废弃物,从而超出了自然生态系统的自我净化和自我修复能力的限度,扰乱和破坏了整个地球生命的自然支持系统,扰乱和破坏了"人和自然之间的物质变换",同时也"破坏"了劳动者的"身体健康"和"精神生活"。② 这样,人类生命会因失去自然支持系统而陷入无法继续生存的境地。因此,人与自然是不能对立的。人与自然的和谐统一,是人类发展的基本条件,而人与自然的统一,既不是简单地把人归附于自然,也不是简单地把自然归附于人来实现,而是通过自然的人化和人的自然化的辩证运动来实现。只有遵从这样伟大的自然规律才体现了一种合适的自然精神。

所谓宗教精神就是关于人们对宗教的看法,也是一种内省意识。它所反映的是人的信仰、忠诚、规则、自律等内心状态。宗教精神作为一种文化软实力是通过上述内心状态所具有的内在张力体现出来的至爱至善的精神、凝聚力等。马克思主义虽然崇尚的是无神论,但马克思恩格斯并不反对宗教,相反他们强调要尊重和保护群众的宗教信仰自由。这就是马克思恩格斯的宗教精神,所代表的是无产阶级的宗教精神。

有人以马克思的"宗教是人民鸦片"③之说而认为马克思是反对宗教的。我认为这种认识是欠妥的,而且也不符合马克思的思想。马克思一方面看到了宗教的负面影响,即宗教在阶级社会中为压迫阶级充当"牧师的

---

① 《马克思恩格斯文集(第五卷)》,人民出版社,2009 年,第 207~208 页。

② 同上,第 579 页。

③ 《马克思恩格斯文集(第一卷)》,人民出版社,2009 年,第 4 页。

职能",是苦难人们的"精神压迫";宗教把世俗的封建国家制度神圣化,为其戴上了"神圣光环",曾被用作殖民扩张和对外侵略的工具;宗教对科学的进步产生过阻碍的作用,使科学成为"教会的婢女"。另一方面,马克思也指出了宗教具有这样一些正面作用:宗教的内容以人为本源,反映出"人类本质的永恒本性";宗教在相关社会中具有"内部统一"的凝聚作用;宗教在历史上曾作为一些进步的社会变革和反抗运动的旗帜,在资产阶级反对封建制度的过程中起到了重要作用。① 更为重要的是,马克思并非为反宗教而反宗教,而是把反对宗教与人在此岸世界的幸福联系在一起的。正如马克思所说:"废除作为人民虚幻幸福的宗教,就是要求人民的现实幸福。要求抛弃关于人民处境的幻觉,就是要求抛弃那需要幻觉的处境。"② 那么什么时候才能够废除"作为人民虚幻幸福的宗教"呢? 马克思指出:"只有当实际日常生活的关系,在人们面前表现为人与人之间和人与自然之间极明白而合理的关系的时候,现实世界的宗教反映才会消失。只有当社会生活过程即物质生活过程的形态,作为自由联合的人的产物,处于人的有意识有计划的控制之下的时候,它才会把自己的神秘的纱幕揭掉。"③ 也就是说,马克思并没有主张直接反对宗教,而是通过"确立此岸的真理"来达到消除"彼岸的真理";通过"对法的批判"和对"政治的批判"来批判神学和宗教的。④ 由此可见,马克思的无神论是基于对资本主义社会现实的批判而确立起来的,而不是对神学和宗教的批判而确立起来的。正是这样才使得马克思的宗教精神具有强大的感染力。

所谓科学精神,是人们在长期的科学实践活动中形成的共同信念、价值标准和行为规范的总称。科学精神就是指由科学性质所决定并贯穿于科学活动之中的基本的精神状态和思维方式,是体现在科学知识中的思想或理念。就其内容而言,科学精神应该包括求真精神、探索精神、创新精神、实践精神、批判精神等。求真就是要维护真理,反对权威、独断、虚伪和谬误;创新就是根据已有知识、经验的启示或预见进行大胆假设、小心求

<hr />

① 陈卫平、吴广成:《从"险学"到"显学"——新中国 60 年宗教学研究述评》,《河北学刊》2009 年第 6 期;卓新平:《马克思主义关于宗教社会作用的论述及其当代意义》,《马克思主义研究论丛——宗教观研究》,中央编译出版社,2007 年。

②④ 参见《马克思恩格斯文集(第一卷)》,人民出版社,2009 年,第 4 页。

③ 《马克思恩格斯文集(第五卷)》,人民出版社,2009 年,第 97 页。

证;实践就是通过具体的行动来证实或证伪一种现象,或揭示某种规律;批判就是要勇于质疑传统、权威,坚持真理,敢于挑战。

科学精神体现的是一个国家、一个民族的精神状态和未来前途。有不少学者在研究欧亚之间分流的原因时指出,18 世纪的英格兰出现了一系列盘根错节的表征,包括"农业革命、原工业化(proto – industrialization)、新的人口模式、新的城市化、新的消费模式,以及煤炭的高产量。但是其中任何一个表征都未出现在 18 世纪的中国或其长三角洲。那里发生的情况不仅没有为一场 19 世纪的工业革命埋下根源,反而为 19 世纪层出不穷的社会危机埋下了根源"①。也就是说,大多数学者认为,18 世纪以后中国落后于欧洲,是因为中国没有发生工业革命的基础和社会条件。这有一定的道理。但是如果从更深一层去思考,我们会发现,其根本的原因在于中国农耕文明缺乏科学精神。也正因为如此,中国的新文化运动在很大程度上就是要学习西方的科学精神,五四运动更是把科学作为最主要的目标诉求。因此,具有科学精神的国家也拥有强大的文化软实力。

所谓人文关怀精神,是一种普遍的人类自我关怀,表现为对人的尊严、价值、命运的维护、追求和关切,对人类遗留下来的各种精神文化现象的高度珍视,对一种全面发展的理想人格的肯定和塑造。它体现的是一个国家、一个民族的精神素质。② 有学者认为:"人文精神实际上是追求人与他人、人与社会、人与自然、人与生命之间的生态和谐,这种生态和谐蕴含了真、善、美的精神,其中,求真与真知,是人文精神的起点内容;求美与创美,是人文精神的重心内容;求善、行善与扬善,则是人文精神的目标指向。"③这种概括虽比较宽泛,但也不无道理。欧洲中世纪被认为是"黑暗的时代"(the Dark Age),就是因为那个时代缺乏对人的关怀,没有人文精神。而文艺复兴则开启了欧洲的人文主义大门,从而使欧洲摆脱了宗教的精神枷锁,最终比东方更早地进入现代化进程。东方特别是中国并不缺乏人文精神,因为中国历史先贤或强调"道法自然""天人合一",或强调"克己复

① Philip Huang,"Development or Involution in Eighteenth Century Britain and China",*Journal of Asian Studies*,Vol. 61,No. 2,2002,pp. 533 – 534.

② 朱春玉:《学术期刊编辑的人文精神与职业道德》,《河南师范大学学报(哲学社会科学版)》2003 年第 3 期。

③ 唐代兴:《文化软实力战略研究》,人民出版社,2008 年,第 48 页。

礼""三省吾身"等。这实际上都体现了中国传统的人文精神。这些固然是中国的文化软实力,但由于长期缺乏将传统人文精神进行现代化的转向,而使得传统人文精神并没有最大可能地转化为当今中国的文化软实力。

所谓伦理精神是指人与人相处的各种道德。例如,在中国历史上,"天地君亲师"为五天伦;"君臣、父子、兄弟、夫妻、朋友"为五人伦;忠、孝、悌、忍、信"为处理人伦的规则。这些都属于伦理精神的范畴。传统意义上来看,伦理精神在国家层面上要求的是忠,在家庭层面上则要求孝。当然,在封建专制体制下,"忠"就是要效忠于皇权。所谓"普天之下,莫非王土;率土之滨,莫非王臣"。在专制体制下,一切都是皇权所赐予的,因而必须要忠于皇权。"孝"则是"忠"的社会伦理体现。在传统中国社会中,孝是最基本的伦理精神。中国自古"以孝治天下"。梁漱溟先生就指出:"从人人之孝弟于其家庭,就使天下自然得其治理;故为君上者莫若率天下以孝。"①也就是说,在传统中国社会中,忠孝虽不能两全,但二者的伦理是不矛盾的。在当今社会,孝仍然是中国社会的基本伦理精神,但忠出现了很大的变化。它表现为对国家的认同,对政治价值的认同,对政治制度的认同。只有当民众认同国家、认同国家意识形态、认同国家政治制度的时候,国家在伦理精神上才获得最大的文化软实力。当然,伦理精神是十分广泛的,除上述外,还包括日常生活的伦理、市场经济的伦理等。

所谓政治精神是指民众所追求的政治价值及其所体现的国民政治素质。在当今,政治精神体现在民众对公正、平等、自由、民主等价值的追求之上。一个国家的民族素质并不是从国民所拥有的物质财富体现出来的,而是从国民对上述价值的认可程度体现出来的。西方国家在政治精神上获得了较大的文化软实力,主要是因为西方抢占了民主的话语优势,它们认为西方的民主是古希腊民主的沿袭至今而形成的,因而代表了普世价值的民主。其实,这是非常荒谬的,因为西方的民主只能是一种民主形式,而根本不能代表民主的普世价值。另一方面,社会主义民主被苏联完全搞坏了,使人觉得社会主义与民主是相矛盾的。这进而加强了西方民主是普世

---

① 梁漱溟:《中国文化要义》,上海人民出版社,2005年,第76页。

价值的逻辑。实际上,民主也是社会主义的本质内容,没有民主就没有社会主义。这样的观点在社会主义经典作家的著作中随处可见。把民主与社会主义对立起来,使社会主义国家在政治精神上没有获得相应的文化软实力。

冯友兰说,哲学包含三个方面的内容,即宇宙论(目的在求"对于世界之道理")、人生论(目的在求"对于人生之道理")和知识论(目的在求"对于知识之道理")。① 因此,所谓哲学精神就是对智慧的热爱与追求的精神。但是由于哲学的思维具有极强的"反叛性",因此对智慧的热爱与追求并非像对物质的热爱和追求那样是逻辑的、理智的,且大多数情况下是反思性的,甚至是批判性的。反思与批判构成了哲学之基本精神,也体现了一个国家、一个民族的精神素质。一个善于反思与批判的国家,必然也就拥有更强的文化软实力。

(三)制度文化

制度是人们在行为中所共同遵守的办事规程或行为准则。它包括风俗、习惯、惯例、礼仪等非正式制度,也包括行规、会规、教规、章程、规程、程序、法制等正式制度。制度文化是人类为了自身生存、社会发展的需要而主动创制出来的有组织的规范体系。一个民族、一个国家怎样从制度文化中获得文化软实力呢?

一是制度是否获得民众的认同。当然,这种认同必须是主动的认同,而不是强制的认同。强制形成的政治认同是不稳定的,也难以持续。因为通过强制而形成的政治认同,就必须通过强制来维系这种政治认同。通过不断加强强制力来维系政治认同,实际上就仅仅是为政治合法性来强制社会公众形成政治认同。然而强制形成的政治认同导致敌意和对抗的危险特别大。强制认同只能不断增加强制手段的投资,从而增加强制成本,结果,"强制性掌权者的完整权力成功地被抵消,并转化为分散权力系统"②。这种情形在众多集权国家的政治变迁中都可以得到证实。原本是控制很紧的国家(强制性的政治认同)最后几乎都陷入民主运动的浪潮之中,权力中心或者陷落并被民主体制所取代,或者陷入无休止的政治抵抗运动

① 冯友兰:《中国哲学史(上)》,重庆出版社,2009 年,第 3 页。
② [美]丹尼斯·朗:《权力论》,陆震纶、郑明哲译,中国社会科学出版社,2001 年,第 51 页。

中。这就不可能从制度文化中获得文化软实力。

二是制度能否直接产生经济绩效,或者说制度是否能够提高民众的福祉水平。建立政治合法性的目的是为了更好地使用政治权力来实现经济增长、提高社会福祉水平和实现政治发展。通过利益奖励使社会公众顺从。这种顺从不再是社会公众的一种被动式顺从,而是在利益的驱使之下对政治权威形成了一种主动的认同。这样的政治认同实际上是把服从转变成为一种义务,①使权力主体与认同主体之间形成了一种权利与义务的互惠关系,而不再是一种权力关系。② 这可以用来解释发展中国家通过改革而对民众产生利益诱导从而形成政治认同的现象。特别是在制度创新初期,由于新制度的产出效应较大,因而民众对制度的认同度比较高,相应地,国家从制度文化中获得的文化软实力也较大。

中国历史上制度文化十分先进。这表现为:

一是中国创造了一种"统治最为完善的制度"。如果说《马可·波罗游记》对当时中国尽善尽美的描述多少带有虚幻性的话,那么西班牙神父门多萨所撰写的《大中华帝国志》对当时中国的政治制度、技术器物都进行了非常详细的刻画,以至于把中国视为"世界上迄今为止已知的统治最为完善的国家"③。这就表明中国的制度文明是当时最为发达的。二是创始于隋唐时期的科举制度,也是中国最为重要的制度文化。这一人才培养与选拔制度不仅为中国历朝历代选拔了优秀人才进入朝廷,而且它的影响深远,它所影响的范围包括东亚的日本、韩国、越南,欧洲的英国、法国,把科举制度视为中国古代的第五大发明这一点也不为过。

即便在今天,中国的政治制度虽然颇受西方指责,在很大程度上是西方的意识形态偏见,但实际上中国政治制度至少创造了当今世界的三大奇迹,其中包括:一是经济增长的奇迹,中国今天所取得经济成就,从一个积贫积弱的状态用四十多年的时间而发展成为世界第二大经济体,这首先要归功于中国的政治制度。正是这种政治制度对社会资源、人才的巨大动员

---

① 参见[法]卢梭:《社会契约论》,何兆武译,商务印书馆,1980 年,第 121 页。

② 参见[美]丹尼斯·朗:《权力论》,陆震纶、郑明哲译,中国社会科学出版社,2001 年,第 51 页。

③ 转引自周宁:《天朝遥远:西方的中国形象研究(上)》,北京大学出版社,2006 年,第 54 ~ 55 页。

能力,才产生了这种经济奇迹。二是社会稳定的奇迹。古今中外的社会政治改革都导致了严重的社会动荡或政治危机,但中国的改革尽管出现了所谓的各种各样的群体性事件,但始终保持社会政治稳定。这同样要归功于中国政治制度。正是中国政治制度对中国社会政治秩序的巨大协调作用,才为中国社会政治的稳定提供了重要的制度基础。三是科技创新的奇迹。中国科技实力虽然仍然还落后于西方发达国家,但近年来中国在探月工程、载人航天计划、极地科考、深海科考等都取得了举世瞩目的成就,而这一切同样是因为中国政治制度的巨大作用。总之,中国制度文化已经在诸多领域内为中国文化软实力提供直接的资源,甚至可以说制度文化直接转化为文化软实力。当然,中国的制度文化还需要大力提升,因为当前的各项制度还存在着与社会的需求不相适应的地方,如果不加以改进,那么中国的制度文化很有可能使中国丧失既有的文化软实力。

第三节 文化软实力的要素构成

文化软实力既包括"软性"资源产生的实力,如文化价值观、文化传播力、文化包容性、文化品位等,这些就其本身而言是无法用数量来衡量的;也包括"硬性"资源产生的实力,如文化消费力、文化产品竞争力、文化产业竞争力、文化研创力。不过,不管是哪种资源产生的文化软实力,都必须是具有生命力的文化资源。

一、文化软实力构成要素

关于文化软实力的要素构成,不同学科的研究存在着不同的看法。童世骏在《文化软实力》[①]一书中虽然没有提出文化软实力构成的具体要素,但他从提高国家文化软实力的目标和任务的层面提出了文化软实力的四个要素,即民族的国际自信力、国家形象的国际亲和力、文化的国际影响力

---

① 参见童世骏:《文化软实力》,重庆出版社,2008 年。

和文化产业的国际竞争力。显然这是非常宏观的,当然,由于中国关于文化软实力的研究还刚刚起步,这样的概括已经很不容易了。相比之下,唐代兴对这一问题的研究比较深入,他提出了文化软实力要素的静态构成和动态构成。关于动态构成,他没有提出具体的构成要素,而只是说在文化过程中,富于变化的因素体现在民俗、艺术和哲学三者中,也就是文化软实力提供过在这三者的变化获得了动态变化的创新张力。[①] 不过,唐代兴提出了一个关于静态的文化软实力构成要素体系(见表2-1)。但是从表2-1中可以看出,这个静态的构成要素是非常抽象的,而且基本上主要用一个指标来衡量即创新张力。

表2-1 文化软实力要素构成

物质成果创新张力	物质产品创新张力	吸引、认同、喜爱、空间拓展
	精神产品张力	感召、渗透、启迪、多元传播
制度运行创新张力	公正	社会安排方式的运作尺度
	平等	社会基本解构的生存原则
	自由	社会主要制度的构成原理
精神创新张力	精神认知创新张力	
	精神情感创新张力	
	精神价值创新张力	
文化无意识激情	习惯方向	
	民俗魅力	
	本能冲动	

花建等也构建了一个较为详细的文化软实力要素指标体系(统计指标)[②]。在这个体系中,文化软实力一共有6个一级指标,32个二级指标(见表2-2)。但是这个指标体系基本上是文化的"硬"资源指标,除了"本国国民对本国所持的好感"等少有的几个指数是属于文化的"软"资源指

---

① 唐代兴:《文化软实力战略研究》,人民出版社,2008年,第39页。
② 花建等:《文化软实力:全球化背景下的强国之道》,上海人民出版社,2013年,第42~43页。

数。此外,有几个指标是值得商榷的。例如,"全球化指数"如何确定,如何体现国家的文化软实力。全球化指数高的国家并不意味着其文化软实力就强。"和平指数""暴力行为控制指数""文化融合性指数""创新指数"等都是难以确定的指标。此外,"出国旅游人数"也很难与文化软实力的强弱联系起来,因为出国人数的多少与文化软实力的强弱没有直接的关系。出国人数多,如果出国的人在行为举止上很糟糕,不遵守文明的准则,那么出国人数越多,就意味着该国的文化软实力就越弱。此外,在这个指标体系中,多个指数是静态的一次性指数,而不是定期发布的动态指数,因而很难具有说服力。

表2-2 文化软实力统计指标

文化动员力	本国国民对本国所持的好感
	人文发展指数
	全球化指数
	和平指数
	暴力行为控制指数
文化环境力	世界遗产的数量
	国家产权保护制度指数
	文化融合指数
	中央政府社会保障支出在各项支出中的比重
	政府腐败/清廉指数
	教育发展指数
文化贡献力	创新指数
	专利申请数量
	企业经营环境排名
	全球创意城市的数量
	拥有世界排名100位的著名大学的数量
	文化产业对国内生产总值的贡献率

续表

文化生产力	电影票房(亿美元)
	创意产品出口额(百万美元)
	创意服务出口额(百万美元)
	个人、文化和休闲服务出口额(百万美元)
	拥有全球营业额最大的视听企业
文化传播力	该国拥有的世界名牌500强数量
	版税和许可证的出口额(亿美元)
	其他国家国民认为这一国家具有正面影响的比例
	其他国家国民认为这一国家具有负面影响的比例
	新媒体出口额占全球的比重
文化消费力	百万人中的互联网服务商数量
	居民休闲与文化支出占消费支出的比重
	出国旅游人数
	1000个居民中的国际互联网用户
	国外游客达到人数占人口的比重

　　另外,罗能生等也构建了一个文化软实力的指标体系。该指标将文化分为目标层、准则层和指标层三个层次,并由6个维度即文化生产力、文化传播力、文化影响力、文化保障力、文化创新力和文化核心力31个二级指标构成。[①] 但是文化传播力和文化影响力是很难区别开来的,二者又是指向同一内容的。而且,该指标体系很不完整。当然,这体系最大的优势就是对指标进行了赋值,确定了不同指标的权重。

　　在吸收上述指标体系的基础上,本书将文化软实力的构成要素做出如下图解(表2-3)。从表2-3可以看出,文化软实力不等于文化竞争力。文化竞争力只是文化软实力的一部分,但在有的情况下,文化竞争力等同于文化软实力。因为广义的文化竞争力不仅包括文化硬竞争力,即由硬性文化资源产生的文化软实力所构成的文化竞争力,也包括文化软竞争力,

---

① 罗能生、谢里:《国家文化软实力评估指标体系与模型构建》,《求索》2010年第9期。

即由软性文化资源构成的文化竞争力。但是由于文化软实力竞争力并不是通过真正意义上的竞争而产生影响的，而是通过如春风化雨般的滋润而产生影响的，也就是所谓的"潜移默化"。由此可见，文化竞争力更应该是指文化的硬竞争力，是硬性文化资源产生的那一部分文化软实力。

表2-3　文化软实力构成要素体系

一级指标	二级指标	三级指标
文化软实力		
物质文化产生的文化软实力	文化基础力	博物馆数、科技馆数、图书馆数、影剧院数、体育场馆数、高等院校数、著名科研机构数、每百人拥有的宽带用户数
	文化发展保障力	文化发展的法治环境、文化发展的体制机制、政府办事效率
	文化研创力	人才素质、人才数量、教育投入量、研发投入量、发表的科研论文数、居民申请专利数
	文化生产和消费力	文化产业总产值、文化产业从业人数、居民文化消费总值
	文化产品竞争力	报纸、杂志、图书、电影、电视、戏曲、版权、激光唱片等核心文化产品对外贸易状况
	文化产业竞争力	文化品牌数、福布斯2000公司排行榜上榜公司数、文化产业增加值占国内生产总值的比重
精神文化产生的文化软实力	文化价值观	价值取向、民族精神、志愿者精神、慈善精神
	文化传播力	国际会展年举办次数、大型剧场年演出数、每年举办大型音乐会次数、大型国际会议（赛事）年举办次数
	文化包容性	外国人占总人口的比重、境外游客数、外国留学生数、国际组织落户数、跨国公司总部数、世界友好国家数
	文化品位	传统文化的保护与消费、社会福利指数、人文发展指数（HDI）、幸福指数
制度文化产生的文化软实力	政治制度	政治稳定性、腐败指数、政府效率、政府信息的公开获取
	经济制度	雇用规定与最低工资、资金与人口流动限制、劳动市场规则
	社会制度	公民参与率、妇女就业率、国民心态、最贫困20%人口的国民收入所占的百分比
	法律制度	知识产权保护、法律与产权保护

二、文化软实力构成要素说明

从表2－3中可以看出,文化软实力的构成要素有的可以进行量化,而有的只能进行定性评估。为了便于后面的评估,这里特别需要对文化软实力的要素构成进行说明。

文化基础力:文化基础力包括博物馆数、科技馆数、图书馆数、影剧院数、体育场馆数、高等院校数、科研机构数、每百人拥有的宽带用户数等指标,这些指标都可以用具体的数量来评估。但是不同的指标在其中的权重是不一样的,我们在后面的评估中将选择最关键的指标进行比较分析。文化基础力最关键的指标是著名科研机构数、高等教育机构数和每百人拥有的宽带用户数三个指标。

文化发展保障力:包括文化发展的法治环境、文化发展的体制机制和政府办事效率三个指标。其中,文化法制环境可以对应各国相应的文化法治建设;文化发展的体制机制用市场化程度和文化企业的自主化程度来衡量,最关键的指标是言论与媒体自由指数;政府办事效率有自己单独的指数来衡量。

文化研创力:包括人才素质、人才数量、教育投入量、研发投入量、发表的科研论文数、居民申请专利数六个指标。在这里用具有高等教育水平劳动者占总人数比重来表示人才数量;用每百万人从事研发的人员数来表示人才素质;用科技投入占国内生产总值的比重(%)表示研发投入;用教育支出占国内生产总值的比重(%)表示教育投入;发表的科技论文数和居民申请专利数都是具体的数据,可以直接纳入分析的指标。

文化生产和消费力:包括文化产业总产值、文化产业从业人数、居民文化消费总值三个指标。

文化产品竞争力:报纸、杂志、图书、电影、电视、戏曲、版权、激光唱片等核心文化产品对外贸易状况。戏曲这一指标尚无具体统计,在此不纳入考虑,关于中国的情况主要用过去全国新闻出版业基本情况的文化核心产品的统计数据来衡量文化产品竞争力。其他国家可以根据具体情况抽取相应的统计数据来进行分析。

文化产业竞争力:包括文化品牌数、福布斯 2000 公司排行榜上榜公司数、文化产业增加值占国内生产总值的比重三个指标。

文化价值观:包括价值取向、民族精神、志愿者精神、慈善精神四个指标。这些指标都不可能用具体的数量来衡量,但可以进行问卷调查,通过问卷的数据反映一个国家的文化价值观是否具有凝聚力、亲和力、认同力等。或者是用其他的数据转化后来进行测评。

文化传播力:包括国际会展年举办次数、大型剧场年演出数、每年举办大型音乐会次数、大型国际会议(赛事)年举办次数四个指标及其表现形式。

文化包容性:包括外国人占总人口的比重、境外游客数、外国留学生数、国际组织落户数、跨国公司总部数、世界友好国家数六个指标。

文化品位:包括传统文化的保护与消费、社会福利指数、人文发展指数(HDI)、幸福指数四个指标。其中传统文化的保护与消费可以用世界物质遗产数、非物质遗产数等来表示。社会福利指数和幸福指数可以用有关国际组织或调查公司的数据。人文发展指数用联合国开发计划署的数据来衡量。

制度文化产生的文化软实力,在此分别用了四个二级指标即政治制度、经济制度、社会制度和法律制度。其中政治制度包括政治稳定性、腐败指数、政府效率和政府信息的公开获取四个三级指标;经济制度包括雇用规定与最低工资、资金与人口流动限制、劳动力市场规则三个三级指标;社会制度包括公民参与率、妇女就业率、国民心态、最贫困 20% 人口的国民收入所占百分比四个三级指标;法律制度包括知识产权保护、法律与产权保护两个三级指标。

第四节　构建文化软实力指标体系的意义

构建文化软实力指标体系的目的并非仅仅是为了评估一个国家的文化软实力,而是为了在一个普遍认同的指标体系之下来评估主要国家文化软实力发展状况,这样就会更清楚地认识中国文化软实力的发展状况。有比较才有鉴别。中国是一个文化大国,但中国是否是一个文化软实力大国呢? 对这样一个问题的评价,我们不能简单地说是或者说不是,而是在一个可以比较的指标体系中进行科学分析,因此构建文化软实力指标体系至少在以下四个方面是有意义的:

其一,指标体系的构建使研究更具有科学性。社会科学颇受怀疑的是它的科学性问题,主要是因为其分析主要借助于逻辑推理,而很少有实证的研究。然而随着科学行为主义的兴起,社会科学包括政治科学越来越倾向于定量的分析,以体现其科学性。但是笔者认为,单纯用数据来说话未必就能体现其科学性;再说,社会科学的确有其特殊性,逻辑推理是必不可少的。也就是说,完全基于数据的分析是不能涵盖社会科学研究方法的全部的。因此,本书一方面要基于理论的逻辑推理,即定性的研究;另一方面,建立要素体系引入定量的分析,两者结合起来,使研究更全面,更充分,当然也更为科学。

其二,建立要素指标体系是为了正确认识中国的文化软实力发展现状。文化软实力一直被认为是不可以用数据来表示的,因而学术界的分析都是做定性分析,主要用强、中、弱等修饰词来表示。仅仅是定性的研究就给人缺乏科学性的感觉。为此,构建一个量化的评估指标体系虽然不一定能够涵盖文化软实力的全部内容,但至少可以将文化软实力的一部分内容进行量化分析,从这些量化的相应要素来解释不同国家文化软实力的实际发展状况。这样,文化软实力的研究就显得相对科学,也更具有说服力。

其三,构建要素指标体系,可以对各国的文化软实力相应要素进行动态跟踪分析。对国家文化软实力的研究不能仅仅停留在某一年或某几年的数据上,由于各国社会经济文化发展是不断变化的,某一个时间点上的数据分析只能揭示当时的发展状况。这种静态的分析难以揭示一个国家文化软实力的实际发展状况。因此,构建要素指标体系就能够在动态中把握国家的文化软实力发展状况和发展趋势,有利于更加客观地认识国家的文化软实力。

其四,定性的分析在国际比较中显得十分蹩脚,因为强、中、弱是很难确定的,特别是没有确定具体的文化软实力要素,是很难进行国际比较的。构建评估指标体系以后,我们就可以用具体量化的指标和相应的要素进行不同国家的比较。分析中国或其他别的任何一个国家的文化软实力时,如果不进行国家间的比较,就不可能分析对象国在国际社会的发展状况。只有在国际比较的框架中我们才能真正认识具体国家文化软实力的现实状况。

中国是一个正在崛起中的大国,对中国问题的研究,不能离开国际的视野而纯粹谈这个问题。就中国的研究视角最终会导致民族不是陷入自负的文化陷阱之中,就是陷入自卑的文化阴霾之中。正确认识中国的前提就是要把中国放在全球视野中来认识。鉴于此,构建文化软实力要素指标体系,就是在国际视野中来认识中国、分析中国、研究中国,最后才能发展中国。

第二篇

文化软实力的国际比较

究竟如何来评估一个国家的文化软实力发展状况呢？最好的方法就是国际比较。中国是一个文明古国，又是一个具有世界影响力的大国，所以国际比较不能随意性地进行，必须与具有可比性的国家进行比较。本篇将从文化软实力的三个方面即物质性资源、精神性资源、制度性资源产生的文化软实力，并在选择以下三类国家进行比较：

一是美国、俄罗斯，这是世界上最重要的两个国家，中国也是这样的国家。把中国与之进行比较的目的在于，揭示中国的大国成长进程不是单纯以硬实力为追逐目标的大国，而是既重视硬实力的发展，这是国家成长的基础性要素；又注重软实力特别是文化软实力的大国，这体现的是中国大国成长的一种品位。

二是主要欧洲国家，包括法国、英国、德国、意大利。这四个国家是欧洲传统意义上的重要国家，其中还有两个联合国安理会常任理事国，也曾经是欧盟的核心国家（英国"脱欧"之前）。把中国与这四个欧洲重要国家相比较，主要是揭示这些国家对欧洲影响力的原因是什么，那么中国或许可以借鉴这些国家的经验以在亚洲地区发挥正面影响，提升中国的国家形象。

三是日本、印度、韩国、新加坡等亚洲国家，这些国家主要是中国的邻国（新加坡除外），在文化软实力方面都有不凡的表现。例如，印度是一个文明古国，同样拥有丰富的文化资源，而且诞生于印度的佛教尽管在印度的影响已经不大，但它对中国、日本，以及东南亚国家的影响可谓深远。日本、韩国是中国的重要邻国，而且这两个国家的文化软实力都有各自的特色，尤其是在文化产业（文化研创力）方面表现突出。其发展经验和相关政策值得中国学习。新加坡也是一个以华人为主的国家，虽然是一个小国，但它的文化软实力在多个指标上都有不俗的表现。

通过对美国、俄罗斯、法国、英国、德国、意大利、日本、印度、韩国、新加坡这些不同类型国家的文化软实力现状、具体政策进行比较分析，可以揭示中国文化软实力的优势与劣势。进一步，通过比较研究可以帮助我们在最后一篇中就如何增强中国文化软实力提出有针对性的对策建议。

第三章　物质性文化资源产生的文化软实力

前文指出,物质文化是指为了满足人类生存和发展需要所创造的物质产品及其所表现的文化,包括饮食、服饰、建筑、交通、生产工具,以及乡村、城市等,是文化要素或者文化景观的物质表现方面,是物质文化中最重要的文化符号。物质性文化不一定全部可以转化为文化软实力,只有那些对当今社会具有积极作用的物质文化才能转化成为国家的文化软实力。这里我们不能用列举的方式来分析物质文化与文化软实力的关系,而是进行分类,我们首先预设一个前提,即这里所讲的物质文化都是能够转化为文化软实力的物质性文化。这样,我们就可以将物质性文化转化出来的文化软实力分为文化基础力、文化发展保障力、文化研创力、文化生产和消费力、文化产品竞争力、文化产业竞争力六个方面。因此,在本章中,我们将从上述六个方面对包括中国在内的十一个国家的文化软实力要素进行比较。

第一节　文化基础力比较

文化基础力主要是指来自于物质性文化资源并且为文化生产和消费所提供的基础设施而形成的文化软实力。文化基础力既是提升国民素质和国家整体形象的基础设施,也是进行文化研创、促进文化生产和打造文化产业不可或缺的基础。当然,文化基础力强的国家并不意味着文化软实力一定强,但文化软实力强的国家,文化基础力一定强。因为文化基础力主要是基础。正如前文所述,文化基础力包括博物馆数、科技馆数、图书馆数、影剧院数、体育场馆数、高等院校数、科研机构数、每百人拥有的宽带用户数等 10 个指标。但是由于博物馆数、科技馆数、图书馆数、影剧院数、体育场馆数的变化较大,有的国家这方面的数量甚至几个月就变了,所以我们在评估时选取非物质遗产数、世界物质遗产数、著名科研机构指数、高等教育指数和每百人拥有的宽带用户数五个指标来衡量文化基础力。

表 3-1 文化基础力比较①

国家	中国	法国	德国	印度	韩国	美国	新加坡	英国	俄罗斯	意大利	日本
非物质遗产数	34	7	0	7	10	0	0	0	2	2	18
世界物质遗产数	34	32	31	23	9	9	0	24	13	41	12
著名科研机构指数	124.53	382.73	359.59	126.15	27.79	672.97	11.86	132.09	99.91	112.34	149.30
高等教育指数	881.23	355.52	271.21	472.43	219.39	2208.25	11.98	214.57	593.46	132.90	601.48
每百人拥有的宽带用户数	9.41875	33.92399	31.6999	0.897425	35.68346	27.61842	24.98025	30.83715	10.98223	21.56865	26.88286

从上述五个指标来看,中国的"非物质遗产数"和"世界遗产数"具有绝对优势,这反映了中国的历史文化资源非常丰富的事实。作为一个文明古国,中国历史悠久,是一个文化资源大国,但文化资源大国要成为文化软实力大国、强国的关键,还在于资源是否能够转化为实力。这种能力在相

① 数据来源于中国社会科学院国家竞争力研究中心课题组的研究,以下若没有专门说明则数据均来自于该研究。

当大程度上取决于研发即科研机构。因此,著名科研机构数决定了研发能力,也决定了文化资源向文化软实力转化的转化能力。从"著名科研机构指数"来看,中国是一个大国,但这一指标大致与日本、印度、英国、意大利、俄罗斯处于同一水平上,在11个国家中处于第三个层次上,法国、德国处于第二个层次,美国则处于绝对的优势地位。也正因为如此,尽管美国的历史文化资源单薄且稀缺,但美国能够把有限的历史文化资源转化为文化软实力,甚至不只是转化能力非常强,而且由于其强大的研发能力进而具有强大的创新能力。

不仅如此,美国的高等教育也是首屈一指的,这个数据也是把世界其他国家远远地甩在后面。中国的"高等教育指数"虽然在11个国家中稳居第二,但差不多只是美国的三分之一强,但中国人口却是美国的三倍多。而中国的高等教育创新能力非常弱,一个重要的表现是中国迄今为止还没有建立起中国自己的哲学社会科学学科体系和理论体系。这主要是由于中国哲学社会科学学科体系主要是从外部引进的,大致有两大来源:一是苏联,二是欧美。在新中国成立之初的十多年中,是中国哲学社会科学学科体系初建的时候,由于受当时政治环境的影响,中国的哲学社会科学学科体系基本上是学习苏联的哲学社会科学体系,甚至是原封不动地照搬到中国,在此基础上建立起中国相应的大学学科门类。客观地说,这种学科体系和理论体系正是中国计划经济体制的学科基础和理论基础。然而随着计划经济体制的弊端越来越突出,中国哲学社会科学体系和大学学科门类也越来越不适应现实的发展。

尤其是在改革开放之后,苏联式的哲学社会科学开始陷入困境。在了解欧美发达国家和向欧美学习市场经济的浪潮下,中国开始大规模引入欧美国家的哲学社会科学理论和相应的学科门类,甚至大学的专业设置也开始转向了像欧美类似的专业门类。这种情形说得严重一点的话,中国哲学社会科学体系实际上存在着"被殖民"的情形。特别是进入21世纪以后,中国经济越发展,就越暴露出这种"被殖民"的哲学社会体系的弊端和问题。所以中国学术界开始反思:究竟什么是中国哲学社会科学之源? 究竟是否存在着哲学社会科学的"中国学派"? 中国的现代化实践对哲学社会科学提出新的需求。中国现代化的实践发展很快,但社会科学理论却相对滞后,也显得匮乏。实际上,任何时代的实践发展都需要哲学社会科学理论的引导。欧洲工业革命的前兆无疑是文艺复兴运动;中国的民主革命前兆无疑是此前的启蒙主义运动。诸如此类的情形古今中外都大有存在,但并非所有民族都能够充分认识到哲学社会科学对实践发展的重要性。中国改革开放的现代化实践,是在务实主义的实践逻辑之下启动的,理论准备相对不足。虽然在过去四十多年里创造了发展的奇迹,但经济发展也出现了问题。经济发展的问题需要从哲学社会科学的理论上进行突破,甚至更直接的就是要构建中国特色的哲学社会科学体系。

相比之下,美国不仅在科技创新上领先于世界,在哲学社会科学的创新上也领先于世界。历史上流行过"英国制造",也就是大英帝国作为"世界工厂"的时期,恩格斯在他的文章中有过分析,主要是指大英帝国由于工业革命而最早进入工业文明时代,从而引领世界技术新潮。不过,那个时代的新技术主要是指以蒸汽机为代表的技术。后来,又出现过"德国制造",这主要是指德国曾经一度领跑第二次工业革命的浪潮,出现了一批新的技术。不过,领跑者很快就被美国所取代。第一次世界大战之后,"美国制造"就已经延续开来了。但是在第二次世界大战之后,美国又开始新的技术革命,由于美国要搞新技术,大约从20世纪70年代开始,美国把传统制造业大规模转移到落后国家。因此,"美国制造"很快就被刚刚走向世界的中国所承接,经过大约二十年的时间,"中国制造"成功地完成了取代"美国制造"的转换。但是"中国制造"也主要是一战结束后形成的传统制造业产品。其特点是高投入、高消耗、高污染、低产出。然而这些产业支撑了中国从一个落后的农业国家成功向工业制造业国家迈进。从20世纪90年代以来流行的"中国崛起"的观点,正是基于这种产业而产生的经济发展成就和长时段保持两位数经济增长的"中国奇迹"。而恰恰是在这时,"美国衰落论"也迅速流行开来。我们知道,创新不仅需要时间也需要成本。一方面,在新技术还没有形成规模性的产业化之前,传统制造业依然是支撑国家经济发展的主导性产业。美国把支撑经济国力的制造业转移出来,很显然,它的传统经济国力就出现下降趋势。另一方面,美国把大量的财富积累转移到新技术的研发之上,所以它在传统领域的投资规模显得较小,甚至在有的传统领域内完全收缩。然而当大多数人都认为美国在衰

落的时候,一个内涵全新的"美国制造"已经诞生。它的全新内涵主要表现在以下三个方面:

其一,美国是最新技术的原创地。二战结束以后,美国就率先进行技术创新,大量地淘汰了第二次工业革命的产业,迎来了新科技革命的浪潮。战后新科技革命带来了一系列全新的产业和技术,从而塑造了美国战后的霸权地位。从历史来看,战后跟上美国新科技革命浪潮步伐的国家如联邦德国、日本等就迅速发展起来。相反,凡是没有跟上美国新科技革命浪潮的国家,如苏联及其东欧卫星国等都被西方国家远远地抛在后面。甚至有学者还认为,苏联解体、东欧剧变虽然有很多原因,但它们由于长期封闭且与战后的新科技革命擦肩而过而陷入经济发展困境,则是苏联解体、东欧剧变的重要原因之一。美国不仅是战后新科技革命的领跑者,而且在冷战结束以后,在互联网等高新技术领域同样是开拓者,以至于高技术产业对美国经济的贡献率都远远超过世界其他国家。"20世纪90年代中期以来,高技术产业在美国国内生产总值中的贡献率为27%,而传统的住房建筑业和汽车业的贡献率为14%和4%。信息技术产业对美国经济的带动作用不仅比传统产业作用大,而且也比其他高技术产业的作用要大。1993年以来,在美国工业增长中,约45%是由电脑和半导体发展带动的。90年代末,美国与信息产业直接相关的部门在国内生产总值中所占比重已达80%。信息产业正在成为美国最大的产业以及美国经济增长的主体动力。"[1]

进入21世纪以后,美国大数据产业更是发展迅速。在此前,美国与其他国家之间因"经济鸿沟"而产生了一个新的"数字鸿沟"。[2] 在21世纪的大数据时代,美国因拥有天然的大数据优势而为世界各国提供大数据的基本工具(收集、储存、分析、管理工具),因而也同时向世界各国提供全新的全球公共产品。更为重要的是,美国把原来的"数字鸿沟"改写成为巨大的"大数据鸿沟"(Big Data Gap)。"大数据鸿沟"反映了不同国家之间大数据国力的巨大差距,也表明美国与其他国家之间不是乘数级的差距,而是指数级的差距。

---

[1] 任东来等:《当代美国——一个超级大国的成长》,贵州人民出版社,2000年,第94页。
[2] 关于全球"数字鸿沟"的研究比较早的成果请参见胡鞍钢、周绍杰:《新的全球贫富差距:日益扩大的"数字鸿沟"》,《中国社会科学》2002年第3期。

其二,美国拥有世界上最发达的大学。根据统计数据,美国的大学指数是世界最高的,也就意味着美国大学是世界最强的。因此,美国大学对全世界的优秀学生都具有强大的吸引力。美国大学一直就是广大发展中国家优秀学生留学的首选。也正因为如此,美国的技术创新能力特别强。大学是研发的主要机构,美国大学的先进不仅表现为对外来学生的吸引力,而且还由于拥有大量的研发投入而对世界各国的研究人员产生了巨大的诱惑。这也是美国技术创新能力强大的一个原因。美国仍然是研发投入最大的国家。作为当今世界第一科技大国,美国在尖端科技产业上的投入对于其保持未来的经济发展潜力是至关重要的。据统计,从近年来的全球研发投入量的情况来看,美国一个国家的研发投入就接近全球研发投入的一半;在软件、互联网、计算机服务等方面的研发投入美国一国就达到全世界的四分之三;在航空航天、国防、国家安全领域的研发投入美国占全世界的一半多;在信息安全、传感器网络、空间技术、远程感应、化学/生物感应器、生物测定学及无人驾驶运输器中,美国在 4 个领域拥有 70% 以上的优势,在其中的 3 个领域拥有 80% 以上的优势,中国的平均优势仅为 4%。

其三,美国事实上还拥有最发达、最前沿的哲学社会科学,也就是说美国是最前沿的思想产品的制造者。尽管中国各个学科都在倡导"中国特色的学科体系"而拒绝和排斥美国等西方的学科体系乃至思想。然而如果我们因要构建"中国特色的哲学社会科学体系"而拒绝美国所代表的世界最前沿的思想,那么我们就很有可能陷入一种盲目的自负之中。自负是封闭的结果,自负也是落后的原因。就像鸦片战争之前的中国一样,由于存在一种强烈的文化自负感,以至于西方通过文艺复兴、宗教改革、工业革命等已经把长期以来领先于西方的中国远远地抛在后面,而中国竟然对这一切一无所知。因此,当第一次与西方遭遇的时候就震撼了,特别是因战争的失败而不得不进行反思,"鸦片战争的失败是由于武器的陈旧? 政治的腐败? 还是社会的落后?"①陈旭麓先生认为这三者是相互联系的。但是笔者认为归根到底在于文化的落后性。正如梁漱溟先生所说,"中国文化是人类文化的早熟","成熟了的文化,然而形态间有时或显幼稚","不走科

---

① 陈旭麓:《近代中国社会的新陈代谢》,上海人民出版社,1992 年,第 54 页。

学一条路",所以"幼稚迷信遗留下来"。因此,中国文化既早慧又老衰。①正是这种情形导致中国社会形成了强烈的文化自负感,最后导致文化没有什么大的进步,这也如梁漱溟先生所说"后两千年殆不复有任何改变与进步"②。然而美国却完全不一样,虽只有两百多年的建国历史,却创造了当今世界最先进、最发达的哲学社会科学的学科体系、思想体系、理论体系。

因此,"美国制造"所代表的正是新兴制造业产品的制造和包括新的思想的制造。"中国制造"既包括中国自己制造的传统制造业产品,也包括外国投资者在中国制造的产品,也就是"made in China"。而"美国制造"基本上是"created or designed by America"。因而,我们认识所谓的"美国衰落"可能不能停留在传统国家实力之上,尤其是在互联网、云技术、大数据技术,乃至人工智能等发展迅速的今天,认识一个国家的实力必须用超越传统国家实力构成的眼光。

由此可见,中国文化基础力在历史文化方面有优势,数据也证明中国确实是一个文化资源大国;中国高等教育指数又较高,仅次于美国,也表明中国是一个教育资源大国。但是科研机构指数比主要大国都弱,比印度还低,而科研机构指数则是代表一个国家的研发能力基础的重要指标。另外,每百人拥有的宽带用户数这一方面中国处于绝对落后状态,仅仅好于印度。也就是说,在文化基础力方面,中国有强有弱,但总体上来说是处于弱势。

第二节　文化发展保障力比较

文化发展保障力包括文化发展的法治环境;文化发展的体制机制;政府办事效率三个指标,我们的研究将用两个重要指标来衡量,一是"政府效率",二是"言论与媒体自由"。这两个指数集中反映了一个国家的文化保障力状况。

---

① 参见梁漱溟:《中国文化要义》,上海人民出版社,2005 年,第 42、251 页。
② 同上,第 8 页。

表3-2　文化保障力指数比较

国家	政府效率	言论与媒体自由
中国	0.46	0.63
法国	0.8	0.83
德国	0.83	1
印度	0.43	0.59
韩国	0.73	0.82
美国	0.8	0.9
新加坡	1	0.53
英国	0.83	0.86
俄罗斯	0.33	0.65
意大利	0.56	0.87
日本	0.79	0.93

　　以上数据显示,从"政府效率"来看,在11个国家中,中国、俄罗斯、印度、意大利四个国家属于政府效率低下的国家,新加坡属于政府效率最高的国家。这可能与它是一个城市国家有直接的关系,国家小,人口少,所以政府效率高。美国、英国、德国、法国和亚洲的日本、韩国大致处于统一水平上。当然,日本、韩国与同一水平的欧美国家相比仍然略低。关于这个问题,学术界是有争论的。有学者认为,选举式民主政府效率一般都普遍高于集权式政府,但实际情况未必是这样,意大利、印度是选举式政府,效率却较低,新加坡是集权式政府(尽管有选举但它一直是一党独大)。由此可见,政府的效率与权力的运行方式没有直接的关系。

　　从"言论与媒体自由"来看,11个国家也可以分为三种类型:德国的数据是最好、最高的;美国、英国、法国、意大利、日本、韩国属于第二种类型,处于中间地位;中国、俄罗斯、印度、新加坡则处于最低水平。在这个问题上同样也有不同的看法,有的学者认为选举式民主国家言论和媒体自由度比较大,而集权式国家这方面的自由度较低。然而实际情况可能也不一定是这样。以美国为例,美国被认为是言论和媒体自由度最高的(当然上面数据现实略低于德国),但美国对言论和媒体的控制是有一套比较成熟的管控规则的。这些情况表现为：

其一，美国政府可以通过对媒体的资质授权来直接干预媒体。美国政府有一个叫"联邦政府电信中心"（简称FCC）的部门，该部门负责授予相关媒体使用何种频道。虽然从实际的角度来看，政府授予媒体使用某个或几个频道之后，不会因为该媒体的内容不符合政府的取向而被FCC取消。但是从理论上讲，政府既然拥有这种授予权，同样也具有取消媒体拥有相关频道的资格。即便政府不会因媒体的内容问题而取消媒体的资格，而且政府这样做，一旦被相关媒体知道，会起诉政府违反宪法，但政府完全可以暗中操作，导致相关媒体在使用某一频道时出现困难，甚至会"因技术故障"而不能使用。再说违反宪法，如果没有机构或个人的投诉，一般不会由谁来追求其责任。所以政府在这种情况下暗中干涉媒体往往会被社会所"默许"。即便政府不暗中干涉媒体，如果媒体要获得更多的频道资源必须要依赖于政府的更多授权。在这种情形下，不同媒体之间就会出现对频道资源的竞争，政府就会对媒体以前的内容进行所谓的"审核"，假若媒体的内容与政府的倾向相去甚远，该媒体往往在竞争频道资源时处于劣势。而那些与政府倾向比较一致的媒体则会获得更多的频道资源。由此可见，美国政府并不是没有任何能力来干涉媒体的。

其二，美国政府通过感兴趣的项目直接与非营利性文化机构合作并进行渗透。一般都会认为，非营利组织不会从政府那里得到财政支持，否则就会成为政府的附属物。美国的非营利性组织都非常在乎这种身份。但是实际上大多数美国非政府组织都从各种渠道获得美国政府的财政支持。当政府对非营利组织的项目感兴趣时，政府会通过项目的方式进行投资。而这样的项目往往被政府所左右，或者专门为政府服务。而非营利组织为了解决财政困难，总是想方设法设立一些政府感兴趣的项目，以获得政府的财政支持。

其三，美国政府与美国报业协会的关系若即若离。美国报业协会主要有三大功能：为协会成员提供法律帮助、为协会成员规划、为协会成员提供职业教育。美国报业协会目前拥有一百多家报纸作为其固定会员，它是一个非政府组织，但从其功能来看，有较明显的政府色彩。这表现为：一是报业协会可以向政府申请项目，如果政府对报业协会的项目感兴趣，政府就以项目的形式参与协会的项目业务,从而影响报业协会所谓的独立立场;二是对于某些重要报纸,美国政府会直接对它进行拨款;三是美国虽然没有新闻检查制度,而且美国也制定了保护新闻从业者权利的相关制度,但政府常常以记者的报道涉及国家安全为由而阻止文章的发表,如果发表了此类报道,政府也会以此为由对记者进行起诉。这样,记者的报道就很难说其立场是完全中立的。有时候记者不得不迎合政府而歪曲新闻事实。

其四,美国政府与美国公共电台(National Public Radio,NPR)的微妙关系。美国公共电台是一家非营利性文化机构,拥有八百多家电台作为其会员,15%的节目被国外听众使用。它的资金来源主要有四个方面:节目收入、个人捐赠、企业捐赠和政府资助。节目收入很少,因为NPR的绝大多数节目是免费的。个人捐赠也相对比较少,大多数是企业捐赠,企业要提升自己的形象,同时又由于NPR在全美的重要影响,因此企业都会以上NPR的节目而感到荣耀,尽管不允许打广告,但通过捐赠可以获得在某些栏目上的影响,从而提升企业的知名度和影响力。NPR在获得捐赠以后,在具体的节目上会咨询捐赠的企业。这实际上是其被捐赠的节目受到企业价值观的影响。尽管NPR不允许因为某企业捐赠而来做节目,而是先有节目的计划然后再向相关企业进行融资,但这总有点自欺欺人。不管是先有计划再融资还是企业先捐赠后在节目上发挥相应的影响力,其实都一样,只要有钱,节目就会被有钱的人或企业所掌控。关于政府拨款虽然额度不多,但政府也是对节目的具体内容有影响的。联邦政府一般不直接捐赠给NPR,而是通过政府下属的基金会资助具体的内容。但是地方政府往往会直接拨款给地方电台,特别是政府拨款后会要求电台播放关于提升地方形象的内容。也就是说,美国政府仍然是通过资金的进入来对节目施加其影响的。

其五,非营利性文化机构千方百计攀附美国政府。在众多人的脑海中有一个印象,认为美国的非营利组织是完全独立的,跟政府没有关系。事实上,情况并非如此。非营利组织同样希望通过政府获得资金,以谋求自身的发展。美国艺术协会就是典型例子。美国艺术协会是一个关于艺术方面的非营利组织,其下专门设有一个"政府事务部",工作业务就是专门向政府或国会公关、游说,以获得政府预算来支持艺术的发展。公关、游说的方式主要有三种：一是直接派协会"政府事务部"的人到国会游说，该部的人员一般都是非常有经验的人，甚至以前就是在国会工作过的职员，他们熟悉国会的所有程序，而且也指导如何进行攻关，因此成功的概率比较大。二是鼓动所有会员游说国会议员，每年讨论预算时，协会知道此事以后，马上制定一个游说的计划；然后把计划群发给所有会员单位，让他们根据所在地的实际情况对计划略加修改；最后发给所在地的国会议员，这些国会议员也许不一定会看这些电子邮件，但当众多的电子邮件（注意：该协会拥有八千多个会员单位）发到国会议员那里，他就不得不重视这一问题。当各地的相关国会议员都不约而同地提出这一问题时，国会就往往会通过相关的预算案。三是通过聘请明星进行游说，特别是游说总统办公厅的人员，以使政府对艺术支持的政策具有连续性。联邦政府的预算资金投入对协会来说是不多的，大约每年占协会总经费的9%，但这9%的资金却具有指标性的意义。它可以对州政府和郡政府的财政预算具有导向性的作用，直接影响地方政府对艺术的支持程度。由此可见，美国的非营利组织同样是有政府背景的。

此外，美国国务院的新闻吹风会也具有杠杆作用。美国政府虽然对媒体的内容没有强制性，这往往成为媒体引以为豪的所谓的"新闻自由"；而且媒体也常常要与政府划清界限，用以表明自己的"独立性"。另外，媒体本身对政府具有不信任感，因而更加需要撇清与政府的关系。但是美国国务院的新闻吹风会对媒体具有导向性的作用。美国国务院每天都会举行新闻吹风会，其内容则往往成为各家媒体第二天的头条新闻。这也就造成了美国各家重要媒体的观点和调子具有很大的相似性，甚至是一致性。从形式上，美国国务院没有通过政府的行政手段强制媒体发什么内容，但国务院通过垄断重大事件的发布权而左右着媒体的内容，甚至决定着媒体的价值取向。这是它的聪明之举，但无论如何隐瞒不了它控制媒体的实质。

不过，从两个指标综合来看，如果在两个指标都比较好的情况下，这样的国家的文化保障力比较高，两个指标一强一弱的时候，情况就可能比较复杂，例如，意大利、新加坡两个国家就比较复杂。假若两个指标都比较低的国家，文化保障力一定弱小，文化软实力也相应地比较弱小。例如，中国、印度、俄罗斯就是这种情形。

第三节 文化研创力比较

在中共十九大报告中习近平就指出,要激发全民族文化创新创造活力,建设社会主义文化强国。文化创新不仅需要财力投入,而且还需要人才,而且归根到底在于人才。因此,本书围绕文化研创力而构建了"具有高等教育水平劳动占总人数比重""每百万人从事研发的人员数""科技投入占国内生产总值的比重""教育支出占国内生产总值的比重""发表的科技论文数"和"居民申请专利数"6个指标,用来衡量一个国家文化研创力的状况。

表3-3 世界主要国家的文化研创力比较

国家	具有高等教育水平劳动者占总人数比重(%)	每百万人从事研发的人员数	科技投入占国内生产总值的比重(%)	教育支出占国内生产总值的比重(%)	发表科技论文数	居民申请专利数
中国	32.27	1599.63	1.565	3.67	198905	293066
法国	31.7	5561.5	2.157	6.11	86280	14748
德国	26.5	5109.36	2.732	5.2	126004	47047
印度	22.7	228.81	0.79	3.33	51764	6814
韩国	36.67	5771.77	3.25	5.09	52056	131805
美国	69.25	6074.28	2.78	5.72	533615	241977
新加坡	80.87	6431.11	2.67	3.49	12219	895
英国	35.4	4631.2	1.82	5.89	145680	15490
俄罗斯	25.92	3566.34	1.17	5.47	32012	28722
意大利	17	2511.84	1.23	4.72	74485	8445
日本	3.09	5786.06	3.55	3.78	104228	290081

表3-3的数据显示,"具有高等教育水平劳动者占总人数比重"这个指标,中国在11个国家中居于中间位置,但有一个非常重要的情况是,中国自20世纪90年代中后期以来的大学大规模扩招提高了这个比例,而规

模扩张并不意味着质量提升。也正因为如此,相当一部分大学毕业生大学一毕业就失业,这很形象地反映了中国高等教育扩招和教育质量下滑的情形。"每百万人从事研发的人员数"这个指标,中国是严重弱势,只比印度略高,与美国、韩国、新加坡、日本、德国、法国的差距非常大。从这两个指标来看,中国的人才数量和人才素质都不高,也就决定了文化研创力比较弱小。因为这两个指标是文化研创力的基础。再从投入两个指标来看,"科技投入占国内生产总值的比重"和"教育支出占国内生产总值的比重",中国也是处于 11 个国家中的中等行列。从产出量来看,在"发表的科技论文数"和"居民申请专利数"两个指标方面,中国的产出量不少,中国发表的科技论文数仅次于美国(当然差距较大),与英国持平,比其他国家都多;中国居民申请专利数是最多的,略高于日本而居于首位。但是中国是人口大国,再说科技论文发表、专利数并不代表创新的全部内容,只是代表创新的第一个阶段。从实际情况来看,中国把论文、专利转化为产业的能力非常弱。总之,中国的文化研创力在人才数量和人才质量上都处于劣势,研发投入、教育投入也不高,但发表论文数和居民申请专利数上并不处于劣势。同时也证明了另一个长期以来被国际社会所诟病的一个事实,即科技论文发表的数量多,而产业转化能力却比较弱。在专利上也存在着同样的问题。因此,中国文化研创力存在着数量与质量的结构性缺陷。

第四节　文化生产和消费能力比较

一个国家的文化生产和消费能力,呈现的也是一个国家物质性文化资源产生的文化软实力状况。我们无法找到具体国家详细的统计数据,但一些众所周知的统计数据可以揭示一些发展态势。例如,关于文化产业总产值,世界各国文化产业总值占国内生产总值总量的比重不等,美国是 25%之上,日本是 20% 左右,欧洲平均在 10% ~ 15% 之间,韩国略高于 15% ,而中国只有 4.5% 。[①] 虽然我们无法找到具体国家的具体数据,但根据这个

---

① 王中云、骆兵:《保护与开发:我国文化资源空间的扩展着力点》,《江西社会科学》2011 年第 8 期。

总体数据我们完全可以进行估计,美国的文化产业领先于世界。在文化消费方面可能中国情况更为严重,根据相关的研究,当人均国内生产总值达到 1000 美元、恩格尔系数 44% 时,城乡文化消费应占个人消费的 18% ;①当一国人均生产总值达到 3000 美元时,文化消费将进入快速发展阶段。但是中国社会的文化消费长期以来徘徊在低水平上面,当中国人均产值超过 3000 美元时,城乡文化消费总量只有 0.6283 万亿元,人均文化消费为 476.73 元;到 2011 年,全国城乡文化消费总量也只有 1.0126 万亿元,人均文化消费为 753.36 元。根据国际经验,当中国人均国内生产总值为 4000 美元的时候,文化消费总量应当在 5 万亿元左右。然而据预测,到"十二五"规划末,中国的文化消费总额最多能达到 1.5 万亿元。显然,中国的文化消费提升空间还非常大。

当然,文化消费需求是人们认知能力、判断能力、感悟能力、鉴赏能力、审美能力等在内的综合外在表征。也就是说,文化消费不足的原因是多方面的,从消费者的角度来看,可能跟文化消费心理不成熟、文化消费观不正确以及观念、素质差异等有关,这些因素又导致人们对文化消费与自身素质的关系认识不够,对财富缺乏正确的认识等。②因而,他们更倾向于物质性的生活必需品消费,而没有精神性的生活必需品消费。从文化生产者来看,可能是无法提供适合人们消费的文化产品,甚至为了眼前的经济利益而生产出一些低俗的文化垃圾,让人们对文化产品产生恐惧感。另外,中国众多知识分子,他们是特殊文化产品(学术文化产品)的生产者,但他们除了自己的专业外,很少有别的文化消费。因此,中国文化市场的空间无穷大,但中国民众文化消费的欲望却非常小。

就文化生产而言,笔者此前的研究认为,近些年来,中国文化领域的确出现了大发展、大繁荣的景象。③但是文化生产的确出现了一些问题。

一是在文化生产上盲目增加投入。由于中国经济发展,各级财政收入颇丰,对文化发展的确重视,但一些政府官员缺乏相应的知识,以为文化发展就是给予经费支持,开口闭口就说:"钱不是问题,关键是要有项目。"可以说是一派"暴发户"的形象,但缺乏文化项目评判的基本知识,反正支持

---

①②③　胡键:《文化泡沫,何以满足文化消费》,《社会观察》2012 年第 7 期。

文化项目就是支持文化发展。结果,各种重复性的、低水平的、毫无新意的文化项目都在政府的支持下上马。

二是文化经营者用简单的数量来骗取政府的财政支持,以为文化发展就是多出版几本书、多拍几部电影、多拍几部电视剧、多组织几场文艺演出等,并没有从文化消费市场的角度来考虑文化生产环节。结果是,人们想消费的文化产品却很少,而文化市场上充斥的是各种各样很少有人愿意去消费的文化产品,甚至是低俗化的产品,从而造成了文化的虚假繁荣。

三是学术研究也在文化发展的大环境下出现了数量上的大跃进。学术研究是一种特殊的文化生产,学术成果则是一种特殊而重要的文化产品。客观地说,这些错误倾向对中国的文化发展不仅没有好处,反而会有害于中国的文化创新。中国的文化生产急需要转变方式,使文化生产真正适合人们消费,然后才能满足人们消费。盲目地增加经费投入,可能会导致更多的文化垃圾充斥文化市场。

今天,无论是文化的生产还是文化的传播,简单的复制已经无法获得文化消费者的认同,缺乏对文化产品的认同,消费者就缺乏消费的欲望。因此,文化生产转变方式的根本任务就是要从传统的文化生产方式转化为创意文化生产方式。人们的消费心理总是希望用最低的成本购买到最好的产品。而现实的问题是,各种各样的文化产品价格在社会整体消费价格飙升的情况下也在不断飙升,但消费完毕之后才发觉上当受骗,从而影响到下一次同类文化产品的消费。有创意的文化产品才能拥有消费者,才能满足日益增长的文化需要。学术文化产品的消费则更为挑剔,客观上学术文化产品消费对低劣的学术文化产品是"零容忍"的,但随着数量化的考核和管理,这在相当大程度上纵容了学术文化产品生产的低水平重复。学术研究更应该打造精品,这样才能满足学术文化产品的消费。

文化生产的根本目的,是通过发展文化来为人们提供高质量的文化产品,以整体性地提高国民素质。当前文化消费存在着严重的问题:

一是倾向于低俗文化产品的消费。由于文化产品的生产出现低俗化倾向,因此在没有文化产品消费的情形下,人们更乐于猎奇。特别是价值观尚未成型的年轻一代,从走上社会开始接触的就是电视、网络等新媒体中的低俗文化产品,这无疑是被毒害的年轻一代。所以这样的年轻一代心中往往没有经典、没有高雅。

二是倾向于快餐式文化产品的消费。由于文化产品快餐化,文化产品生产也追求短平快,人们的文化消费也日益快餐化。快餐式的文化产品简单、直观,而且价格低廉,消费时也不需要费脑筋。因而,这样的文化消费仅仅是获得了茶余饭后的谈资,绝不会给一个民族带来创新思维,也绝不会提升一个民族的创新能力。这样的文化消费倾向,造就的是民族的浮躁和浅薄。

三是高雅文化产品存在着拒斥感。当前一个严重的问题是,越是高雅的文化产品越没有市场,越是经典的文化产品离我们这个时代越远,而当今的人们对高雅与经典也越来越陌生。或许是由于高雅令人觉得遥不可及,经典又令人晦涩难懂,所以人们才将它们拒之千里。但是缺乏高雅文化的民族将是一个没有文化素养的民族,这样的民族品位不高;缺乏经典的民族则是没有历史感的民族,这样的民族精神不振。

因此,文化消费需要加强引导。首先是健康向上的文化消费观念的培育。文化产品的消费必须有利于人们的身体素质、科学文化素质、思想道德素质、心理素质的提高,有利于人的全面发展。其次,倡导文化消费并非越多越好。同物质品的消费一样,过度的消费就是浪费。但是在文化产品消费严重不足的当今,我们更要倡导在健康文化消费观念的前提下积极消费,从而使文化真正成为我们民族创新力源源不断的源泉。最后,文化消费要嵌入消费者的心灵,并使文化所蕴含的德操、智慧和力量化入消费者的灵魂深处,这样文化才真正发挥其积极效能。总之,文化消费反映的不是文化本身的情况,而是一个民族的素质问题。文化发展的目的,归根到底是为了提高国民的素质,而不在于通过文化发展带来多少经济效益。国民素质的整体性提升,无论多少经济效益都是无法衡量的。国民素质提高的收益是战略性的,是着眼于未来的战略性收益。

第五节　文化竞争力比较

当前,发展文化竞争力对中国来说具有十分重要的意义。中共十八大明确指出:"文化实力和竞争力是国家富强、民族复兴的重要标志。"①这就充分显示增强中国文化竞争力的必要性、重要性和紧迫感。同时我们还看到,这绝非单纯从文化的角度来考虑文化问题,而是中国社会经济发展的战略考量。而这一战略构想不仅基于中国改革发展和现代化建设四十多年所取得伟大成就及改革和发展进入攻坚阶段的现实,而且也基于中国通过改革开放已经进入国际舞台的中心区域,国际竞争的内容和态势发生了重大变化的实际。这样的现实对增强文化竞争力提出了现实的要求。

第一,增强文化竞争力是提升中国经济发展质量的需要。过去四十多年的改革,从根本上解决了中国经济发展的动力问题,即通过改革,社会各种要素、各种资源在市场与政府两种配置手段之下得以充分动员起来,并为中国经济发展做出了巨大贡献。最为突出的表现在于,中国经济增长速度一直保持着两位数的增幅,从而使中国经济大规模增长,经济总量位居世界第二。但是过去四十多年的改革开放并没有解决中国经济发展的质量问题和自主创新的能力问题。中国通过改革开放和现代化建设,以经济实力为主要内容的硬实力已经达到一定程度,经济的进一步发展遭遇到新的瓶颈,走出这一瓶颈就需要提高经济发展的质量和进一步提高国家的自主创新能力。而突破口并不在经济本身之上,而是在文化之上。只有增强文化竞争力和文化软实力,才能根本解决经济发展的质量问题。在新一轮的发展中,文化特别是文化竞争力将对国家的发展起着决定性的作用。

第二,文化价值竞争力表现为文化价值观的竞争,也就是文化软实力的提升问题。文化软实力的提升是国民素质提升的需要。不可否认的事实是,自社会主义市场经济启动以来,社会结构状况及国民的价值观与行为方式发生了深刻的变化。社会主义市场经济使经济活动的主体成为具有独立地位的人,促使国民心理素质中的主体意识与自主意识空前增强,国民素质随着物质文明的进步而有较大幅度的提高。但由于社会转型中出现的利益分化和价值多元化,也使社会出现了一些道德和价值观方面的问题,突出地表现为心浮气躁、急功近利、诚信缺失、责任感缺乏、人与人心理距离拉大、人际关系淡漠等。虽说这并非中国国民素质整体性出了问

①　胡锦涛:《坚定不移沿着中国特色社会主义道路前进,为全面建成小康社会而奋斗》,人民出版社,2012 年,第 33 页。

题,也不能说是中国社会的道德严重滑坡,但至少表明国民素质在某些方面出现了一些问题。这恰恰表明,在 20 世纪 80 年代以来的现代化建设中,我们主要是抓物质文明建设并且取得了举世瞩目的成就,但我们不能用物质文明建设的成就掩盖国民道德素质有待提高的事实。众所周知,社会的现代化不只是物质的现代化,甚至可以说,中国物质文明建设的成就并非中国社会现代化的本身,而是中国走向现代化的物质条件。只有人的素质的全面提升包括物质生活水平的提高和精神境界的提升才是社会现代化的真正含义。事实上,国民素质水平不高,已成为制约我国经济发展和社会进步的瓶颈之一。

第三,文化竞争力体现的是一个国家的复兴程度和大国的成长力。只有文化的复兴才使得国家的崛起具有可持续性。这是从西方大国成长的历史中总结出来的教训。西方历史大国兴衰更替原因众多,但其中有一个原因是一样的,它们都集中全力发展硬实力,然后全面进行武力扩张,最后都没有避免崩溃的结局。虽然它们也注意文化的重要性,但西方历史大国要么信奉血腥的殖民主义文化,要么倡导反人类的法西斯军国主义文化。这就注定这些国家缺乏持续性的成长力。

在前一章的文化软实力指标体系中,物质性文化资源产生的文化软实力,除了上述 4 个指标外,另外还有文化产品竞争力和文化产业竞争力。在这里,我们把这两个指标合起来用文化竞争力来表示。由于有的数据无法查找到,因此,用文化竞争力来笼统表达。

文化竞争力是一种文化软实力,在大多数情况下确实可以等同于文化软实力。这是因为文化竞争首先表现为文化产业的竞争,文化产业是文化的生产、交换、消费进入市场体系,由市场调节的产物,包括从事文化产品生产和提供文化服务的经营性产业。同时,文化竞争也表现为文化价值观的竞争。文化价值观是民族文化、民族精神的核心,是民族向心力、凝聚力的支撑点,因而是一个民族生命力、创造力的源泉,也是国家、民族之间竞争的合理性根据。[①] 如果文化竞争表现为文化产业的竞争,那么文化竞争力明显表现为"硬化"的倾向,而且国际社会认为,中国发展文化软实力就

---

① 田丰:《论文化竞争力》,《马克思主义研究》2006 年第 2 期。

是为了抢占国际文化市场。这在很大程度上成为外部散布"中国文化威胁论"的重要依据。[①] 但是当文化竞争表现文化价值的竞争时,文化竞争力则完全等同于文化软实力。基于此,我们认为文化竞争力是文化产业竞争力和文化产品竞争力的综合。

中国语境下的文化竞争力是奈的软实力概念的"中国化"表达,不过二者之间实际上存在着巨大的差别。正是由于文化竞争力是中国化的学术概念,中国学术界近二十年来的研究也是大相径庭的,不同的学者从各自的学科出发对文化软实力进行了各自的阐释,形成了对文化竞争力的不同理解。关于文化价值方面的内容,我们将在后一章专门分析,这里暂不赘述。这里主要分析文化产业竞争力和文化产品竞争力。

早在20世纪80年代,美国著名未来学家阿尔温·托夫勒就指出,随着信息时代的到来,"我们正进入一个文化比任何时候更重要的时期"[②]。进入21世纪以后,世界确实已经进入一个文化竞争的时代。中国参与国际文化竞争,这是不可回避的现实。那么我们对中国文化竞争力作何总体评价呢?

其一,中国的文化资源十分丰富,但文化竞争力非常弱小。文化资源主要是指国家在历史进程中所形成的精神产品。中国文化历史悠久,且其历史发展脉络从未被打断,这种文化发展历史造就了一个文化大国的中国,也使中国文化具有其他国家文化所没有的厚重。[③] 西方学者也认为,几千年的文明史使中国文化资源有着无与伦比的优势。[④] 仅从历史阶段

---

① 塞缪尔·亨廷顿最初认为,不同文明间的冲突将取代国家利益和意识形态冲突而成为未来国家间战争的根源,中国将与伊斯兰国家联合起来,对以美国为首的西方基督教世界形成挑战。全球政治的主要冲突将在不同文明的国家和国家集团之间发生,即"文化冲突是沿着文明的断层线发生的"([美]塞缪尔·亨廷顿:《文明的冲突与世界秩序的重建》,周琪等译,新华出版社,2002年,第7页)。后来,西方一些学者沿用了他有关"文明冲突论"的观点,但换了一个视角认为,中国文化向世界的扩张特别是在亚非拉地区的扩张构成了对西方文化的威胁(如 David Shambaugh, "Beijing Charms Its Neighbors," *International Herald Tribune*, May 14,2005;Joshua Kurlantzick, "China Buys the Soft Sell", *The Washington Post*, Oct. 15,2006 等)。

② [美]阿尔温·托夫勒:《预测与前提——托夫勒未来对话录》,粟旺等译,国际文化出版公司,1984年,第160页。

③ 胡键:《非经济国力与中国的国际地位》,《太平洋学报》2005年第5期。

④ Bates Gill and Yanzhong Huang, "Sources and Limits of Chinese'Soft Power'", *Survival*, Vol. 48, No. 2, Summer 2006, p. 17.

来看,中国封建社会发育之早结束之晚世界上没有任何一个国家能够相比。封建社会被视为落后的代名词那是在西方各国进入近代史以后的事,而当时封建社会取代奴隶社会却标志着人类向文明社会迈进了一大步。中国漫长的封建社会发展史积淀了丰富的文化资源。应该说,这些文化资源曾经为中国社会的发展做出了巨大贡献。但是丰富的文化资源和文化传统只是提升中国文化竞争力的基础和前提条件。只有把优秀的文化遗产激活成为文化创新的原动力,并使之通过跨国界传播,成为其他国家和国际社会的基本价值观或主流文化,那么发源这种文化的社会才能获得巨大的软实力。① 单纯的传统文化资源的积累、堆积,很有可能是一个民族自负的历史优越感之源,其结果是丰富的文化资源成为该民族沉重的传统文化包袱。②

今天的中国,实际上还沾沾自喜于中华民族丰富的传统文化资源,而缺乏对传统文化现代化的紧迫感。我们往往满足于正在流行的"汉语热",以为这就是中国的文化竞争力。然而全球究竟有多少人认同汉语深层次中所包含的价值观念呢? 我们借助政府的力量在全球设置孔子学院,却面临着包括经费等诸多问题,而美国的好莱坞大片、流行乐、泡沫剧和快餐却早已实现了全球的另类统治。③

其二,中国文化品种丰富,但文化品牌严重缺乏,文化品牌的国际化程度非常低。中国文化品种繁多,不仅传统文化产品积淀多,而且当今高科技条件下的文化产品,在中国也比比皆是。这同样跟中国悠久的文化有关,也跟中华民族善于吐故纳新、敢于创新的精神有关。但是在繁多的中国文化产品中,我们很难找到国际知名的文化品牌。虽然在进入新世纪以后,中国已经成为全球创意产品的第一生产国和出口国,但创意产业出口主要集中在文化产品制造,如工艺品加工、设计产品加工等,而核心的版权内容产品输出仍然不多,尤其是视听内容产品及版权贸易还相当匮乏。真正的文化品牌是民族的,也是国际化的,而国际化品牌的多少和品牌国际

---

① 王沪宁:《作为国家实力的文化:软权力》,《复旦学报(社会科学版)》1993 年第 3 期。
② 胡键:《文化软实力研究:中国的视角》,《社会科学》2011 年第 5 期;胡键:《文化泡沫,何以满足文化消费?》,《社会观察》2012 年第 7 期。
③ 关于这方面的详细分析请参见[加拿大]马修·弗雷泽:《软实力:美国电影、流行乐、电视和快餐的全球统治》,刘满贵等译,新华出版社,2006 年。

化程度的高低恰恰是检验一个国家文化软实力和文化产业竞争力的重要标志。纵观我国的文化品牌发展,还存在内外失衡的现象,即文化产业总体结构仍偏重内向型,核心文化产品的国际市场开发力度不足、程度不高。①

其三,文化平台多,但很少进行文化营销。进入 21 世纪以来,中国已经认识到文化在国际竞争中的重要作用,因而加大了文化平台建设,尤其是在世界各国都在构筑新的中国文化平台,以传播中国文化,其中包括各种各样的"中国文化艺术节""中国文化周""汉语年"等,特别是遍布世界各国的孔子学院和孔子学堂,对传播中国文化发挥了重要作用。但是提升文化影响力和文化竞争力仅仅靠文化平台是不够,还需要进行必要的文化营销。通俗地说,仅仅进入市场是不够的,要别人购买你的商品还得要吆喝。所谓"吆喝"就是营销方式。中国的各种文化平台基本上是政府或类政府在构建,很少借助于市场的作用。这样,一方面由于政府的色彩过浓而被外界视为"中国文化侵略",另一方面政府运作往往具有不可持久性,文化平台很可能就成为"烂尾工程"。

由此可见,中国是一个文化资源大国,但并不天然就是文化竞争力大国,事实上,中国文化竞争力非常弱小而且非常不平衡。在此用"每千人拥有日报数量""福布斯 2000 公司排行榜上榜公司数量""国家品牌数量"三个具体指标和"文化竞争力指数"一个总的指标来比较相关国家的文化竞争力。

表 3-4　文化竞争力主要指标状况比较②

国家	每千人拥有日报数量	福布斯 2000 公司排行榜上榜公司数量	国家品牌数量	文化竞争力指数
中国	74.10363	136	54.83	0.34
法国	163.5241	63	66.96	0.35
德国	267.4651	53	67.62	0.26

① 欧阳友权、杜鹃:《我国文化品牌发展现状、问题及对策》,《黑龙江社会科学》2009 年第 5 期。

② "文化竞争力指数"并不是前面三个指数的加权值,而是有关众多具体指标数据的加权值,这里只是列举其中的几个关键数据,但最具有代表性的是"文化竞争力指数"。

国家	每千人拥有日报数量	福布斯 2000 公司排行榜上榜公司数量	国家品牌数量	文化竞争力指数
印度	70. 94377	61	53. 41	0. 33
韩国	296. 2528	68	53. 14	0. 21
美国	193. 1891	524	68. 15	0. 50
新加坡	360. 7763	18	54. 04	0. 23
英国	289. 7526	90	66. 62	0. 39
俄罗斯	97. 77891	28	56. 39	0. 29
意大利	137. 1019	34	65. 55	0. 30
日本	551. 2289	258	66. 45	0. 26

从以上数据来看,中国在"每千人拥有日报数"这个指标上处于绝对劣势,只比印度的数量略高,在此纳入考虑的 11 个国家中处于倒数第二的位次。不过,福布斯 2000 公司排行榜中上榜公司数量的数量居于中等偏上的位次。中国的"国家品牌指数"与印度、韩国、新加坡、俄罗斯大致相当,落后于其他发达国家。另外,在文化竞争力方面,我们无法找到世界其他国家如此齐全的数据,但我们根据中华人民共和国新闻出版总署隔年公布的新闻出版产业状况的数据对中国的文化产品对外贸易情况的统计,可以看出中国文化产品在国际文化市场上所处的地位。

表3-5　中国各年主要文化产品对外贸易情况①

年份	文化产品		出口	进口	差额
2009	图书、期刊、报纸(万美元)		3437.42	24505.27	−31067.60
	音像制品、电子出版物、数字出版物(万美元)		61.11	6527.06	−6465.95
	版权(种)	图书	3103	12914	−9811
		音像制品	77	262	−185
		录像制品	0	124	−124
		电子出版物	34	86	−52
		电影	0	249	−249
		电视节目	988	155	833
		软件	3	3	0
2010	图书、期刊、报纸、音像制品、电子出版物、数字出版物(万美元)		3758.2	37391.3	−33633.1
	版权(种)	图书	3880	13724	−9844
		音像制品	36	439	−403
		录像制品	8	356	−348
		电子出版物	187	49	138
		电影	0	284	−284
		电视节目	1561	1446	115
		软件	—	—	—

① 数据来源:中华人民共和国新闻出版总署相关各年全国新闻出版业基本情况,以上统计均未含香港、澳门、台湾地区的统计数据。

续表

年份	文化产品		出口	进口	差额
2011	图书、期刊、报纸(万美元)		5894.12	28373.26	−22479.14
	音像制品、电子出版物、数字出版物(万美元)		1502.43	14134.78	−12632.35
	版权(种)	图书	5922	14708	−8786
		音像制品	—	—	—
		录像制品	130	278	−148
		电子出版物	125	185	−60
		电影	2	37	−35
		电视节目	1559	734	825
		软件	5	273	−268
2012	图书、期刊、报纸(万美元)		7260.58	30189.2	−22928.62
	音像制品、电子出版物、数字出版物(万美元)		1815.50	16685.95	−14870.45
	版权(种)	图书	7568	16115	−8547
		音像制品	97	475	−378
		录像制品	51	503	−452
		电子出版物	115	100	15
		电影	—	—	—
		电视节目	—	—	—
		软件	—	—	—
2013	图书、期刊、报纸(万美元)		8115.46	28048.63	−19933.17
	音像制品、电子出版物、数字出版物(万美元)		2346.96	20022.34	−17675.38
	版权(种)	图书	7305	16625	−9320
		音像制品	300	378	−78
		录像制品	193	538	−345
		电子出版物	646	72	574
		电影	—	—	—
		电视节目	—	—	—
		软件	—	—	—

年份	文化产品		出口	进口	差额
2014	图书、期刊、报纸(万美元)		7830.44	28381.57	-20551.13
	音像制品、电子出版物、数字出版物(万美元)		2214.41	21000.13	-18785.72
	版权(种)	图书	8088	15542	-7454
		录音制品	73	208	-135
		录像制品	139	451	-312
		电子出版物	433	120	313
		电影	—	—	—
		电视节目	—	—	—
		软件	—	—	—
2015	图书、期刊、报纸(万美元)		7785.11	30051.73	-22266.62
	音像制品、电子出版物、数字出版物(万美元)		3225.66	25859.38	-22633.72
	版权(种)	图书	8328	16587	-8259
		录音制品	201	119	83
		录像制品	18	251	-233
		电子出版物	1264	217	1047
		电影	—	—	—
		电视节目	—	—	—
		软件	—	—	—
2016	图书、期刊、报纸(万美元)		7942.60	30557.53	-22614.93
	音像制品、电子出版物、数字出版物(万美元)		2542.97	24207.67	21664.7
	版权(种)	图书	7998	15458	-7460
		音像制品	217	133	84
		录像制品	0	90	-90
		电子出版物	650	292	358
		电影	—	—	—
		电视节目	—	—	—
		软件	—	—	—

说明:差额是指出口与进口差,负值表示中国是逆差,正值表示中国是顺差。

　　以上数据表明,中国主要文化产品对外贸易存在严重逆差。这一状况与中国经济的巨大贸易顺差形成严重的反差。最严重的是在图书、期刊、报纸上的逆差。实际上,自对外开放以来,中国的图书、期刊、报纸的对外贸易就一直存在严重的贸易逆差,这种状况始终没有根本好转。虽然近几年来,这个数据略有好转,但也是略微缩小了一点逆差,并没有实质性的好转。这表明,中国文化产品竞争力非常弱小。从这个方面来看,增强中国文化竞争力乃至物质性资源产生的文化软实力都非常必要。

第四章　精神文化资源与文化软实力

前文述及,所谓精神文化,就是指人类在从事物质文化基础生产上产生的一种人类所特有的意识形态,是人类各种意识观念形态的综合。一个国家的历史越悠久,这方面的资源就越丰富。这与文化基础力有高度的正相关性。在本书所考察的 11 个国家中,历史悠久的如中国、印度,文化基础力有某些方面的优势,尤其是在物质遗产和非物质遗产数方面都比其他国家高,其精神文化资源也同样更为丰富。当然,一些国家虽然历史并不太长,但由于在精神生产方面具有较强的生产力和创新力,它的精神文化资源也有可能比较丰富。例如,德国在哲学思想方面的优势,法国、英国在政治思想方面的优势,以及美国在社会科学各个领域方面的原创力,俄罗斯在文学艺术方面的底蕴等,都会拓展和丰富其精神文化资源。不过,总体上来说,历史悠久的国家其精神文化资源更为丰富。本章从精神文化资源产生的文化软实力进行比较,共分为四个指标,即文化价值观、文化传播力、文化包容性和文化品位。

第一节　文化价值观比较

文化价值观,严格来说是难以进行量化比较的,但通过专家打分形成的专家印象分也可以作为一个量化的指标来进行比较研究。这里采用了"企业家精神""创新精神"和"慈善精神"三个指标。在这个指标里面此处参考了瑞士洛桑管理学院的指标,在该学院的研究中只强调"企业家精神"和"创新精神"两个下级指标,本研究又加入了哈德逊研究所的"慈善精神"这个指标。对这三个指标需要在理解的基础上展开说明：

关于"企业家精神"理应包含"创新精神"，创新是企业家精神的灵魂所在。按照熊彼特的观点，"创造性破坏"就是企业家精神的内在本质。但是这里分开作为相互独立的两个指标，是因为前者强调的是主观的层面，而"创新精神"更强调主观与技术结合的创新性。因此，这里的"创新精神"实际上狭义地理解为"开拓精神"更妥。"企业家精神"的第二项下级指标是冒险精神，著名经济学家坎迪隆（Richard Cantillion）和奈特（Frank Rnight）就将企业家精神与"风险"或"不确定性"联系在一起。没有甘冒风险和承担风险的魄力，就不可能成为企业家。企业创新风险是二进制的，要么成功，要么失败。同样，没有敢冒风险的精神，就不可能有发展。"企业家精神"应该包括合作的精神，企业的发展和成熟的市场经济必然以合作为前提，市场经济是契约经济，契约本身就包含了合作的内容。"企业家精神"也包括敬业精神。马克斯·韦伯在《新教伦理与资本主义精神》中写到，这种需要人们不停地工作的事业，成为他们生活中不可或缺的组成部分。事实上，这是唯一可能的动机。但与此同时，从个人幸福的观点来看，它表述了这类生活是如此的不合理：在生活中，一个人为了他的事业才生存，而不是为了他的生存才经营事业。换言之，敬业与忠诚是社会发展的不竭动力。"企业家精神"的观念性要素是学习。荀子曰："学不可以已。"社会的一切创新首先源自于学习，没有学习能力的时候就不可能有创新。"企业家精神"还包括执着的信念，只有坚持不懈持续不断地创新，以夸父追日般的执着，咬定青山不放松，才可能稳操胜券。正所谓"锲而不舍，金石可镂；锲而舍之，朽木不折"，诚信是"企业家精神"的基石。诚信是企业家的立身之本，市场经济是法制经济，更是信用经济、诚信经济。没有诚信的商业社会，将充满极大的道德风险，显著抬高交易成本，造成社会资源的巨大浪费。其实，凡勃伦在其名著《企业论》中早就指出：有远见的企业家非常重视包括诚信在内的商誉。因此，瑞士洛桑管理学院的"企业家精神"实际上是一个综合指数，而不是一个单一指数，即：企业家精神＝开拓＋合作＋敬业＋学习＋执着＋诚信。当然，这里所说的"企业家精神"并非是针对企业家而言的，而是指整个社会应该有这样的精神，代表着社会一种积极进取又诚实守信的精神。瑞士洛桑管理学院的指标显

示如下(见表4-1):

表4-1 文化价值观:企业家精神指数比较①

国家	中国	法国	德国	印度	韩国	美国	新加坡	英国	俄罗斯	意大利	日本
指数	0.49	0.54	0.38	0.77	0.67	1	0.62	0.47	0.83	0.4	0.19

若单从某一年度的具体数据来看,中国的数据还是不错的。这也表明中国社会主义市场经济体系建立以后,中国的企业家精神得到大幅度提升。在改革开放初期,中国基本上没有什么以法治、契约为内容的企业家精神。作为市场经济发源地的欧洲,其主要国家的"企业家精神"指数并不算太高。反而是印度、俄罗斯的指数出乎意料的高。这可能与印度的软件开发产业、俄罗斯的军工企业发达有一定相关性。数据显示,美国的"企业家精神"指数依然高居榜首。

关于"创新精神"在此借助于"国家创新力"这个指标来进行比较。关于国家创新力的评价方式,国际上比较有影响的主要有以下四种:一是《创新联盟记分牌》(Innovation Union Scoreboard,IUS),是欧盟发布的评价欧盟国家创新绩效的年度报告,它源于欧洲创新记分牌(European Innovation Scoreboard,EIS)。EIS是欧盟根据里斯本策略(Lisbon Strategy)发展而来的综合性国家创新评价指标体系,用以评价欧洲各国的创新绩效。首份EIS报告于2001年发布,此后每年发布新报告,2011年2月改名为《创新联盟记分牌》(见图4-1)。②

---

① 数据来源:International Institute for Management Development 瑞士洛桑国际管理学院。

② European Commission, "Innovation Union Scoreboard 2015", http://ec. europa. eu/growth/industry/innovation/facts - figures/scoreboards/files/ius - 2015_en. pdf.

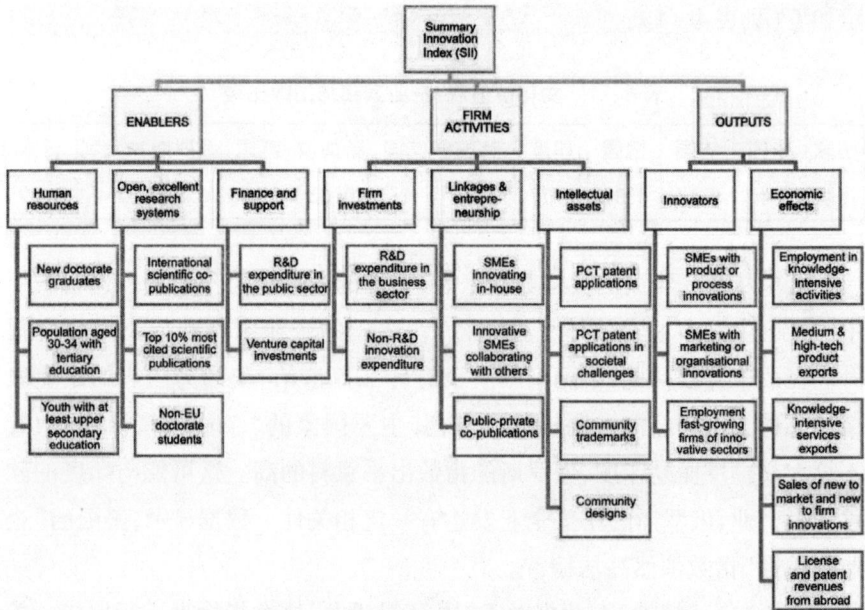

图 4 - 1 创新联盟记分牌指标体系

二是《全球创新指数》。世界知识产权组织发布的全球创新评价年度报告,第一次发布是在 2007 年。从 2013 年开始,"全球创新指数"世界知识产权组织联合欧洲工商管理学院、康奈尔大学联合发布。该指数通过 84 个基本指标构成的评价指标体系,对全球近 150 个经济体的创新能力进行评估和排名,为各国创新政策制定提供参考和建议(见图 4 - 2)。①

———————————

① https://www.globalinnovationindex.org/content/page/framework/.

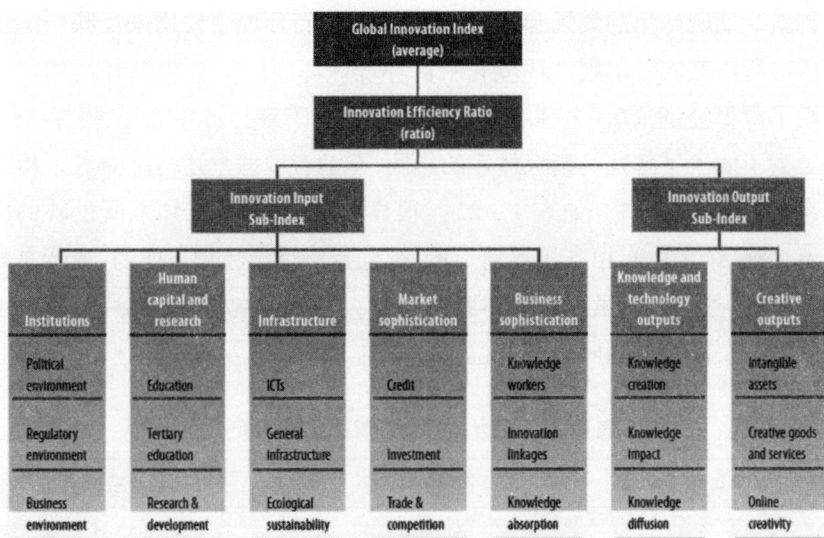

图4-2　全球创新力指数框架①

三是《全球竞争力报告》。这是世界经济论坛发布的年度报告,最早是1979年首度发布。经过不断完善以后,已经形成了由114个基本指标构成的评价指标体系。由于指标太多,本文不便使用图表来展示其指标体系,它分为两大块,即一级指标包括竞争力和微观经济环境两项。每个一级指标之下各有三个二级指标。此外还有一百多个三级指标。

四是《世界竞争力年度报告》。这是瑞士洛桑国际管理学院发布的年度报告,1989年第一次发布。经过二十多年的发展《世界竞争力年度报告》形成了由333个基本指标构成的评价指标体系。这个指标体系更加复杂,所以也不用具体的图表来展示其构成指标体系。

五是中国科学技术发展研究院的国家创新能力评价指标体系。该指标体系由创新资源、知识创造、企业创新、创新绩效、创新环境5个一级指标和30个二级指标构成。其中创新资源反映一个国家对创新活动的投入力度、创新人才资源的储备状况以及创新资源配置;知识创造反映一个国家的科研产出能力、知识传播能力和科技整体实力;企业创新主要用来反映企业创新活动的强度、效率和产业技术水平;创新绩效反映一个国家开

---

① 这个框架并没有展现全部的构成指标体系。

展创新活动所产生的效果和社会经济影响;创新环境主要用来反映一国创新活动所依赖的外部硬件环境和软件环境好坏。① 不过,创新环境的指标借用了世界经济论坛《全球竞争力报告》中的"宏观经济环境"的指标。

为了便于了解这些指标体系的异同,有学者根据上述情况对五个指标体系进行了比较分析(如表4-2)。很显然,不同的指标体系所反映的内容不一样,结果也有相当的差别。不过,也有一些指标是一样的,或者是相互借鉴的。这表明,虽然指标体系不一样,但在某些方面也在一定程度上反映了一个国家的国际经济地位。

表4-2 五大指标体系情况比较分析②

发布机构	名称	指标体系	特点
欧盟委员会	创新联盟记分牌2014	包括创新动力、企业行为、创新产出3个一级指标、8个二级指标、25个三级指标	全部是统计指标,均与创新有关,尤其重视中小企业创新活动和人力资源因素
世界知识产权组织、欧洲工商管理学院、康奈尔大学	全球创新指数2013	包括创新投入、创新产出2项一级指标、7项二级指标、21项三级指标和84项四级指标。创新投入包括体制机制、人力资本与研究、基础设施、市场成熟度和企业成熟度5个二级指标;创新产出包括知识和技术产出、创意产出2个三级指标	评价范围超过创新联盟记分牌,指标设置有政治(价值)倾向性;创意产出的三级指标中有许多新指标,比较适用于西方英语国家
世界经济论坛	2013—2014全球竞争力报告	包括制度、基础设施、技术准备度、创新等12个部分,114个三级指标,其中调查指标83个。其中,企业成熟度和创新两部分与创新驱动紧密相关,合计有16个基本指标	调查指标占多数,创新指标少,直接相关的指标只有7个

---

① 中华人民共和国科技部:http://www.most.gov.cn/cxdc/cxdczbtx/201311/t20131129110675.htm。

② 宋卫国、朱迎春、徐光耀、陈钰:《国家创新指数与国际同类评价量化比较》,《中国科技论坛》2014年第7期。

续表

发布机构	名称	指标体系	特点
瑞士洛桑国际管理学院	世界竞争力年度报告2013	包括经济表现、政府效率、企业效率和基础设施四个模块,20个二级指标,333个三级指标,其中调查指标125个。基础设施模块又分为五个部分,其中"技术基础设施"和"科学基础设施"主要用于衡量各国的科技竞争力,共包括46个4级指标	与科技和创新相关的指标主要在"技术基础设施"和"科学基础设施",包含了常用的科技投入与产出指标,部分国家评价结果与国家创新指标比较接近
中国科学技术发展战略研究院	国家创新指数2013	包括创新资源、知识创造、企业创新、创新绩效和创新环境等5个一级指标和30个二级指标	主要反映创新对经济发展方式转变的作用,指标涵盖了创新活动全过程

上述有关创新的指标体系是当今有关创新的最主要的指标体系,而且有的借鉴了其他的某些要素指标,有的指标是非常相近的。这表明,上述指标体系虽然各有所侧重,但都揭示了创新的实质。本书不是要重新构建一个指标体系,而是从上述指标体系中选择关于国家创新能力最具有代表性的要素指标。鉴于此,本书的原则是:第一要强调人在国家创新力中的重要作用即人力资源,这方面的指标涉及人的素质、质量指标;第二要强调研究资源,即科研、教育等内容的指标;第三要强调创新的标志性产品,涉及科研产出、企业状况;第四要强调创新环境,主要是政府环境。鉴于此,本研究选取的指标主要包括:具有高等教育水平的劳动力占总人口的比重、科技投入占国内生产总值的比例、著名研究机构指数、教育占国内生产总值的比重、高等教育指数、发表在科技期刊上的论文、居民专利申请数、国际科技影响力(跨国公司)、最新科技可利用指数、高端服务业出口额占出口总额的比重、高技术出口转化占制成品出口总额的比重、国际品牌指数、腐败控制指数、知识产权保护指数、每百万人拥有的宽带数共15个指标。

表 4 - 3 文化价值观:创新精神的比较①

国家	中国			美国			日本			英国			德国		
年份	2009	2010	2012	2009	2010	2012	2009	2010	2012	2009	2010	2012	2009	2010	2012
a	22.17	28.79	21.2	61.1	59.25	61.1	33.7	35.4	42.9	26.2	26.5	57.8	32.24	30.93	41.4
b	1.52	1.56	1.89	2.89	2.78	2.79	1.86	1.82	1.72	2.82	2.73	2.92	3.57	3.55	3.55
c	124.53	124.53	124.53	672.97	672.97	672.98	132.09	132.09	132.1	359.59	359.59	359.6	149.3	149.3	149.3
d	3.67	3.67	3.67	5.43	5.72	5.72	5.62	5.89	5.89	5.05	5.20	5.21	3.72	3.78	3.85
e	881.23	881.23	881.23	2208.25	2208.25	2208.25	214.57	214.57	214.57	271.21	271.21	271.22	601.48	601.48	601.49
f	209141	198905	198905	534392	533615	533615	144380	145680	145680	127523	126004	126004	109259	104228	104228
g②	229096	293066	396.32	224912	221977	855.69	15985	15490	241.29	47859	47047	579.66	295315	290081	2250
h	7	7	7	43	43	43	4	4	4	6	6	6	8	8	8
i	4.33	4.40	4.40	6.57	6.44	6.44	6.24	6.35	6.36	6.26	6.29	6.30	6.33	6.28	6.28
j	51.15	50.65	58.66	63.02	62.25	61.17	74.09	62.25	76.1	63.77	62.42	60.8	67.32	63.11	58.25
k	—	—	26.27	—	—	17.83	—	—	21.74	—	—	15.8	—	—	17.41
l	54.29	54.83	54.83	67.98	68.15	68.15	66.7	66.62	66.62	67.24	67.62	67.62	66.13	66.45	66.45
m	-0.53	-0.61	-0.61	1.26	1.23	1.23	1.54	1.48	1.48	1.70	1.70	1.70	1.34	1.53	1.54
n	4.42	3.98	3.99	5.43	5.11	5.11	5.35	5.50	5.50	5.72	5.74	5.75	5.43	5.22	5.22
o	7.28	9.41	12.72	25.69	27.61	28.44	29.55	30.83	34.51	30.2	31.69	33.7	25.01	26.88	28.39
国家	俄罗斯			法国			意大利			印度			韩国		
年份	2009	2010	2012	2009	2010	2012	2009	2010	2012	2009	2010	2012	2009	2010	2012
a	16.94	25.92	54	31.2	31.7	43.6	16.8	17	46.7	21.68	22.70	20.95	38.77	36.67	35
b	1.25	1.17	1.12	2.23	2.17	2.26	1.26	1.24	1.27	0.84	0.79	0.80	3.1	3.25	3.26
c	99.91	99.91	99.91	382.7	382.7	382.7	112.3	112.3	112.3	126.15	126.2	126.2	27.8	27.8	27.8

---

① 鉴于表格太长,为了编排简便,表格中用字母来代表,分别是:a.具有高等教育水平的劳动力占总人口的比重;b.科技投入占国内生产总值的比例;c.著名研究机构指数;d.教育在国内生产总值的比重;e.高等教育指数;f.发表在科技期刊上的论文;g.居民专利申请数;h.国际科技影响力(跨国公司);i.最新科技可利用指数;j.高端服务业出口额占出口总额的比重;k.高技术出口转化占制成品出口总额的比重;l.国际品牌指数;m.腐败控制指数;n.知识产权保护指数;o.每百万人拥有的宽带数。

② 2009、2010 年两年的数据为全年的总数,2012 年是每万人申请专利数。另外,比较的对象国新加坡的数据没有整理,但其数据都非常高,也因表格涉及的原因,就没有整理了。

续表

国家	俄罗斯			法国			意大利			印度			韩国		
年份	2009	2010	2012	2009	2010	2012	2009	2010	2012	2009	2010	2012	2009	2010	2012
d	7.01	5.47	5.48	5.9	6.11	5.52	4.69	4.72	4.72	3.21	3.33	3.87	5.04	5.09	4.62
e	59356	593.5	593.5	355.5	355.5	355.5	130.9	130.9	130.9	472.43	462.4	472.4	219.39	219.4	219.4
f	33368	33012	33012	88056	86280	86280	75966	74485	74485	50677	51764	51764	50416	52056	52056
g	25598	28722	200.4	14100	14748	221.5	8814	8445	8445	7262	6818	7.72	137316	131805	2962
h	0	0	0	9	9	9	1	1	1	5	5	5	0	0	0
i	4.09	4.17	4.17	6.26	6.35	6.36	4.89	4.95	4.95	5.50	5.58	5.58	5.93	6.11	6.11
j	47.74	47.74	51.32	54.43	53.90	76.9	43.94	45.68	48.32	76.23	77.85	75.54	47.64	43.46	45.0
k	—	—	8.38	78.65	78.43	56.89	80.04	82.37	82.14	—	—	6.63	89.59	88.96	85.08
l	56.52	56.39	56.39	67.35	66.96	66.96	66.03	65.6	65.5	53.54	53.41	53.41	52.19	53.14	53.14
m	-1.11	-1.08	-1.09	1.4	1.42	1.42	-0.01	-0.04	0.05	-0.49	-0.52	-0.52	0.52	0.419	0.481
n	2.74	2.57	2.58	5.8	5.85	5.86	3.9	3.66	3.66	3.64	3.58	3.58	4.19	4.12	4.13
o	9.016	10.98	14.46	31.86	33.92	37.51	20.38	21.56	22.14	0.64	0.89	1.17	34.08	36.68	37.25

表 4-4 文化价值观：创新综合指数比较

国家	中国	法国	德国	印度	韩国	美国	新加坡	英国	俄罗斯	意大利	日本
综合指数	0.49	0.14	0.39	0.68	0.32	0.56	0.93	0.6	0.24	0.5	0.16

以上数据显示,若就以上 15 个指标分别进行比较,则中国的指标有强有弱;与不同类型的国家进行比较,中国也有某些优势。例如,中国的科研产出总量就凸显出优势。当然,西方发达国家在创新精神上总体来看比中国要强。但除了美国、英国、德国、日本、新加坡这些发达国家之外,其他国家与中国相比,大多数国家的创新精神明显弱于中国。不过,令人不解的是,在瑞士洛桑管理学院的创新综合指数中,新加坡的创新精神高居首位,远远地把其他国家甩在后面,处于第二位的竟然是印度,然后才是英国、美国,美国的创新精神竟然低于英国,中国的创新精神也远远低于印度。被认为处于工业 4.0 头阵的德国、日本竟然在创新精神上低于意大利,日本

与法国竟然在这 11 个国家中排名靠后(见表 4 - 4)。这显然是难以想象的情形。当然,不同的统计数据来自于不同的统计方法。但不管是什么方式的比较,都离不开纵向历史的考察。对创新精神的比较研究,同样需要从历史的长周期来看一个国家的文化并结合现实的实际情况,这样才能真正揭示一个国家的文化软实力的强弱。客观地说,每个民族、每个国家在自己历史发展进程中都创造了自己的精神产品,都对人类历史发展产生了重大的作用。凡是对自己国家和整个世界产生积极推动作用的精神资源,都必然地成为自己国家的文化软实力。当然,不同国家的情形不一样,其创造的精神文化资源也是不一样的。从文化价值观来看,欧洲的主要国家是不可忽视的,因为大多数近代意义上的价值观都诞生于欧洲。

关于慈善精神,在此借助于美国哈德逊研究所的研究成果,该研究所不定期地发布"全球慈善精神指数",最新的两份报告一份发布于 2013 年,数据是关于 2011 年的;另一份发布于 2016 年,但数据则是 2014 年的。这两份报告虽然报告题目是《全球慈善精神指数》,但报告并没有直接论及什么是"慈善精神指数",而是用三个数据来衡量一个国家的"慈善精神"的,即"官方发展性援助""私人捐赠""向发展中国家汇款",三个指标之和构成了"向发展中国家援助"的额度。

表4 -5　文化价值观:慈善精神指数比较①

年份	2011 年(十亿美元)				2014 年(百万美元)			
类别	官方发展性援助	私人捐赠	向发展中国家汇款	向发展中国家援助	官方发展性援助	私人捐赠	向发展中国家汇款	向发展中国家援助
中国	2.47	0.001	3.6	6.071	3401	3.7	1189	4593.7
美国	30.92	39	100.2	170.12	33096	43900	108744	185740
英国	13.83	4.2	14.4	32.43	19306	4922	14188	38416
法国	13	1	8.4	22.4	10620	801	9981	21402

① Carol Adelman and Yulya Spantchak,"Index of Global Philanthropy and Remittances,2013", Hudson Institute,Center for Global Philanthropy and Remittances,2013;Carol Adelman,Bryan Schwrtz and Elias Riskin,"Index of Global Philanthropy and Remittances,2016",Hudson Institute,Center for Global Philanthropy and Remittances,2016. 这两份报告没有包括俄罗斯、韩国、新加坡的数据。

续表

年份	2011 年(十亿美元)				2014 年(百万美元)			
类别	官方发展性援助	私人捐赠	向发展中国家汇款	向发展中国家援助	官方发展性援助	私人捐赠	向发展中国家汇款	向发展中国家援助
德国	14.09	1.6	7.1	22.79	16566	1870	8457	26893
意大利	4.33	0.58	9	13.91	4009	121	8832	12962
日本	10.83	5.51	7.7	24.04	9266	4500	7853	20203
印度	0.73	0.249	9.5	10.479	1398	249	6537	9500

　　根据这两份报告的数据显示,中国在这 11 个国家中的慈善精神是最低的,但笔者认为,对数据必须要进行具体分析:一是大多数西方发达国家的官方发展性援助是附加政治条件的,而中国在这方面从来不附加任何政治条件。因此,仅仅从数据来看,这并不能表明一个国家的慈善精神。二是中国对落后和欠发达国家免除的巨额债务没有统计在内,而这个数据要远远超出中国的以上三个指标的数据总和。

第二节　文化传播力比较

　　中国的和平崛起不仅需要坚实的硬实力基础,更需要强大的软实力作后盾。文化传播力是文化软实力尤其是精神资源的文化软实力的重要内容,是一个主权国家所具有的一种特殊能力,它包括政府和民间拥有的传播能力的总和,更是一个主权国家为实现和拓展国家利益在国际范围内进行信息交流的能力和效力。文化传播力的大小折射出一国综合国力的大小。在信息技术高度发展的当今时代,谁的传播手段先进、传播能力强大,谁的思想文化和价值观念就能更广泛地流传,它就能更有力地影响世界。因此,加强文化传播力建设,提高国际传播水平和自身引领国际舆论的能力,对于塑造一个崛起大国良好的国家形象,消除国际社会对它的不理解、曲解、误解等具有重要意义。

　　关于文化国际传播力的研究,学术界就某一个具体领域的文化传播力的研究成果不少,但从中国文化的总体性和宏观性来研究的成果并不多。比较早的研究文献有胡鞍钢和张晓群博士的两篇文章,他们设计了一个国际传播的指标体系,提出了图书出口额、国际广播语言数、全球电视受众数和互联网站数四个衡量指标。① 但该指标体系有不少缺陷。比如,在这一指标体系中,传媒经济仅指广告收入和收看、收听人数,这远不能说明一个国家的传媒经济;图书出口数额在一国文化产品对外贸易中仅占非常小的一部分,以它作为衡量传媒经济的指标涵盖面不足,文化对外贸易还应包括期刊、报纸、音像制品、电子出版物、电影、电视、软件以及相应的版权贸易等②;国际广播语言数在媒体多元化的今天只涉及国际传媒能力的一部分,更多的如国际电视语言数、网络语言数等不应被忽视;而且国际广播语言数所揭示的是全球受众数,它与后一指标全球电视受众数是同一内涵的不同方面,都指传媒的覆盖面。此外,互联网站数并不能真正显示一个国家的文化传播力,因为在网络语言被英语充斥的情况下,非英语国家互联网站数越多,该国的民众反而受外来传媒的影响越大。总之,用上述四个指标来衡量一国的文化传播力是欠科学的。

黄旦和屠正峰的文章也对该指标系统提出了质疑。③ 文化传播力的具体指标非常多,甚至包括国际会展次数、大型剧场年演出数、每年举办大型音乐会次数、大型国际会议(赛事)年举办次数等,都可以从某一具体的方面来衡量文化传播力的状况。

一个研究不可能穷极所有,因此笔者将用下面三个指标来比较分析中国的文化传播力。一是文化吸引力指数,所测定的是关于一个国家对外的文化吸引力。一般来说,文化吸引力强则意味着文化传播力强。二是国际游客入境人次。国际游客的入境人次既反映了文化吸引力,也反映文化的传播力。一般而言,国际游客入境人次越多,游客对东道国的文化传播力也越大,从而表明该国的文化传播力也越大。三是语言普及性指数。这个指标是指该国的官方语言被纳入国民教育体系的国家数量。官方语言是文化

---

① 胡鞍钢、张晓群:《中国传媒迅速崛起的实证分析》,《战略与管理》2004 年第 4 期;胡鞍钢、张晓群:《国际视角下中国传媒实力的实证分析》,《清华大学学报(哲学社会科学版)》2007 年第 3 期。

② 本书将这些指标放在文化竞争力之下。参见第三章。

③ 黄旦、屠正峰:《也谈中国的传媒实力》,《新闻记者》2006 年第 1 期。

的重要指标,被纳入国民教育体系的国家越多,也意味着文化传播力越大。

表4－6 文化传播力比较

国家	中国	法国	德国	印度	韩国	美国	新加坡	英国	俄罗斯	意大利	日本
文化吸引力指数	64.05	69.69	68.51	57.52	53.71	69.82	48.72	67.49	64	69.61	65.11
国际游客入境人次（千万）	5.773	8.305	3.041	0.658	1.114	6.666	1.12	2.928	2.818	4.636	0.836
语言普及性指数	0.01	0.11	0.02	0.25	0.01	0.21	0.24	0.21	0.01	0.02	0

上面表格显示,从文化吸引力指数来看,文化吸引力指数用来标识文化的国际影响力,有影响力的文化无疑更具有吸引力,有吸引力的文化也就更具有传播力。中国的文化吸引力指数在样本国家中高于俄罗斯、印度、韩国、新加坡,处于中等偏下的位置。从国际游客入境人次来看,中国则仅低于法国和美国,居第三位。国际游客入境人次多也表明中国历史文化遗产丰富,有值得深度体验的文化资源。从语言普及性指数来看,汉语的确无法与英语相比,甚至不如德语、法语、意大利语,与俄语的情况类似。不过,由于这个数据并非是最新的数据,随着中国经济的迅速发展,以及中国在世界各国借助于与有关国家合作的孔子学院的推介,一些国家开始把汉语纳入了其国民教育体系,例如中亚一些国家等。

第三节　文化包容性比较

在论及宏观文化的包容性问题上,自然会想到梁漱溟先生关于中国特性的论述。他指出,中国文化有几大特性,其中第四点是"从中国以往历史征之,其文化上同化他人这力最为伟大。对于外来文化,亦能包容吸收,而初不为其动摇变更"①。梁漱溟的概括反映了中国文化具有非常大的包容性。但是文化的包容性是有时间限制的,不同时期的具体文化载体所反映出来的文化包容性是不同的。关于当今中国文化的包容性问题,本节从众多的指标中挑选其中两项来进行比较分析:一个是国外留学生数量,影响这个指标的主要因素是一个国家的办学质量,教育也是文化软实力,办学质量相当大程度上反映了一个国家文化软实力的一部分情况;另一个是外国人占总人口的比重。一般来说,外国人愿意在一个国家定居则意味着该国的文化具有吸引力、该国具有优质的生活环境、该国认可和包容外国人带来的异质文化。

表4-7 文化包容性比较

国家	国外留学生人数(万人,2017年的统计数据)②	外国人占总人口的比重
中国	48.9	0.051197
法国	32.3	10.27237
德国	35.9	13.15542
印度	—	0.445574
韩国	12.4	1.082372
美国	109	13.85544
新加坡	—	38.74367
英国	30.7	10.36729
俄罗斯	22	8.641127
意大利	—	7.379547
日本	26.7	1.713543

结合前面的表格数据可以看出,中国的高等教育指数居于第二位,是

---

① 梁漱溟:《中国文化要义》,上海人民出版社,2005年,第7页。
② 表格中数据是作者根据各国公布的数据整理所得。

881,但美国的高等教育指数却是二千二百万多,在这个数据上,中国不及美国的一半,相当于美国的三分之一多。中国的留学生人数是 48.9 万,而美国却达到 109 万,也不及美国的一半。也就是说,这两个指标是一致的。中国的办学尤其是高校办学更多的是以数量取胜,在质量上的确有相当大的提升空间。在各种高校的排行榜上,中国进入世界著名高校的学校确实是凤毛麟角。另外,到中国来留学的大多数是来自亚非拉国家,以非洲国家为最;并且这些国家的学生来中国留学基本上是受中国高额的政府奖学金的诱惑而来的。这种结果使中国巨大的教育贸易逆差进一步扩大。中国从数量型的教育大国走向质量型的教育强国还有很长的路要走。关于外国人占总人口的比重,这个数据可以参考,但不能绝对。因为不同人口数量的国家不好比较,尤其是一个人口超大规模的国家与人口数量规模不大的国家更加不好比较。当然,我们可以把中国与印度进行比较,中印两国的该指标显示,中国的比例依然比印度要低得多,这也意味着中国的文化包容性在这方面表现比较低,有较大的提升空间。

第四节　文化品位比较

究竟什么是文化品位,并没有一个明确的定义。就其狭义而言,文化品位是指对精神文化产品,如宗教、信仰、风俗习惯、道德情操、学术思想、文学意思、科学技术、各种制度等的分辨和鉴赏能力。文化品位就是一种文化鉴赏能力,但这种鉴赏能力必须以一定的物质生活水平为基础。因此,本节将社会公平指数用"最贫困 20% 人口的国民收入所占百分比"来表示、幸福指数用以衡量人们对自身生存和发展状况的感受及体验以及人类发展指数用以衡量国家经济社会发展水平。根据表 4-8 的数据显示,在社会公平上,中国的分数最低。出乎意料的是印度的数据竟然仅次于日本。社会公平指数与幸福指数有一定的相关性,由于社会公平指数低,因此中国的幸福指数也是最低的。但是印度的社会公平指数高却幸福指数低,在样本国家中,印度的幸福指数倒数第二,但社会公平指数却为正数第二。这也反映了印度社会的奇怪现象。另外,人类发展指数这个指标上,印度是最低的,中国虽然比发达国家低,但在发展中国家中已经是居于高位了,最新的统计显示,中国已经进入中等序列(即超过0.7),2017年中国的人类发展指数是0.752,而印度依然还停留在低序列,只有0.64(见表4-9)。因此,总体上来看,中国的文化品位是在直线上升。

表4-8 文化品位比较

国家	中国	法国	德国	印度	韩国	美国	新加坡	英国	俄罗斯	意大利	日本
社会公平指数①	4.99	7.18	8.52	8.64	7.91	5.44	5.04	6.14	6.46	6.5	10.58
幸福指数	4.65	6.79	6.72	4.98	6.11	7.16	6.53	7.02	5.46	6.34	6.05
人类发展指数	0.699	0.893	0.92	0.554	0.909	0.937	0.895	0.875	0.79	0.881	0.912

表4-9 2017年人类发展指数

国家	中国	法国	德国	印度	韩国	美国	新加坡	英国	俄罗斯	意大利	日本
指数	0.752	0.901	0.936	0.64	0.903	0.924	0.932	0.922	0.861	0.88	0.909

第五节 精神文化资源产生的文化软实力的总体分析

从前面的数据来看,美国在精神文化资源产生的文化软实力独占鳌头;日本、法国、英国、德国、新加坡居于第二序列;中国与意大利、俄罗斯、印度、韩国则处于第三序列。这种情形似乎与历史文化资源不符,原因究竟是什么呢? 笔者试作以下分析:

---

① 最贫困20%人口的国民收入所占百分比。

一、美国、俄罗斯的精神资源产生的文化软实力

美国国家的历史非常短,历史文化资源相对欠缺,但美国的精神文化资源是非常丰富的,甚至直接就可以说美国拥有强大的文化软实力。[①] 第一,美国文化对各国精英的吸引力。很多国家的精英仍然把美国看成是成就自己事业的"麦加"。第二,美国文化对各国民众的吸引力。在不少国家,就一般普通民众而言,更为吸引他们的是美国流行文化。他们从孩提起就开始接受美国流行文化的熏陶,好莱坞、迪士尼、摇滚乐或美国职业篮球联赛(NBA)等几乎成为他们文化价值观不可缺失的基因。第三,在美苏争霸的过程中,"美国采用文化软实力的手法与苏联进行冷战。美国要让世界知道,美国的制度比苏联更为优越,各国政府和民众以及国际舆论应该支持美国的外交政策"。在冷战初期,当时美国经常采用的重要方式就是资助国际广播,以便向全世界传播有利于美国的信息和宣传美国的对外政策。国际广播只是美国政府对苏联集团开展文化攻势众多手段之一。第四,美国还在一百二十多个国家设点开展文化交流活动,其中最为引人瞩目并在各国精英中产生重要影响的是美国的富布赖特计划。按照美国驻华使馆的说法,富布赖特项目是世界上规模最大、声誉最高的国际交流计划。不过,更为重要的是,美国的文化软实力还体现在美国拥有强大的智力原创力,而这种原创力又源于美国倡导的自由。换言之,自由与原创力之间具有互动的相关性。因此,所谓的"美国衰落论"主要还是源于没有看到自由作为美国的精神文化资源对美国实力护持的重要作用。自由原本是为了摆脱宗主国——英国控制的一种思想武器,但没有想到的是自由成为美国立国和强大的重要思想资源。

俄罗斯的文化底蕴非常深厚,但长期以来关于俄罗斯特性的争论始终成为俄罗斯的困惑。俄罗斯的文化特性实际上就是俄罗斯的知识分子问题。别尔嘉耶夫认为,俄罗斯知识分子的始祖是18世纪的拉吉舍夫。[②] 拉

---

① 陆钢:《战后美国对文化软实力的发展及其对中国的启示》,《社会科学》2015年第2期。

② 参见[俄]别尔嘉耶夫:《俄罗斯思想》,雷永生、邱守娟译,生活·读书·新知三联书店,1995年,第27页。

吉舍夫是主张在俄罗斯进行革命的知识分子第一人,正是在这个意义上别尔嘉耶夫认为他是俄罗斯知识分子的始祖,是他揭开了关于俄罗斯命运的大讨论。这个讨论在整个 19 世纪乃至 20 世纪都是俄罗斯知识分子的主要话题。在争论中,正如别尔嘉耶夫所说:"恰达耶夫对俄罗斯的失望和赫尔岑对西方的失望——这是体现在 19 世纪俄罗斯主旋律的基本事实。"①这反映了俄罗斯文化的矛盾性:"恰达耶夫的西方主义,他的天主教同情感的特色仍然是俄罗斯现象","他是俄罗斯历史上彼得时期最高阶层中十分俄罗斯化的人"。同样,像赫尔岑、霍米亚科夫等斯拉夫主义者,他们虽然视俄罗斯为母亲,对西方十分失望,但他们也崇尚不来自于西方的自由。霍米亚科夫虽然构造了关于俄罗斯道路特点的学说,但他及相当一部分斯拉夫主义者却把西欧视为"神圣的神奇国家"而对西欧充满了好奇。②这同样也体现了俄罗斯文化的双重的性格。所以别尔嘉耶夫认为,俄罗斯的文化是"东方-西方"的特点,也即民族主义与世界主义的综合。③别尔嘉耶夫指出:"俄罗斯精神所具有的矛盾性和复杂性可能与下列情况有关,即东方与西方两股世界历史潮流在俄罗斯发生碰撞,俄罗斯处在二者的相互作用之中。俄罗斯民族不是纯粹的欧洲民族,也不是纯粹的亚洲民族。俄罗斯是世界的完整部分,巨大的东方-西方,它将两个世界结合在一起。在俄罗斯精神中,东方与西方两种因素永远在相互角力。"因此,别尔嘉耶夫认为:"俄罗斯民族是最两极化的民族,它是对立面的融合。"④别尔嘉耶夫对俄罗斯的文化特性剖析得确实深刻。

从俄罗斯文化起源来看,俄罗斯文化与欧洲文化具有同源性。在蒙古人入侵之前,俄罗斯的文化与以基督教为核心的欧洲文化一样,包含了个性原则,易于接受异族文化和追求自由和追求自由。文化的同源性,加上历史上曾盛行的欧洲中心主义的缘故,发达的欧洲对俄罗斯有着天然的聚

①　[俄]别尔嘉耶夫:《俄罗斯思想》,雷永生、邱守娟译,生活·读书·新知三联书店,1995年,第34页。

②　参见同上,第65页。

③　参见[俄]别尔嘉耶夫:《俄罗斯的命运》,汪剑钊译,云南人民出版社,1999年,第78页。

④　[俄]别尔嘉耶夫:《俄罗斯思想》,雷永生、邱守娟译,生活·读书·新知三联书店,1995年,第2页。

合力,因此,"回归欧洲"从来就是俄罗斯各个时代的强音。[①]　正是由于俄罗斯又从来不是东方,利哈乔夫就被视为当代俄罗斯的西方派。然而普京把利哈乔夫视为俄罗斯的国学大师。利哈乔夫认为,虽然俄欧文化是同源文化,但不是同质文化,而是异质文化。俄罗斯与西欧同属于基督教世界,但西欧基督教文化以天主教文化为外壳,而俄罗斯基督教文化则是东正教。基督教的分裂不仅反映了基督教内部的异质分化,也反映了两种不同质的文化分化。天主教强调教皇至高无上的地位和外在的权威,而东正教则强调教会的传统,并奉为绝对的准则。二者不同的取向造就了天主教文化的"积极性""新颖感"和东正教文化的"保守性""陈旧感"。这揭示了俄罗斯文化与西方文化的"新与旧的辩证关系"。13 世纪蒙古人入侵以后,它在使俄罗斯文化东方色彩不断变浓的同时,也更加强了俄罗斯文化与西方文化的异质性。利哈乔夫独创了一个地缘概念"斯堪多斯拉维亚"——即斯堪的那维亚加斯拉夫——来概括二者的异质性。也就是说,尽管是欧洲人确切地说是北欧的瓦兰吉亚人把国家的观念传授给了俄罗斯,但是古罗斯的本土文化并没有因此而彻底消亡。相反,本土文化因吸收了欧洲文化而被赋予了新的生命力。所以说,俄罗斯文化是一个"多源异质的文化共同体"[②]。但是利哈乔夫对 20 世纪 90 年代中期出现的"欧亚主义"提出了质疑。这种思潮深深地影响了俄罗斯文化的发展方向,而在经历了自由主义的震荡和极端民族主义的冲击之后,这种思潮也一度左右了俄罗斯的内政外交。但是利哈乔夫认为,如果俄罗斯文化被确定为介于欧洲和亚洲之间、西方和东方之间的文化,那么俄罗斯文化就是处于边缘地位的文化,而这只是从西方角度看俄罗斯才体现出来的。实际上,利哈乔夫还认为,俄罗斯文化同样对欧洲文化做出了独特的贡献,尤其是在文学艺术方面。因此,俄罗斯不应该被视为处于边缘地位的文化。[③]

　　俄国是第一个建立社会主义政权的国家,奉行的是马克思主义意识形态,如果意识形态作为一种独特的精神文化资源来看待的话,那么俄罗斯

---

　　①②　[俄]德·谢·利好乔夫:《解读俄罗斯》,吴晓都等译,北京大学出版社,2003 年,第21 页。

　　③　胡键:《我是谁?——读〈解读俄罗斯〉》,《社会观察》2004 年第 2 期;胡键:《普京之治论析》,《宁夏社会科学》2005 年第 7 期;胡键:《普京之治:俄罗斯的复兴之路》,《东北亚论坛》2004年第 3 期。

在这一方面曾经拥有强大的文化软实力。① 马克思曾经指出,社会主义必须在发达的资本主义条件下才能建立起来。然而事实上,社会主义首先是在落后的俄国建立起来的。在马克思恩格斯时代,社会主义主要还是一种社会运动,对这种社会运动的前景尽管马克思曾经预言:资本主义必然灭亡,社会主义必然胜利;但社会主义运动究竟在什么时候取得胜利、怎样取得胜利等问题对绝大多数民众来说,都还是一个未知数。因此,从1848年欧洲革命到巴黎公社的胜利和迅速失败,以及到十月革命前夕,关于对社会主义运动前景的争论一直就没有停止过。但是十月革命的胜利,不仅展示了俄国革命领导人的胆略与智慧,而且它还产生了一种具有"世界性影响的新的思想意识",它"深刻地影响了战后(第一次世界大战——笔者注)数年世界历史的模式"。②

社会主义实践能够产生如此巨大的影响,恰恰表明社会主义无论是作为一种意识形态还是社会制度以及整个社会主义实践,对落后国家和被殖民国家的革命和独立运动等都具有巨大的吸引力。社会主义意识形态之所以有如此大的吸引力还在于十月革命前,俄国是一个经济文化十分落后的国家,经济文化的落后和民众生存状况的恶化,自然也就使得民众以极其朴素的情感在自觉与不自觉之间,认同和接受了那描绘一幅强调实质性平等的美丽图画的共产主义意识形态;同时,沙皇的专制统治使民众更易于接受有激进色彩的、追求实质性平等的、表达终极价值与关怀的、能够迅速地对社会问题提出答案的思想观念,而共产主义意识形态恰好提供了这样的价值。③

不过,俄罗斯进入普京时代以来,俄罗斯的精神文化资源总是与俄罗斯历史上的某些特质联系在一起,以至于俄罗斯的文化软实力严重流失。这表现为:

其一,俄罗斯在"回归欧洲"受阻以后对欧美高调"秀肌肉",尤其是在乌克兰问题上,俄罗斯与美欧的竞争日益激烈,其中历经了2004年的"橙

———————

① 胡键:《软实力:解读苏联解体的新视角》,《探索与争鸣》2011年第3期。

② [美]斯塔夫里阿诺斯:《全球通史——1500年以后的世界》,吴象婴、梁赤民译,上海社会科学院出版社,1992年,第593页。

③ 周尚文、郝宇青等:《合法性视野下的苏联政治》,上海人民出版社,2006年,第73~74页;胡键:《软实力:解读苏联解体的新视角》,《探索与争鸣》2011年第3期。

色革命"和2013年的乌克兰危机,双方各有千秋。这或许是俄罗斯的一个战略"情结",因为正如布热津斯基所说,失去了乌克兰,俄罗斯就不可能成为一个欧亚帝国,所以俄罗斯自苏联解体以来始终将乌克兰摆在特殊的战略位置。20世纪90年代,面对北约东扩的步步紧逼,叶利钦就对北约东扩划了一条"红线",即北约不能越过乌克兰和波罗的海三国。问题是,北约通过科索沃战争而检视了俄罗斯的国家实力,并作出大规模东扩的举措,迅速把中东欧国家和波罗的海三国囊括在内。这对俄罗斯来说无疑是一次重大"羞辱"。普京执政以来就一直要重振俄罗斯雄风,实际上对欧美也始终存在着一种国家报复之心。在2013—2014年的乌克兰危机,俄罗斯不仅获得了塞瓦斯托波尔这个战略港口,而且还把克里米亚半岛以"公民投票"的方式纳入俄罗斯联邦。除此之外,俄罗斯在国际政治舞台上总是对美国放出一些不同寻常的话语,以至于俄美之间的关系时常处于难以回暖的"春寒料峭"状态。因此,俄罗斯一直被冠以带有威胁性的政治形象,与西方国家处于"战略互疑、互相敌对"的状态,以至于波兰、捷克等欧洲国家首脑联名致信美国请求美国不要接近"独裁、野蛮的俄罗斯",并认为俄罗斯和过去的苏联一样是欧洲的"最大威胁"。

其二,普京专政塑造了俄罗斯的国家负面形象。西方国家普遍认为,俄罗斯的"主权民主"完全没有法治、少数民族权利、新闻自由、反对党、受法律保护的财产权等西方所谓的"民主"内容。[①] 因此,西方认为俄罗斯是"非民主"国家。

其三,从文化本身来看,俄罗斯的文化底蕴深厚。俄罗斯的文化特性大致有以下来源:

东正教的神秘主义(虽然苏联倡导的无神论长达近七十年,但东正教在苏联解体后依然深深地影响着俄罗斯政治发展进程。例如,1994年,阿里克谢牧首出面调解叶利钦与议会之间的冲突;1994—1996年间,俄罗斯共产党否定了无神论,该党主张把东正教作为"新俄罗斯"的国教;1994年,时任国防部部长的格拉乔夫与阿里克谢牧首签署联合声明,宣布:军队与东正教携手合作,共同致力于对军人的精神道德教育和爱国主义教育,

---

① 许华:《俄罗斯国家形象与软实力》,《俄罗斯东欧中亚研究》2013年第3期。

使东正教获得了合法的军人教育者的地位;宗教政党也在苏联解体后成为一股政治力量,如俄罗斯基督教民主运动党、俄罗斯基督教民主联盟、俄罗斯东正教君主立宪党等十多个宗教政党)、俄罗斯地缘环境造就的文化双重性格也就是所谓的"双头鹰"文化(俄罗斯地处亚欧结合部地带,其不属于东方也不属于西方,这种地缘特性,俄罗斯第一个西方主义者恰达耶夫、"路标派"的别尔嘉耶夫,以及后来被称为俄罗斯国学大师的利哈乔夫都有此说。这种地缘特征必然会导致俄罗斯对两个大陆都有情怀的心理)和俄罗斯知识分子塑造起来的俄罗斯文化精神(这些知识分子包括启蒙主义知识分子如拉吉舍夫、普希金、果戈里等,西方主义知识分子如恰达耶夫、别林斯基、赫尔岑等,以及斯拉夫主义知识分子如霍米亚科夫、基列耶夫斯基、萨马林等)。

这些本应该是俄罗斯的文化软实力,但俄罗斯这些文化特性也造就了俄罗斯奇特的民族特性——好走极端(激进主义、休克疗法)、大多数人都在西方接受教育、大多数人有宗教情怀(尤其是强烈的弥赛亚救世情怀)、矛盾性(东方与西方;精英主义与民粹主义;自由主义与专制主义,甚至如帕宁兄弟这样的体制内改革派,主张把权力限制在一定的界限内,主张为了让君主为其臣民谋求福利,授予君主以最高权力)等。而这些特性在当今俄罗斯的政治发展进程中不断伤害和削弱俄罗斯的文化软实力。如果一个国家的文化传统以及电影、音乐、艺术、文学和体育水平得到了世界公认和完全认可,那么其传播的认同度和吸引力有可能提升为约瑟夫·奈所谓的"使人随我欲"的影响力,并发展成为国家形象吸引力的重要来源。这是文化为软实力发挥作用的最佳境界。但是俄罗斯的文学艺术、音乐、绘画、工艺技术目前还仅仅属于表层文化因素,还停留在产生吸引力的初步阶段,没有上升到对人们的心理和行为产生影响的影响力阶段。俄罗斯的文化传播仅仅会唤起受众精神上的愉悦感,还未唤起受众深层次的认同感,无法增强俄罗斯的文化软实力。

二、英国、法国、德国、意大利精神资源产生的文化软实力

1.英国

英国的资产阶级革命开启了世界近代历史。从 1688 年至 1789 年,即

从英国光荣革命至法国大革命的 18 世纪被称为现代欧洲的"播种期"。①
更为重要的是,英国的政治斗争以新的政治结构告一段落,此后的君主不
再要求绝对的君主专权,与之相应的神授君权学说也不再被人们提起。威
廉和玛丽继承英国王位开启了英国宪政史的新纪元。英国的这种社会革
命类型在 18 世纪乃至后来都对世界产生了深远的影响,从那时起,世界不
少君主体制都纷纷效仿英国的君主立宪制。实际上,英国近现代政治思想
是相当丰富的。17 世纪,仅在国家政体问题上,英国就出现了几类著名的
政治思想家:

　　以托马斯·霍布斯和罗伯特·菲尔默为代表的旧式专制君主制的维
护者;以约翰·弥尔顿和詹姆士·哈林顿、约翰·李尔本为代表的共和主
义的倡导者;以约翰·洛克为代表的立宪君主制的阐述者和以温斯坦莱为
典型的空想社会主义理想的追求者和实践者。另外还有批判和挑战封建
专制主义的个人主义者和辉格主义派别。②

　　在政治思想方面,弗兰西斯·培根是开启英国政治思想新时代的人,
是"哲学发展转向现代人"③。在他的影响下,约翰·洛克、乔治·贝克莱
以及后来的大卫·休谟等创立和完善了经验主义的一整套理论。而这正
是后来的逻辑实证主义之源头。当然,英国的学术思想作为其重要的文化
软实力,可能更重要的是体现在英国的经济思想和科学技术思想上。工业
革命没有发生在欧洲大陆而是在英国,原因就在于英国从城市到农村普遍
存在的手工制造业,其产业的发展刺激了技术的革新。因此,英国工业革
命最初是以纺织业的迅速发展为标志的。在工业革命之前,英国是一个以
毛纺织业为主要产业的传统农业国家,由于羊毛和毛纺织品的巨大利润,
英国商人大规模投入到该行业上,从而促进了毛纺织业的巨大发展,也促
进了英国社会经济结构的分化和毛纺织业技术的革新。也正因为如此,英
国在毛纺织业上迅速成为欧洲大陆市场的垄断者。与此同时,英国政府还
采取相应的移民、税收、出口等政策,为毛纺织业的发展提供了有利的环

---

　　① 参见裴亚琴:《柏克的政治思想与英国的辉格传统》,《政治思想史》2014 年第 2 期。
　　② 阎照祥:《英国近现代政治思想的类别和发展特征》,《史学月刊》2005 年第 10 期。
　　③ 〔美〕理查德·纳塔斯:《西方思想史》,吴象婴等译,上海社会科学院出版社,2011 年,第
301 页。

境。这为英国工业革命打下了非常好的基础。也正是这样,英国毛纺织技术的革新也走在欧洲大陆各国的前面,所以工业革命最初最重要的表现就是纺织业在技术革新的巨大推动力下蒸蒸日上。

当然,进入 19 世纪 30 年代以后,纺织业的出口明显下降,代之而起的是煤炭、钢铁等产品的出口大幅度提升。资本逐利的动机使得大量的商人转向投入到这些新的产业中来,从而形成了在 19 世纪三四十年代的英国"铁路热"。到 19 世纪 50 年代,英国的铁路网络就基本成型。因此,霍布斯鲍姆将这视为一场"革命性的改造"①。"铁路热"的最重要结果是,大规模资金在非常短的时间内都沉淀到铁路产业之中,一方面造成了在铁路产业里面庞大规模资本的过剩,另一方面也促进了铁路技术的进一步发展。霍布斯鲍姆在其著作中指出:"英国工业革命是历史上的首次革命,可这并不意味着它从零起步,不等于在此之前就不存在着工业与技术的快速发展","英国工业革命之前,至少已有 200 年颇为连绵不断的经济发展",实际上,"英国有准备地进入了工业化"。②

霍布斯鲍姆在《工业革命与帝国》一书中反复强调创新的重要性。大英帝国因技术创新而崛起,却因技术创新乏力而衰落。

第一,当物质财富达到一定程度,英国进入了一个消费主义的时代,不仅工业文明提供了各种耐用的消费品,而且还为各种"多财人士"提供了各种休闲设施和空间。另一方面,随着英国进入到富足阶段,社会阶层日益定型化。社会的定型化也意味着人们对未来产生了确定性的认知,从而陷入懈怠。

第二,当英国处于工业化后期阶段,物质生活富足的情形下,整个社会却陷入萎靡不振和因循守旧了。尤其是英国工商界"缺乏创业的某些非经济动力"。加之,英国已经登上了世界政治与经济的首位,有一种沾沾自喜的优越感和对其他国家的"一丝鄙夷的目光"③,最终导致大英帝国缺乏创新动力。在工业革命后期,科技进步推动产业发展的情形越来越重要,但

---

① [英]埃里克·霍布斯鲍姆:《工业革命与帝国:英国的现代化历程》,梅俊杰译,中央编译出版社,2016 年,第 109 页。
② 同上,第 25、26 页。
③ 同上,第 181 页。

英国工商界不再愿意花财力投入到研发领域,发明和孵化发现所需要的财力投入的大规模减少,其结果就是技术创新动力不足,创新力不足是国家落后的根本原因。

第三,从经济结构来看,英国的崛起在相当大程度上是由于竞争,特别是在英国处于"世界工厂"的优势地位以后,它废除了《谷物法》,从重商主义转向了自由贸易,所以霍布斯鲍姆说,"资本主义经济不是计划出来的,而是从众多为追求私利而作出的个体决定中兴起的"①。但是正是对外贸易的需要,资本在国内形成垄断而在国外则"成为一个寄生性而不是竞争性经济体,纯粹靠国际垄断盈余、依靠欠发达国家、依靠过去的财富积累、依靠对手的进步而过日子"②。此外,思想理论创新也陷入停滞,一个重要的表现是,最初英国奉行的保护关税的政策而获得内部经济的发展,到19世纪40年代,随着产业优势凸显而废除《谷物法》转而奉行自由贸易。但是这两种理论并非是非此即彼的关系,在欧洲大陆关于保护关税与自由贸易的争论中,大英帝国作为经济实践的领先者却没有相应的理论创新。另外,英国的工业化领先于世界,但工业化的经济理论则产生于德国,即李斯特的历史学派所倡导的工业化经济学,但李斯特经济学却是反对自由贸易而坚持贸易保护主义的理论。思想理论的贫困也成为经济实践的绊脚石。

2. 法国、德国、意大利

在欧洲大陆,法国、德国、意大利是非常重要的三个国家,而且在精神文化方面绝对是有重要资源并且能够转化为国家文化软实力的。文化底蕴最为深厚的是法国。法国是一个有着悠久历史、灿烂的文化,并对世界文化发展发挥重要影响的国家。法国文化的悠久历史就正如法国民族的性格一样的"沉稳",所以托克维尔说,"这个民族的主要本性经久不变,以至在两三千年前人们为它勾画的肖像中,就可辨别出它现在的模样;同时,它的日常思想和好恶又是那样多变,以至于最后变成连自己也料想不到的样子"③。事实上,近千年来,法国一直都是欧洲乃至全世界的文化中心之

---

① [英]埃里克·霍布斯鲍姆:《工业革命与帝国:英国的现代化历程》,梅俊杰译,中央编译出版社,2016年,第184页。
② 同上,第188页。
③ [法]托克维尔:《旧制度与大革命》,王千石译,九州出版社,2012年,第171页。

一。法国的文化史前史是由高卢、罗马和法兰克这三个层面组成的。① 早期,法国文化发展有一个非常重要的时期,即卡洛林文艺复兴(Carolingian Renaissance),发生在公元 8 世纪晚期至 9 世纪,是由查理曼大帝及其后继者在欧洲推行的文艺与科学的复兴运动,被称为是"欧洲的第一次觉醒"。加洛林文艺复兴奠定了中世纪欧洲各种文化融合的基础,并为 12 世纪欧洲的文艺复兴做了古典文化典籍收集、宗教文化典籍的初步整理、宗教文化学术人才的初步培养以及拉丁文字定型方面的各种准备。

欧洲文艺复兴以后,法国文化一方面吸收了意大利文化的因素而一跃成为欧洲文化的中心。正如但丁所说的:"巴黎成了我们时代里整个法国和基督教国家在科学、风俗和荣誉方面最令人仰慕的城市;因为巴黎也同智慧之母那样接待从世界各地来的一切人,每个人都可以在这里找到他所需要的东西。"②

从 17 世纪中期到 18 世纪初,法国进入"路易十四时代",君主专制得以确立。与此同时,在路易十四的几十年里,法国的古典主义文学和艺术也进入鼎盛时期。其象征就是凡尔赛宫和它的建筑家们,还有法国史上空前壮大的作家队伍。非常值得注意的是,法国的君主专制及其行政管理方式,迎来别国无数羡慕的目光,各地纷纷效仿凡尔赛宫的建筑风格。③ 从这里可以看到法国文化的巨大魅力。

意大利的文化魅力主要是在文艺复兴时期。意大利因其特殊的地理位置(古丝绸之路的重要路段、交通便利、贸易集散地等)为其文化的发展提供了重要的物质基础。也正因为如此,意大利成为文艺复兴的发源地和中心。谈到文艺复兴就不得不提及但丁,但丁是文艺复兴时期的领军人物之一,恩格斯就说但丁是"中世纪最后一位诗人,也是新世纪第一位诗人"④。从某种角度来看,意大利文化对世界的影响,是通过对法国的影响而进入世界的。法国学者都不得不承认"16 世纪和 17 世纪法国艺术和知

① [法]让 - 皮埃尔·里乌、让 - 弗里索瓦·西里内利主编:《法国文化史(Ⅰ)》,杨剑译,华东师范大学出版社,2012 年,第 17 页。

② 同上,第 260 页。

③ 参见[法]让 - 皮埃尔·里乌、让 - 弗里索瓦·西里内利主编:《法国文化史(Ⅱ)》,傅绍梅、钱林森译,华东师范大学出版社,2012 年,第 245 页。

④ 《马克思恩格斯文集(第二卷)》,人民出版社,2009 年,第 26 页。

识生活首先得益于意大利和西班牙"①。

三、印度、日本、新加坡精神资源产生的文化软实力

1.印度

印度也是一个文明古国,文化历史悠长。印度的文化不仅为本国的持续发展奠定了坚实的基础,而且对南亚、中国、东南亚等周边国家和地区也产生了极其深远的影响。这可以说是印度最大的文化软实力。印度由于最初是一个地理空间概念,因此印度的文化实际上是包括整个南亚地区的文化。② 这一地区的文化是多样性与复杂性相结合的。最初的"土著"文化主要是哈巴拉文明,后来雅利安人从里海、南俄平原穿过"马背地带"南迁到印度河、恒河流域,从此雅利安文化成为南亚的主导型文化。

当然,这种多样性和复杂性,一方面源于"在漫长的历史岁月中,印度曾先后多次遭受来自外部世界的冲击,这些冲击来自不同民族的不同文化,而且这些外来文化既没有被印度本土文化所吸收,也没有相互吸收,均在印度扎根并存在下来。此外,由于印度地域辽阔,外来的文化冲击在不同的地方产生的影响不完全相同,不同的地方受不同的文化影响,不同的种族有不同的语言、不同的习俗,信奉不同的宗教;所以在印度传统文化中能够看到多种文化体系的影子,以至于印度文化遗产有一个显著的特征,即无限的多样性"③。

另一方面,印度北部是山区,南部是高原,中部是恒河-印度河平原,现代化进程中发展极不平衡,这不仅表现在社会经济上,也反映在文化类型上。到后来,希腊、波斯以及月氏、突厥、蒙古等民族的入侵,更使印度的文化冲突既有部落冲突的内容,也有宗教矛盾的内容。因此,马克思在《不列颠在印度统治的未来结果》中指出:"这是一个不仅存在着伊斯兰教徒和印度教徒的对立,而且存在着部落与部落、种姓与种姓对立的国家,这是一

---

① [法]让－皮埃尔·里乌、让－弗里索瓦·西里内利主编:《法国文化史(Ⅱ)》,傅绍梅、钱林森译,华东师范大学出版社,2012 年,第314 页。

② 林太:《印度通史》,上海社会科学院出版社,2012 年,第10 页。

③ [英]G.T.加勒特:《印度的遗产》,陶笑虹译,上海人民出版社,2005 年,第180 页。

个建立在所有成员之间普遍的相互排斥和与生俱来的排他思想所造成的均势上面的社会。"①

不过,无论怎样,印度的文化对周边地区的影响是不容忽视的,尤其是在中印文化交流过程中,历史上印度的佛教文化对中国的影响颇深,当然中国文化也对印度佛教进行了改造并返回去影响印度文化,不仅有佛教倒流的情况,而且还有道教西流的情形。② 例如,被称为"印度的灵魂"的一部长篇史诗《摩诃婆罗多》,这部书大约成书于公元前 4 世纪到公元 4 世纪。这部史诗反复提到过 Cina 一词,大多数学者将这个词翻译为"支那",这实际上是音译。季羡林先生和另外一些学者如法国学者伯希和等将这个词翻译为"秦"。不管是"支那"还是"秦",实际上都指今天中国所在的地方和人们。也就是说,古代印度早就对中国相当熟悉了。在中国的历史文献之中,最早提及印度的是司马迁的《史记》。在《史记·西南夷列传》中记录张骞出使西域的时候,他在大夏看到了中国蜀布和邛竹杖时问从何处来的,大夏国的人说:"从东南身毒国数千里,得蜀贾人市。或闻邛西可二千里有身毒国"。在《史记·大宛列传》中也有同样记载。"身毒国"也就是印度。换言之,在公元前 2 世纪的时候,四川的产品就已经远销印度了,这也表明,中印文化交流的历史非常久远。在班固的《汉书》中提到了罽(音继)宾即克什米尔与汉朝的关系,记录了双方的贸易关系。《汉书·地理志》中记载了古代中印以及其他国家之间的交通状况和沿途的地名。这至少表明,古代中国与南亚地区早就存在着相互往来,因而才会有交通和地名的记录。范晔的《后汉书》还特别为天竺国(印度)立了一个传,也就是说,到范晔的南北朝时期,中国人对印度的了解同样已经非常深了。

普遍认为,佛教传入中国大约在东汉汉明帝年间(57—75 年)。在佛教传入中国之前,中国社会关于鬼神方术的信仰比较流行。这在《史记》中关于三皇五帝列传中有不少涉及。然而佛教是不能讲鬼神的,佛教讲的是升天与轮回。就这个问题,佛教对中国社会信仰的改造是在撞击中发挥影响的。但是在撞击之后,佛教就迅速被中国社会所接纳、吸收,最终成为中国文化血脉之中的重要元素。从魏晋南北朝以后,中国就已不再是儒家

---

① 《马克思恩格斯文集(第二卷)》,人民出版社,2009 年,第 685 页。
② 季羡林:《中印文化交流史》,中国社会科学出版社,2008 年,第 22、156 页。

独大的文化主体,而是儒释道三位一体的文化内涵。

佛教对中国文化和中国社会影响至深的时期是在两晋南北朝时期(265—589 年),到隋唐时期达到顶峰(公元 7 世纪到 10 世纪)。在历经了张骞的"凿空之举"和班超的"万里封侯"之后,中印之间的文化交流在中亚这个媒介地区而逐渐活跃起来。后是因为班超在西域三十年之久而在中国与中亚、西亚、南亚之间建立起比较安全和稳定的交通走廊。随后,尽管政权出现了变化,但这条走廊却保持着畅通,以至于相当一部分印度高僧不断进入华夏大地。例如,晋代高僧竺法护(昙摩罗刹),是大乘佛教经典的翻译者,本是月氏国人,长期居住在敦煌,是鸠摩罗斯以前最伟大的佛教经典翻译家。鸠摩罗斯则是中印文教交流史上最伟大的高僧之一。他的父亲是天竺国人,母亲是龟兹人,长期活跃于中亚、南亚和中国的晋代时期,翻译了大量的佛教经典,曾经在晋代政权中为官。更为重要的是,鸠摩罗斯在中国拥有众多弟子,对当时乃至后世的佛学研究和传播都有着重要的影响。

中印文化交流尤其是以佛教为核心内容的文化交流到隋唐时期达到鼎盛。而在其中发挥最重要作用的应当是玄奘。他生于隋文帝开皇二十二年(602 年),在 22 岁到 28 岁期间到处游学,他在游学中深感众师之说不同,佛典之论各异,于是发誓"游西方以问所惑"。628 年,他经现中国新疆、中亚、西亚各国等地而达到印度各地,历时长达十余年的游历、学习、研究而最终在 641 年即贞观十五年回到长安。在印度,与印度的高僧建立友好关系,以至于在玄奘回到大唐以后,印度的高僧还写信表达对玄奘的思念之情。后来,有印度僧人返回印度,玄奘还专门写回信表达自己的情怀。这的确是中印文化交流史上的佳话。除了玄奘外,当时在佛教文化的传播与交流有重要影响力的还有义净,他与玄奘的年龄相差三十多岁,实际上他是对玄奘的翻译技巧进一步发扬光大,对佛教在中国的传播具有重要的影响。不过,他虽然在国外的时间比玄奘长,但他的影响不如玄奘,但他在学术界的影响是不可忽视的。此外,还有善无畏、一行、金刚智、不空等密宗高僧。

常人认为,佛教在中印文化交流中是单向的,即只是印度对中国产生影响,没有中国对印度的影响。恰恰相反,当佛教传入中国之后,中国对佛教进行了"中国式"的改造,同化之后返回去又对印度的文化产生了直接的影响。大约是在宋元时期,佛教在印度开始衰微,代之而起的是婆罗门教(后来的印度教),佛教在中国的影响也开始走向衰微。正是在这个时候,中国文化对佛教进行了同化。在鼎盛时期,佛教对中国的影响开始是在理念上,后来逐渐蔓延到经济上,甚至后来逐渐掌控了中国的民间经济,且与国家政权的经济产生了对抗。因此,国家政权曾经一度对佛教在一定程度上采取限制措施。然而随着佛教的衰微,中国文化对佛教进行同化,或者说是佛教自然地融入中国文化之中,成为中国文化中的一种新元素。另一方面,中国特色的佛教禅宗(有的学者认为禅宗就是中国创造的佛教)对印度的影响也是非常明显的,包括密宗,都回流到了印度,对印度的佛教文化的影响也是不可忽视的。梁武帝萧衍被菩提达摩视为大乘佛教的传人而满意地说:"吾意已终。"除了佛教从中国回流到印度外,中国的道教也对印度有一定的影响,在唐代,《道德经》就传到印度了,玄奘也将《道德经》翻译成梵文。可见,中印文化交流绝对不是单向性的,而是在撞击之后,相互吸收、相互影响。不过需要强调的是,佛教诞生于印度,但后来却深入到中国民众的日常社会生活之中,并且成为中国传统文化的重要一脉,就正如楼宇烈先生所说的那样:"儒、释、道这三种思想是你中有我、我中有你,共同来支撑着中国的传统文化。"[1]特别是佛教思想与在汉朝初年一度成为治国思想的道家学说在相当大程度上是相互兼容的。"这两个出世的思想与儒家入世的思想,构成了一个辩证关系,彼此兼容,它们也在中国人人生的不同阶段彼此代替。"[2]仅此,我们就可以看到印度文化对中国的影响。

2. 日本

日本虽然也属于儒家文化圈,但其文化构成并非是单一性的,既有日本自身以贵族文化、武家文化等为内容的传统文化,也有从中国传到日本的,甚至可以说是中国对印度佛教改造了以后才传到日本的佛教文化,以

① 楼宇烈:《中国的品格》,南海出版公司,2009 年,第 173 页。
② 许倬云:《中西文明的对照》,浙江人民出版社,2013 年,第 64 页。

及明治维新以后逐渐传入日本的西方文化。[①] 明治维新以后,西方文化对日本的影响非常深。反过来,日本在接受西方文化之后对西方文化的改造并使之融合在自己的文化之中也是非常具有创新性的。二战后日本经济的迅速发展也是由于日本的这种创新文化。实际上,自明治维新以来,日本的创新是基于这样一种认识——"西欧 = 现代化"。这种认识促使日本在文化上一方面倾向于西欧,另一方面又试图在西欧的基础上进行创新。这种情形"演绎成一幅描写日本民族的国学者们有别于西方民族的抒情诗"[②]。日本人对自身文化特质的认识,则认为"相互依存主义""相互依赖主义"和"重视人际关系本质"三个方面来阐释日本人行动的特殊性。而"竖性社会论""受宠构造论"和"人际主义"则证明了日本文化的"优秀、独立、先进"所在。[③]

不过,从现实来看,日本精神层面的文化软实力在于:"忠诚"。不过,在军国主义时代,"忠诚"成为日本愚忠文化的代称,也正是这种所谓的"忠诚",才导致日本走上军国主义道路。因此,从这一方面来看,在精神文化层面,日本的软实力资源并不充裕。

3. 新加坡

亚洲的另一个国家新加坡则是一种典型的精英主义文化特质。新加坡注重实用的精英主义文化在其教育理念与政治制度中得到了充分的体现,一方面从小学开始的教育分流政策在为国家节约教育培养成本的同时也为社会人力资源供给提供了规划的空间,另一方面,注重从社会优秀成员中选拔精英人才进入执政党和政府体系则是与新加坡法治和廉政建设相配套的人才晋升机制。与此同时,新加坡在教育的国际化方面面向世界推行的高端人才培训项目则是其精英主义文化向国际推广的有效实践。与新加坡的分流教育相同,新加坡有别于西方社会的法治建设同样遭到学术界的批评,因为内含于其中的价值理念在于否认人具有公平接受教育的平等公民权以及其自由民主制度的不完全性。然而从新加坡的历史发展

---

① 参见冯伟:《日本通史》,上海社会科学院出版社,2012 年,第 85 页。还可参见吴志桐:《论日本文化的特质及其选择机制》,《上海社会科学院学术季刊》1991 年第 2 期。

② 刘林利:《日本大众媒体中的中国形象》,中国传媒大学出版社,2007 年,第 39 页。

③ 参见同上,第 41 ~ 42 页。

和社会文化中,我们将发现精英主义在新加坡社会及公民自我意识方面有根深蒂固的文化渊源。作为一个不足 500 万人口且没有任何自然资源的国家,新加坡几十年来的国家发展经历注定是动荡且曲折的,它不仅需要时刻保持对国际局势进行清醒的判断,又要在世界强国的较量角逐中寻找自身发展的机遇。而精英主义文化无疑成为新加坡最具有实用性的价值场域,新加坡的精英主义文化有两个来源:一方面,得益于新加坡华人占主体的文化圈所信奉的儒家重视"选贤任能"的文化传统;另一方面,则来自于英国殖民统治时期所遗留下来的文化基础。"英国在新加坡进行了近140 多年的统治,从开埠到独立一直是新加坡的统治者,因而英国文化对新加坡社会尤其是上层社会影响极为深刻。"①

相对于西方其他国家来说,英国文化中对"平等"价值的倡导并不如美国等其他国家那般强烈,在英国的政治体制中,对精英和贵族等级制度仍旧存在很大程度的推崇。在儒家文化和英国殖民时期遗留下来的等级观念的共同影响下,新加坡的教育制度虽然不断遭到国际社会的质疑,但依然将层层分流的教育模式作为新加坡精英教育体系中不可或缺的一部分。这种精英教育模式不仅仅影响着本国公民从小懂得努力奋斗的重要性,影响着国家对高等教育的大比重投资,也同样影响着新加坡将教育推广到国际社会中所主要面对的潜在客户群体均为各国的精英人群。精英文化在新加坡教育模式中的充分施行帮助本国公民养成"不劳动者不得食"的奋斗意识,也保护了公民即使在新加坡本国经济实力迅猛增长、生活水平普遍提升的同时依然保持着勤奋工作、审慎判断的忧患意识。另外,新加坡坚守"家庭为根"的价值理念。

新加坡对"家庭价值观"的强调,使"家庭"作为一种价值追求为新加坡的社会发展和国家建设提供了强大的精神动力。李光耀曾经明确指出:"政府或存或亡,但家庭是永久的。"②作为一个将人力资源作为本国第一发展要务的小国来说,若不注重提升自身的文化吸引力,最直接的后果就是人才的流失,而这对新加坡来说则是足以致命的打击。而在民族差异、

---

① 李路曲:《新加坡的精英主义与高薪养廉及其启示》,《深圳大学学报》2009 年第 1 期。

② *The Papers of Lee Kuan Yew:Speeches,Interviews and Dialogues,Volume 9:1981 - 1987*,Singapore:Cengage Learning Asia Pte Ltd,2012.

宗教信仰差异十分明显的移民国家,推行教育国际化和高度开放的市场经济将不得不面对人才流失的风险,那么如何留住人才? 新加坡政府毫不犹豫地选择了支持"家庭",弘扬"家"文化作为国家核心价值理念,并将家庭发展作为国家发展的"根本"。也正因为如此,根据全球人力资源研究机构 ECA 国际(Employment Conditions Abroad Limited International)的调查,新加坡良好的基础设施、完善的法治化建设以及稳定的社会政治秩序,让新加坡成为外企眼中最理想的亚洲国家。

第五章　制度文化资源与文化软实力

在前文指标体系的构建中指出,制度文化产生的文化软实力包含 4 个二级指标,即政治制度、经济制度、社会制度和法律制度。其中政治制度包括政治稳定性、腐败指数、政府效率和政府信息的公开获取 4 个三级指标;经济制度包括雇用规定与最低工资、资金与人口流动限制、劳动力市场规则 3 个三级指标;社会制度包括公民参与率、妇女就业率、国民心态、最贫困 20% 人口的国民收入所占百分比 4 个三级指标;法律制度包括知识产权保护、法律与产权保护 2 个三级指标。本章借助于这 13 个三级指标对对象国进行比较分析。

第一节　政治制度文化产生的文化软实力比较

政治制度文化是政治文化的一部分。按照马克思主义的观点,政治文化作为社会政治的精神现象,其形成和发展归根结底是由社会经济基础所决定,并且与之相适应的。政治文化属于社会意识,来源于社会生活,是对社会政治生活的思想反映和心理感知,其内容和形成发展取决于特定的社会经济基础和政治上层建筑,受着社会生产力发展水平以及与之相适应的全部社会生产关系所制约,受着社会政治生活和政治制度制约。但是政治文化又具有一定的继承性。正如司马迁在《史记》中所说:"夏之政忠。忠之敝,小人以野,故殷人承之以敬。敬之敝,小人以鬼,故周人承之以文。文之敝,小人以僿,故救僿莫若以忠。三王之道若循环,终而复始。周秦之间,可谓文敝矣。秦政不改,反酷刑法,岂不缪乎?故汉兴,承敝易变,使人不倦,得天统矣。"①司马迁这段话强调了政治文化的承继与变革,及其对政治结构的影响。政治制度文化从四个维度来反映文化软实力状况:

一、政治稳定性

政治学研究中把政治稳定作为一个学理性的概念来研究得非常少,尽管政治稳定一直就是政治学研究的对象,但是绝大多数学者是把政治稳定与政治参与、制度化结合起来进行研究的。在这方面,塞缪尔·亨廷顿的研究具有开创性。他认为:"任何一个给定政体的稳定都依赖于政治参与程度和政治制度化之间的相互关系。政治参与程度低的社会,其政治制度化的程度和具有较高政治参与的时候相比,可能要低得多,但是一个两者程度都低的社会,与具有较高程度的制度化和更高程度的参与的社会相比,其稳定性可能会更高。"②亨廷顿主要是从政治现代化的角度来研究的。然而学术界把政治稳定与软实力来进行研究几乎还是空白。笔者认为,政治稳定对于一个国家来说就是一种制度软实力。因为一个国家的政治稳定,那么境外人士就会更愿意选择这个国家工作和居住。政治稳定体现在许多方面,主要包括国家的主权稳定、政府稳定、政策稳定、政治生活秩序稳定以及社会政治心理稳定等方面。之所以把政治稳定纳入制度软实力,是因为一个国家发展无论如何快、如何好,政治不稳定最终都会陷入发展陷阱。这是苏联解体之后俄罗斯的教训。苏联后期,随着戈尔巴乔夫推行"民主化""公开性",整个国家的社会参与度非常高,但政治制度化程度比较低,以至于政治陷入困境。这就是 20 世纪 90 年代俄罗斯动荡之源。

表 5-1　政治稳定性比较

国家	中国	法国	德国	印度	韩国	美国	新加坡	英国	俄罗斯	意大利	日本
指数	0.478	0.833	0.86	0.344	0.688	0.747	0.941	0.77	0.45	0.788	0.867

表格是借助于具体数据的比较,我们把表格中的数据进行分类,大致

①　《史记·高祖本纪》。

②　[美]塞缪尔·亨廷顿:《变化社会中的政治秩序》,王冠华等译,上海人民出版社,2008年,第60页。

可以分为三类：一类是政治稳定性高的国家，如法国（0.833）、德国（0.86）、新加坡（0.941）、日本（0.867）；另一类是政治稳定性较低的国家，这就包括中国（0.478）、印度（0.344）、俄罗斯（0.45）；介于这二者之间的国家是韩国（0.688）、美国（0.747）、英国（0.77）、意大利（0.788）。数据显示，中国的政治稳定性仅仅高于俄罗斯和印度。然而在我们平常的观察中以及在分析中国的经济发展原因的时候，我们常常说主要原因在于中国不仅探索出中国特色的现代化道路，而且在经济改革过程中保持了政治稳定。

可是，在这一组数据中为什么中国数据如此低呢？主要的原因在于，中国改革四十年来推行的是渐进主义的"双轨制"政策，"双轨制"一方面使中国经济发展中避免了政治动荡；另一方面"双轨制"又使改革成为一种动态的过程，改革的时间被不断拉长，以至于政治的不确定性上升。[①] 正是这种不确定性而使政治稳定性的印象指数下降。中国实际上也同大多数尚未完成转型的国家一样，只要社会转型没有完成，那么政治稳定性的风险就一定存在。不过，中国与其他转型国家不同的是经济改革使整个社会获得普遍性的收益，这是中国改革尽管存在着争论但总是能够形成共识并不断向前推进的原因。

法国、德国的政治稳定性指数高，它们代表了欧洲选举政治的一类，成熟的竞选制度，这也是欧洲的传统。新加坡、日本则是亚洲的一种政体的代表，一党独大，没有竞争者，具有较强的主导权。韩国政权的动荡是众人皆知的，主要是指权力中心的竞争派系斗争非常明显。综观韩国朝鲜战争结束以来的总统，几乎没有一个能够善终。美国的政治稳定指数较低与美国选举政治的弊端有直接关系，特别是选举人团制度中选举人团的选票归属，并不代表选举人本人的意向，从而违背了选举人的投票意向。从戈尔与小布什执政到希拉里与特朗普之争，都引发了美国社会的不满。英国的政治稳定性受到了联合王国的分裂和"脱欧公投"的影响。苏格兰多次要求独立，而一旦成为现实，这对英国而言就是政治地震。意大利的政治稳定性更多的是受政治家的个人道德操守的影响。

---

① 胡键：《知识、制度、利益：理解中国改革的三个维度》，《华东师范大学学报（哲学社会科学版）》2013 年第 1 期。

二、腐败指数

从政治体制的角度来认识一个国家的软实力,"透明国际"是一个具有独创性的研究,尽管它没有使用"软实力"这个概念。但是凡是腐败严重的国家和政权,肯定无法获得民心。也正因为如此,世界各国都认可它的指数,并用来衡量一个国家政府腐败的程度。中国共产党十分重视加强党的自身建设,改革开放以后,随着价值的多元化趋势,人们对利益的追求也日益多元化。在这种情形下,拒腐防变的任务就更加艰巨。邓小平指出:"我们一手抓改革开放,一手抓惩治腐败,这两件事结合起来,对照起来,就可以使我们的政策更加明朗,更能获得人心。"①所谓"获得人心"就是党和国家的软实力问题。

国家治理能力低下会导致腐败,腐败反过来也进一步导致国家治理能力低下。二者存在着互为因果的关系。美国学者苏珊·艾克曼从成本与收益的关系提出了腐败的根源在于国家治理能力,并分析了产生腐败的四种情况:

其一,政府本来被赋予依照合法标准而非行贿意愿来为个人和企业配置稀缺资源的责任。但是当政府不能发挥这种功能的时候,贿赂就会像价格一样使政府提供的稀缺资源的供求趋于平衡。

其二,在现有的工资水平和内部监督水平下,政府官员可能根本没有动力做好本职工作,他们可能会拖延事务或者设置其他障碍。在这种情形下,贿赂对这些官员就能起到一种激励性奖金的作用。

其三,那些从事合法生意的企业或个人力图降低政府以税收(包括关税)和管制等方式向其施加的成本。而贿赂则能降低这些成本。

其四,从事非法经营的企业经常从国家手中"购买"腐败性的收益。在某些极端的情况下,非法企业和犯罪集团的头目甚至能够通过贿赂和恐吓手段把警察部门和其他的国家部门置于其控制之下。在这种情况下,贿赂助长了犯罪活动。

---

① 《邓小平文选(第三卷)》,人民出版社,1993 年,第 314 页。

上述四种情形就是国家治理能力的问题。[①] 腐败会从政治、经济、社会等各个方面侵蚀制度。腐败是世界各国普遍存在的问题,但各国在治理腐败方面受诸多因素的影响而治理的方式是不一样的,同样其治理绩效也大相径庭。这里借助于"透明国际"的"腐败控制指数"(清廉指数)来进行比较,从一个维度上揭示相关国家的制度软实力发展状况,指数越高表明腐败程度越低。[②]

表5-2　腐败控制指数比较[③]

国家	中国	法国	德国	印度	韩国	美国	新加坡	英国	俄罗斯	意大利	日本
指数	40	69	81	40	53	74	84	81	29	47	72

这一组数据也可以分为三组:一组是法国(69)、德国(81)、美国(74)、新加坡(84)、英国(81)、日本(72)。这6个国家的数据在"透明国际"整体排行榜上有的处于前列,有的居于中等偏上的位次。另一组是中国(40)、印度(40)、韩国(53)、意大利(47)。这一组国家的数据表明权力的腐败程度还比较高。俄罗斯(29)可以说是单独为一组,依然属于腐败程度严重的国家。虽然中国的"清廉指数"不高,但中共十八大以来的反腐风暴,对腐败现象已经产生了巨大的威慑,在"廉正""廉朴""廉节"和"廉制"四个方面都产生了很好的效果。"廉正"是指政府及其官员在履行公务、处理问题的过程中廉洁而公正,不贪污、不受贿、不枉法;"廉朴"指政府及其官员取之于民者少而用之于民者多;"廉节"指政府及其官员在国家管理活动和处理与社会公共事务有关的活动中具有清廉无私的品德或节操,也称廉德;"廉制"也就是有关廉政的制度。[④] 上述制度从中共十八大以来就相继建立起来,并成为对权力进行制度约束的重要笼子,真的把权力关进了笼子。因此,这方面的中国认知度软实力得到了明显的提升。

---

① ［美］苏珊·罗斯·艾克曼:《腐败与政府》,王江、程文浩译,新华出版社,2000 年,第3～4 页。

② 古金:《切莫做体制、机制弊病的卫道士》,《社会观察》2012 年第9 期。

③ 数据来源于"透明国际"2017 年发布的"清廉指数"排行榜。

④ 曹红梅:《浅谈我国社会主义廉政建设》,《辽宁行政学院学报》2011 年第1 期。

三、政府效率

从世界各国政府改革内容来看,就是要以经济、效率、效能为目标,建立一个成本低、高效和风险低的政府。以经济为政府再造的目标,建立一个运作成本低廉的政府。大多数发展中国家最大的问题是政府的开支大规模挤占研发、教育等方面的财政,而政府的开支又主要是用于人员开支。这是政府不经济的最大问题。不经济的政府往往效率低下,从而导致决策失误。决策失误不仅会导致浪费,而且由于政府的决策影响到全体社会成员的切身利益。避免决策失误的唯一方法就是科学决策。在运作成本约束的情况下,一个以社会福利最大化为目标的政府应该是科学决策的政府。以效能为目标进行政府再造,就是要不断增强实现社会福利最大化政府的行政能力。增强效能政府的行政能力,最根本的就是要建立一个人民群众满意的服务型政府。群众的满意程度是评价政府行政绩效的根本标尺。我们仍然借助于数据来分析政府效率。从表5-3的数据来看,新加坡(1)的政府效率最高,紧跟其后的是英国(0.827)、德国(0.825)、法国(0.797)、美国(0.797)、日本(0.786)和韩国(0.734),处于第二行列。中国(0.465)与印度(0.432)、俄罗斯(0.333),是属于政府效率低的国家。意大利(0.564)则是西方国家中分数比较低的国家。

表5-3 政府效率指数比较

国家	中国	法国	德国	印度	韩国	美国	新加坡	英国	俄罗斯	意大利	日本
指数	0.465	0.797	0.825	0.432	0.734	0.797	1	0.827	0.333	0.564	0.786

四、政府信息的公开获取

政府信息的公开获取实际上就是透明政府的建立。政府信息公开是依法行政、高效行政的必然要求,是透明政府的本质体现。政府信息公开法律制度的建设是一个系统工程,它包括政府信息公开法、保密法、档案法、隐私权法。因此,政府信息公开的立法必须要协调好与之相关的法律法规之间的关系,在此基础上,既要尽快修改和完善现有的与建立政府信息公开相关的法律制度,也要尽快建立与政府信息公开法相关的配套法律制度,以及清除建立政府信息公开法律制度在现有法律制度上的障碍。政府信息公开,实际上是一个信息流动的过程。它包括两个方面,即政府信息自上而下的流动和社会对政府信息产生的信息反馈。因此,政府信息公开的机制就包括两种最为关键的机制:一是政府信息自上而下的流动机制,二是社会对政府信息产生的自下而上的反馈机制。

单有政府信息自上而下的流动机制,只是表明政府信息公开的状况,并没有反映政府信息公开所要达到的目的。政府信息公开最终的目的还是在于提高政府为民服务的效率和质量,而要达到这一目的,政府必须要时刻洞察民众对政府的态度,因此社会对政府信息产生的信息反馈,对政府决策来说是至关重要的,也就是说,这种自下而上的信息反馈机制与自上而下的政府信息流动机制同样重要。政府对社会进行管理或提供服务的过程和结果应该向公众公开;政府拥有和掌握的信息应该向社会公开,但是涉及国家秘密、商业秘密、个人隐私、机关内部的备忘录等信息,是不宜向社会公开的。因此在实践中,必须要确定政府信息公开的范围。信息公开、透明以后,政治权力的神秘的面纱就被完全揭开,政治谣言也被公开的信息所终止。

但是信息的过度公开、信息流动渠道的过度开放,会使公众在强大的信息流之下难以消化,从而对过多的政府信息产生冷漠感;同时,信息流动渠道的过度开放还会使政府的健康信息在开放的渠道中被更改、被污染,从而降低了政府信息的权威性、科学性。因此,在新的改革发展进程中,必须要建立合理有效的信息控制机制。从政府透明信息公开程度来看,表5-4的数据显示,对象国家没有太大的差别。这可能应该要感谢互联网技术了,随着互联网技术的普及和广泛应用,各国政府"上网工程"的推进实施,各国都大力实施政府信息公开。不过,从数据来看,出乎意料的是,德国(0.574)竟然是最低的,而中国、俄罗斯、印度指数竟然普遍高于美国、英国、新加坡等发达国家。

表5－4　政府信息公开指数比较

国家	中国	法国	德国	印度	韩国	美国	新加坡	英国	俄罗斯	意大利	日本
指数	0.85	0.918	0.574	0.914	0.999	0.808	0.787	0.836	0.85	0.85	0.914

第二节　经济制度文化产生的文化软实力比较

制度是人与人之间的契约,好的制度可以减少社会成本,而不好的制度就有可能提高社会成本。经济制度则在于提高效率和增加社会福利水平。制度设计是一门大学问,千万不要随意去改变一种制度。如果要改变既有的制度,前提是必须要对既有的制度进行评估,尤其是评估这种制度的合理性、科学性。经过评估之后,如果发现制度确实存在弊端,确实成为发展的阻力,那么我们就不得不进行制度设计。但制度设计要有科学的头脑和充分的调查研究。不搞调查研究,制度设计就欠科学性;没有科学的头脑来进行制度设计,则完全有可能设计出一套比原有制度更坏的制度。这就与制度创新的目标适得其反了。经济制度规范一个社会的产权等,而产权是社会的根本权益,因此经济制度的文化软实力主要是产权制度,产权制度在相当大程度上决定经济效益。而经济的产出则决定社会的福利水平问题。从这个角度来看,产权制度是经济制度产生文化软实力的关键。笔者选择了三个指标来解释产权制度的效益状况,并通过这三个指标来解释经济制度文化产生的文化软实力状况。

一、雇用规定和最低工资指数

这个指数主要是用来衡量一个国家的劳动制度对底层社会成员的保护程度。这个指数高,则表明国家劳动制度对底层社会保护好,反之则表明国家的经济制度对这个社会阶层具有剥夺的成分。表中的数据显示,法国(0.333)、德国(0.667)、韩国(0.667)、俄罗斯(0.5)在这11个国家中是最差的;随后是中国(0.89)、英国(0.89)、日本(0.89)和意大利(0.732);

美国、新加坡、印度指数都是 1,是最高的。这一组数据也令人意外,一般都认为,欧洲是典型的福利国家,在这方面应该比其他国家都好,但法国、德国竟然是处于较低水平的国家。这可以说是颠覆了人们对福利国家政策的看法。印度被认为是因存在"种姓制度"而未来走现代社会的"民主制"国家,但也同样是出人意料地竟然是最高数据。

中国的数据虽然低于最高的三个国家,但也不算低。这的确应该是改革开放的重大成就。随着中国经济的发展,中国农村普遍性收益增加的同时,农村的弱势群体也获得了国家有力的救助与扶持。特别是自 20 世纪 90 年代以来在全国逐步推广的农村居民最低生活保障制度,对救助农村经济困难的居民发挥了积极的作用。这一制度早在 20 世纪 80 年代就开始探索,进入 90 年代,全国不少地方进行了试点并逐步扩大试点范围。到 2005 年年底,全国有 13 个省份、1308 个县(市)建立了农村最低生活保障制度。[①] 从低保金的投入来看,1999 年只有 3.7 亿元,2000 年到 2004 年的五年中,各年的农村低保资金投入分别为:7.3 亿元、9.1 亿元、13.6 亿元、16.9 亿元。[②] 这一时期国家投入的资金不多,而且增幅也不大。这与农村低保制度尚未完善有关系。但是,新世纪第一个十年的后半期,随着农村低保制度的完善以及国家经济实力的不断提升,国家投入的资金大幅度提高,不仅低保对象的范围扩大了,而且各年的增幅也在提升。2007 年国家投入的低保资金是 109 亿元,2008 年上升到 228.7 亿元,增幅为 109.6%;2009 年投入 363 亿元,增幅为 58.7%;2010 年投入 445 亿元,增幅为 22.6%。[③] 截至 2016 年年底,全年各级财政共支出城市低保资金 687.9 亿元,全年各级财政共支出农村低保资金 1014.5 亿元。

---

① 民政部:《2005 年民政事业发展统计报告》,http://cws.mca.gov.cn/article/tjbg/200801/20080100009380.shtml。

② 参见洪大用:《转型时期中国社会救助》,辽宁教育出版社,2004 年,第 292 页。

③ 数据来源于民政部发布的相关各年的民政事业发展统计报告(2010 年是社会服务发展统计报告),参见 http://cws.mca.gov.cn/article/tjbg/。另外还可参见胡键:《知识、制度、利益:理解中国改革的三个维度》,《华东师范大学学报(哲学社会科学版)》2013 年第 1 期。

表5-5　雇用规定和最低工资指数比较

国家	中国	法国	德国	印度	韩国	美国	新加坡	英国	俄罗斯	意大利	日本
指数	0.89	0.333	0.667	1	0.667	1	1	0.89	0.5	0.732	0.89

二、资金与人口流动限制指数

资金与人口流动限制指数越高,表明这个国家的开放程度越低、经济活力越小。表5-6中的数据显示,中国(0.267)和印度(0.232)是最低的,所以中印两国的经济开放度是最高的,经济活力也是最大的。这个数据还表明,中印两国不仅在金砖国家中的经济活力是最大的,而且也是世界经济体系中经济活力最大的。俄罗斯(0.445)的情况稍微好一点。相反,经济活力最小、开放度最低的是韩国(0.856)、新加坡(0.947)、英国(0.947)。新加坡是曾经的"亚洲四小龙"之一,但在21世纪它已经成为这11个国家中最保守的国家之一了,经济活力也是最缺乏的国家。法国(0.709)、德国(0.646)、美国(0.553)、意大利(0.663)、日本(0.658),这些国家曾经是经济活力大、开放度也比较高的国家,但数据显示这些国家已经走向保守。尤其是美国,曾经是"门户开放"政策和自由主义的坚定推崇者,但很显然,传统经济国力已经下滑,经济活力下降,经济开放度也不高。从这一组数据来看,欧美发达国家越来越走向贸易保护主义(保守主义、孤立主义)等,而新兴市场国家中国、印度等则是开放和自由贸易的领头羊。

表5-6　资金与人口流动限制指数比较

国家	中国	法国	德国	印度	韩国	美国	新加坡	英国	俄罗斯	意大利	日本
指数	0.267	0.709	0.646	0.232	0.856	0.553	0.947	0.947	0.445	0.663	0.658

三、劳动力市场规则指数

劳动力市场规则是有关机构按照劳动力市场运行的客观要求制定的或沿袭下来的由法律、法规、制度所规定的行为准则。它们是劳动力市场主体双方必须共同遵守的,是保证劳动力市场正常运行的必要条件。按照类型划分,劳动力市场规则可分为两大类:体制性规则和运行性规则。前者主要包含在一些承认和维护用人单位的用人自主权及劳动者的择业自主权的法律制度之中,保证市场主体双方的权益不受侵犯。后者则包含在政府制定的关于市场活动的法规和条例之中,明确劳动力市场上可以做什么、不可以做什么,要求市场主体双方只能在不损害公众利益的前提下追求和实现自身的利益。具体来说,劳动力市场规则包括市场进入规则,也即是指进入劳动力市场所需具备的条件及所需遵循的法规;市场竞争规则,这是保证市场主体能够在平等的基础上充分竞争的行为准则;市场交易规则,这是关于市场交易行为的规范和准则;惩罚的规则,即违反规则将会付出的代价。

这一指数从内涵上来看主要是衡量一个国家市场化程度以及市场内部的法治化程度。市场经济是法治经济,如果一个国家市场化程度比较高但法治化程度低,这种市场经济将陷入恶性竞争,最终会导致市场瘫痪。反之,如果一个国家过度强调体制性规则并对市场主体进行体制性的规约,那么市场化程度就会降低。这二者之间需要有一个平衡。一般来说,平衡得好的国家,那么该指数就会高,平衡不好的国家,该指数就会比较低。因此,从表5-7中的数据可以看出,美国(1)依然是平衡得最好的,所以其指数最高。其次是日本(0.895)、英国(0.882)、印度(0.857)、新加坡(0.784),处于第二序列。印度在这方面的指数竟然如此之高,无疑是出乎意料的,但印度的市场中很少存在非正规就业现象,也就是印度市场中有严格的市场进入规则。这对印度的指数来说起到了非常重要的作用。法国(0.596)、德国(0.589)、俄罗斯(0.535)、意大利(0.658)处于第三序列。同样令人奇怪的是,俄罗斯竟然能够与法国、德国、意大利比肩。这可能因为俄罗斯被欧美国家承认是市场经济国家。如果仅从客观的情况来看,俄罗斯的这个指数不应该高,更不应该比中国高。因为俄罗斯无论是劳动力进入规则还是市场经济内部的运行规则都是比较混乱的。

出人意料的是,这个数据指标竟然是韩国垫底,中国倒数第二。韩国垫底的原因,我们可以这样来分析,韩国的政治腐败现象非常严重,冷战结束以来的历任韩国总统几乎都没有能够善终,而且都与权力腐败有关。尤其是高层政治的权力之中所暴露出来的权力腐败直接影响了韩国的这个指数排名。中国这个数据则可能与以下因素有关：一是欧美国家迄今为止没有承认中国的市场经济地位；二是中国的非正规就业现象非常普遍，影响了中国的劳动力市场进入规则；三是中国近年来的反腐败风暴本来是正面的影响，但反腐败也表明中国的权力腐败问题非常严重，严重伤害了中国的市场规则。当然，这一指数基本上还是一个印象指数，大部分情况属于观察者对一个国家的印象而形成的数据，只能做参考，不具有决定性的意义。当然，如果印象指数长期处于低水平状态，也意味着这方面的文化软实力不强。

表5-7　劳动力市场规则指数比较

国家	中国	法国	德国	印度	韩国	美国	新加坡	英国	俄罗斯	意大利	日本
指数	0.45	0.596	0.589	0.857	0.311	1	0.784	0.882	0.535	0.658	0.895

第三节　社会制度文化产生的文化软实力比较

这里所说的社会制度不是指政治意义上的社会制度，而是社会层面上的制度，用于规范社会成员在日常社会生活中的行动的制度。这方面的制度非常多，本节不能进行全面考察，从中选取四个指标即公民参与率、妇女就业率、国民心态指数、最贫困20%人口的国民收入所占百分比指数进行比较分析。

一、公民参与率

在西方政治学研究者中，公民参与率一直就作为政治民主和政治现代化的标志性指标。亨廷顿就认为："政治现代化意味着增加社会上所有的集团参政的程度。"[①]不仅如此，他还认为，"区分现代化国家和传统国家，

① ［美］塞缪尔·亨廷顿：《变化社会中的最政治秩序》，王冠华等译，上海人民出版社，2008年，第27页。

最重要的标志乃是人民通过大规模的政治组合参与政治并受到政治影响"①。这即便是在西方也是有争议的。例如,萨托利就把民主分为选举式民主和参与式民主。② 这实际上就是公民参与的形式。无论是在西方还是在中国和其他发展中国家,公民参与的形式直接对政治产生相应的风险。萨托利把公民参与与决策成本、决策风险结合起来进行研究,并提出了两条定理:定理一:一切团体或集体决策都有内部成本,即决策者本身付出的成本,这叫决策成本;定理二:一切影响到集体的决策都涉及外部风险,即从外部接受决策的人遭遇的风险。③ 换言之,公民参与率高也意味着政治风险较大。公民参与虽然与政治现代化有直接的关系,但如果仅仅考虑政治现代化本身而忽视政治稳定和社会秩序,这样的政治现代化可能并非政治发展的目标。因此,表格中的数据只是用来表示公民参与率的高低,并没有把政治风险和社会秩序等维度纳入考量。

表格 5 - 8 中的数据表明,中国(0. 139)的公民参与率比较低,与俄罗斯(0. 321)大致处于同一水平上,指数比俄罗斯还低。这一指标主要还是基于西方传统的关于"公民参与"的内容,间接参与基本上没有考虑在内,主要是统计上难以操作,所以中国的指数比较低。但是如果从选举投票的人数来看,中国的历次选举投票率都是比较高的。不过,除政治选举之外,在其他非正式政治场合,中国公民对政治参与的热情的确不高,总觉得"上面"早有安排,参加与不参加结果都一样。这种政治热情不高的情形受过去的政治安排影响较大,以及在市场经济条件下,民众对经济利益的追求远远超过对政治的热情,这也是影响中国的公民参与率的因素。印度(0. 685)、新加坡(0. 502)处于第二层次上,公民参与率也不高。印度的公民参与率低原因也非常复杂,但至少以下方面的因素在其中发挥着重要影响:其一,经济发展的严重不平衡制约了落后地区和贫困人群的参与;其二,印度的语言种类多,公民参与受语言制约比较大;其三,种姓制度虽然并不反映在政治上,但由种姓制度引起的社会阶层分化也是制约公民参与

---

① [美]塞缪尔·亨廷顿:《变化社会中的最政治秩序》,王冠华等译,上海人民出版社,2008年,第28页。

② 参见[美]乔·萨托利:《民主新论》,冯克利、阎克文译,东方出版社,1998年,第115~129页。

③ 参见同上,第244页。

的一个重要因素。新加坡的公民参与率低则是与新加坡的政党结构中的一党独大和一党长期执政有关。其余国家处于第一层次上，亚洲的日本、韩国和欧洲国家、美国，这些都是西方选举政治的代表，其公民参与率高也属于正常的情况。然而西方选举制度在冷战结束以后特别是在 21 世纪遭遇了巨大困境，选举民主的弊病和危机日益突出，以至于连西方自己都觉得选举式民主走到了穷途末路。这表明公民参与率高并不意味着这方面所产生的制度文化软实力就高。

表5－8　公民参与率比较

国家	中国	法国	德国	印度	韩国	美国	新加坡	英国	俄罗斯	意大利	日本
公民参与率	0.139	0.896	0.922	0.685	0.763	0.879	0.502	0.919	0.321	0.827	0.848

二、妇女就业率

妇女就业率反映的是一个国家妇女解放的程度，从而也表明一个国家男女权利是否平等，尤其是男女劳动的权利是否平等。一般来说，女性的就业率高，这个国家男女平等程度较高。在这个指标的排行中，中国（0.718）是最低的，但这并不意味着中国男女平等程度比较低。相反，中国从 1949 年以来，解放妇女的步子非常快，解放的程度也比较高。有时候，观察视角不同，结果也不一样。例如日本的情况，表中显示其妇女就业率为 0.96，但日本的家庭基本上是男性承担绝对主要的责任。因为日本女性成家生育后就基本上不再出来工作，更多的是以家庭和抚养下一代为主。中国家庭不一样，女性即便结婚生育，也并不影响妇女的就业。所以这个数据只是表明一种状况，而不是整体性的男女平等的情形。同时，这个表格中的数据表明，在妇女就业率方面所反映的国家制度软实力的差距并不大。

表5-9 妇女就业率比较

国家	中国	法国	德国	印度	韩国	美国	新加坡	英国	俄罗斯	意大利	日本
妇女就业率	0.718	0.891	0.946	0.96	0.972	0.915	0.971	0.922	0.947	0.868	0.96

三、国民心态指数

国民心态就是国民在日常生活中,特别是面对重大事件或者突发事件时所普遍呈现的认识倾向、心理倾向、情感倾向。国民心态直接影响国民的言语和行动、影响社会的价值取向和行为方式,进而影响国家经济社会发展大局,影响国际社会对该国国家形象、国民形象的认知和判断。健康的国民心态是促进个人、社会、国家发展进步的重要心理基础,是国家文化软实力的重要组成部分。[1] 虽然国民心态直接受具体个体的价值观的影响,或者说就是个体的价值观塑造了个体的心态,但从整个国家来说即从整体国民性来说,国民心态既受文化影响,也受社会生活中的制度的影响。因为在一个国家中,文化是相对稳定的,所以当文化作为一种既定的常量的时候,社会生活中的制度往往对国民心态的形成具有决定性的作用。因此,本书把国民心态这一指标放在社会制度之中来分析。

表格5-10中的数据表明,国民心态指数在这11个国家中大致可以分为两类:一类是法国、德国、美国、英国、意大利和日本,这些国家的国民心态指数都在0.8以上;另一类是中国、印度、韩国、新加坡、俄罗斯,这5个国家都在0.8以下。

如果要深挖一下中国国民心态指数低的原因,这可能还真的与中国市场经济改革之后的利益多元化和价值取向多样化有关。在改革开放之前,马克思主义指导下的集体主义作为整合中国社会的重要思想,在中国社会发展进程中发挥了重要且不可替代的作用。改革开放以后,尤其是社会主义市场经济启动以后,集体主义被解构,代之而起的是个性的张扬,甚至一

---

① 李伯聪:《新时期大学生大国心态培育的几点思考》,《湖北社会科学》2013年第6期。

度出现了极端个人主义倾向，而且这种倾向又与拜物主义结合在一起。特别是由于经济改革非常紧迫，几乎把经济之外的一切都忽略了，因此在20世纪80年代曾经出现的一股"文化热"如昙花一现而走入历史。而90年代初启动的市场经济进程，更进一步把可能的文化复兴之"星星之火"再一次扑灭。于是，整个社会陷入了市场经济的热潮之中，人们不再相信理想、信念、道德、操守、诚信、责任等，只相信一种东西：金钱。金钱成为成功的唯一标志，于是所有的人都在为金钱即所谓的成功而焦虑。底层的人因没有钱而焦虑，社会中层为挣更多的钱和步入上层而焦虑，上层有钱的人为更多的钱而焦虑。结果，整个社会为了金钱而不断触及政治底线和道德底线：权钱交易、权色交易、权商交易、权学交易等成为社会的普遍现象。至于政治究竟怎么发展，政治信仰如何，道德是否滑坡等，这一切都被社会所忽视，从而使整个社会陷入到一种冷漠之中，尤其表现为政治冷漠，也就是对政治的态度表现为无所谓，或者是事不关己高高挂起，或者熟视无睹。[①] 道德上的滑坡现象更加严重，以至于各种工业添加剂如苏丹红、孔雀绿、吊白块、一滴飘香、三聚氰胺等竟然添加到食品之中，好看、好吃的东西都是严重损伤身体健康的东西。此外，老人摔倒"扶还是不扶"竟然成为一个社会问题。因此，中共十八大以来，强调加强社会主义核心价值观的建设，这非常必要也非常重要。虽然上述现象已经得到遏制，但那些现象对国民心态指数的近期影响还会存在。

　　与中国同为较大发展中国家的印度，其国民心态指数也不高，按照常理，印度是有宗教信仰的国家，国民心态指数为什么不高呢？这可能与印度所处的发展阶段和周边环境有关。一方面，印度社会经济正处于发展的关键时期，虽然近年来印度与中国一样经济发展速度较高，但发展严重不平衡，贫困人口依然不少。从这个角度来看，印度在国民中同样存在着发展式焦虑。另一方面，印度一直怀有"大国情结"，但各方面进行比较，印度绝大多数指标都不如中国，中国作为其最大的邻国，它对中国怀有戒备之心。因此，印度的国民心态受到这两个方面因素的影响较大。当然，从内部来看，印度的宗教信仰对某些焦虑有所抑制。所以其国民心态指数略

---

① 胡键：《当代中国政治文化分析》，《江西师范大学学报（哲学社会科学版）》2017年第6期。

高于中国。

新加坡国民心态指数也不高,可能与新加坡作为一个城市国家有关,狭小的空间、生活竞争压力非常大,竞争也必然会充斥着功利性和市侩性。而韩国则可能是被高层政治的恶性竞争所拖累的,以至于韩国国民有一种反应过度的历史观和所谓的民族自尊心。但是韩国国民的历史观也存在着不少解构的内容,以至于歪曲了历史。换言之,韩国国民的历史观和自尊心在相当大程度上是一种本民族的"自恋"。

表5-10　国民心态指数比较

国家	中国	法国	德国	印度	韩国	美国	新加坡	英国	俄罗斯	意大利	日本
指数	0.506	0.832	0.886	0.590	0.507	0.913	0.594	0.886	0.552	0.910	0.899

四、最贫困20%人口的国民收入所占百分比

传统的社会科学理论都是用在一个社会中"最贫困20%人口的国民收入所占百分比"来揭示一个社会的公平程度。正如表5-11格中所揭示的那样,如果仅仅以这个数据来衡量社会公平程度的话,那么这个数据所反映的情况是,中国(0.348)、美国(0.401)、新加坡(0.354)、英国(0.483)都属于社会不公平国家。其次社会不公平国家是俄罗斯(0.52)、意大利(0.524)。法国(0.604)、韩国(0.689)、印度(0.774)、德国(0.76),日本(1)却成为这些国家中社会最公平的国家。这显然是不符合实际情况的。这个数据所反映的只是一种静态分析的结果,但如果动态来分析,这就大不相同了。

首先要确定"最贫困人口"是否是有固定标准来衡量的,如果是有明确标准的,如按照联合国的标准生活消费在每天十美元以下算贫困人口,那么这类人的数量越少,其收入所占百分比就会越低,但社会是明显进步了。因为减贫取得突出成就。就正如中国,表格显示,中国最贫困20%人口的国民收入所占百分比的指数只有0.348,静态分析就意味着中国社会不公平程度非常高。但是如果动态分析,这表明中国减贫的重大成就,贫困人口减少了,这个指数就一定很低。相反,印度这个指数高则恰恰表明

社会的不公平程度高,或者说,贫困人口众多。在贫富分化较小的德国、日本则表明了社会的公平程度较高。也就是说,这个数据必须结合其他数据来分析才可以得出比较客观的判断。仅仅以这个数据来分析社会的公平程度,很有可能得出错误的结论。

表5-11　最贫困20%人口的国民收入所占百分比指数比较

国家	中国	法国	德国	印度	韩国	美国	新加坡	英国	俄罗斯	意大利	日本
指数	0.348	0.604	0.76	0.774	0.689	0.401	0.354	0.483	0.52	0.524	1

第四节　法律制度文化产生的文化软实力比较

法律制度是法治的前提,一个国家是否是法治国家,首先是看它是否有规范权力、规范人的行为等的法律制度。当然,法律实际上包含着两方面的内容:一种是外部的法律,也就是指国家相关机构颁布的法律制度;另一种是内部的法律,也就是人内心中的规范即道德。在此是指外部的法律,是国家机构颁布的法律制度,它具有极强的强制力,是国家合法暴力的文明体现。但是有法律制度并不一定就是法治国家,只有国家权力的运行、国民的言行举止、人们在追逐自身利益等的过程中都以法律为依据,法治国家才成为现实。法治国家实际上是人类追求的理想政治秩序的目标之一。也正因为如此,法治水平越高的国家,它的社会成本会比较低、社会的向心力比较大,因而通过法律制度所产生的制度软实力也比较强。不过,国家的法律制度是非常丰富的,而衡量法治国家的指标非常复杂。

鉴于此,笔者从中选择两个关键性指标来分析:一是知识产权保护指数,这是一个涉及经济活力的指标。知识产权保护指数低的国家,外部资本就因风险而不会前去投资,经济活力就会较弱。即便有一定的活力,则更多的可能是各种灰色经济、影子经济等畸形刺激所致。但是这种情形对经济的刺激绝对不具有可持续性,因为它最终会导致"劣币驱逐良币"的现象。因此,健康的市场经济一定是对知识产权进行严格保护的经济制度。所以这个指标是衡量法治经济的关键性指标。二是法律与产权保护指数。这个指标是社会层面的法治体现,是国家对国民通过法律的保护程度。产权是国民权益的根本性权益,产权的保护程度也意味着国家权力是否是在法律的范围内运行的。因此,这个指标实际上从国家的层面反映了一个国家的法治程度。

一、知识产权保护指数

知识产权是指人类智力劳动产生的智力劳动成果所有权。它是依照各国法律赋予符合条件的著作者、发明者或成果拥有者在一定期限内享有的独占权利,一般认为它包括版权(著作权)和工业产权。版权(著作权)是指创作文学、艺术和科学作品的作者及其他著作权人依法对其作品所享有的人身权利和财产权利的总称;工业产权则是指包括发明专利、实用新型专利、外观设计专利、商标、服务标记、厂商名称、货源名称或原产地名称等在内的权利人享有的独占性权利。知识产权保护是成熟市场经济的一个重要标志,市场经济首先是法治经济,法治经济就是在尊重他人的一切权益的前提下的公平交易。而知识产权是市场经济条件下的最重要的权益。

从对 11 个国家的数据指标的比较来看,知识产权保护指数最低的是俄罗斯,只有 0.165,但滑稽的是欧美国家都已经正式承认了俄罗斯的市场经济国家地位。这是当年俄罗斯"屈从"了欧美的政治条件之后的结果。连保护知识产权都没有做到的情况下,这样的国家显然是不属于市场经济国家的。指数比较高的国家包括新加坡(0.974)、法国(0.914)、德国(0.889)、英国(0.833)、日本(0.769)和美国(0.744),这些国家市场经济发展较早,对知识产权保护也非常重视,这并不奇怪。当然,撇开经济发展的活力指数而仅从这个指数来看,资本肯定更愿意选择在这些国家进行投资,因为知识产权保护指数高的国家,资本所面临的风险会比较低。也就是说,在这方面,这类国家的制度软实力比较高。该指数居于中间的国家包括韩国(0.519)、中国(0.487)、意大利(0.412)和印度(0.395)。中国的知识产权保护指数虽然不高,但中国市场经济是从 1992 年开始启动的,而韩国、意大利、印度则较早地推行市场经济,可是依然不高。这说明中国在知识产权保护方面并不落后,甚至可以说在这方面中国取得的进步非常大。在 1993—1995 年中美知识产权谈判的时候,中国才刚刚启动市场经济,但美国就强制中国要全面保护知识产权,从中国的现实来看,的确存在着非常大的压力。然而中国并非不愿承担保护知识产权的压力,而是中国的市场非常特殊,即便如此,中国也在尽最大的努力来保护知识产权。2001 年,加入世界贸易组织以后,中国不仅深度学习国际市场规则,而且对保护知识产权也加大了力度,并得到了国际市场主体的赞赏。也正因为如此,国际资本一直看好中国市场,也非常愿意到中国投资。2008 年金融危机以后,中国更是国际资本的避风港,也是经济活力最大的国家。这说明中国知识产权保护的巨大进步并由此获得制度软实力的情形。

　　2008 年以后,中国出台了《国家知识产权战略纲要的通知》。随后,中国陆续出台了《商标法》《专利法》《技术合同法》《著作权法》和《反不正当竞争法》等法律法规文件。从宏观层面上讲,中国已经在法律制度层面为知识产权权益的保护提供了较强的法律依据,为企业制定知识产权保护制度及具体实施方法指明了方向,但是目前还缺乏侵权案件的单独法律法规详细文件。当然,知识产权保护是一个长期的任务,也是一个动态的问题。因为随着技术的不断发展,知识产权的种类不断增多,尤其是在大数据条件下的知识产权更是层出不穷,而现实的法律又很难跟上技术的发展来对知识产权进行保护。包括中国提出"一带一路"倡议以后,在推进"一带一路"建设项目的过程中,中国也十分重视知识产权保护的问题。知识产权保护不佳又与国家的权力腐败有一定的相关性。中国在"一带一路"建设的项目合作中,都是以新兴技术在推动项目合作的,所以既要推动项目合作,也要推动相关各国对知识产权的保护。不管怎样,中国四十多年来的改革开放和现代化建设在知识产权保护方面取得的进步是令世界瞩目的。

表 5－12　知识产权保护指数比较

国家	中国	法国	德国	印度	韩国	美国	新加坡	英国	俄罗斯	意大利	日本
指数	0.487	0.914	0.889	0.395	0.519	0.744	0.974	0.833	0.165	0.412	0.769

二、法律与产权保护指数

　　产权是经济所有制关系的法律表现形式。它包括财产的所有权、占有权、支配权、使用权、收益权和处置权。在市场经济条件下,产权的属性主要表现在三个方面:产权具有经济实体性、产权具有可分离性、产权流动具有独立性。产权具体来说不能单单说是我们的知识产权保护。前面所说的知识产权是无形产权,主要体现在知识产权方面的商标、专利和版权三大板块,对于无形的产权需要知识产权人对他们进行产权保护,一般通过申请、注册和登记的方式将这些无形产权的保护落实好,进而获取更多的经济价值。这里的产权主要是指有形产权如物权、债权、股权等。产权的功能包括:激励功能、约束功能、资源配置功能、协调功能。以法权形式体现所有制关系的科学合理的产权制度,是用来巩固和规范商品经济中的财产关系,约束人的经济行为,维护商品经济秩序,保证商品经济顺利运行的法权工具。这是法治经济的另一个标志性的指标。表5-13中的数据显示,中国(0.566)、印度(0.506)、俄罗斯(0.458)、意大利(0.556)这四个国家的指数比较低;法国(0.741)、韩国(0.632)、美国(0.719)、日本(0.786)居于中等位置,即便如美国常常标榜为法治榜样的国家,其法治与产权指数也并不太高。这说明实际情况与政治家的口号是有差距的。德国(0.856)、新加坡(0.917)、英国(0.839)三个国家居于最高位置,尤其是新加坡的指数最高。

表5-13　法律与产权保护指数比较

国家	中国	法国	德国	印度	韩国	美国	新加坡	英国	俄罗斯	意大利	日本
指数	0.566	0.741	0.856	0.506	0.632	0.719	0.917	0.839	0.458	0.556	0.786

第五节　制度文化软实力比较的思考

从上述指标来看,虽然中国政治制度文化的各项指标并不太好,有的甚至处于非常低的水平上,但从动态的眼光来看,中国的制度文化软实力实际上是比较强大的。这主要表现在:

第一,中国政治稳定,尤其是中国的政治制度是中国现代化道路创造"中国奇迹"的根本原因。从纵向来看,自近代以来,中国社会就是一盘散沙,政治、社会都动荡不安,尽管当时的中国先进分子提出了关于中国现代化(或近代化)的种种主张,如19世纪70年代开始的"洋务运动",希望通过"中体西用"来实现中国的"自强",但政治上的腐朽性决定了那种现代化道路必然失败。甲午中日战争失败后,康有为、梁启超又尝试制度创新,即向日本学习走君主立宪的道路,但"后党"与"帝党"的相互倾轧,最终葬送了维新变法运动。而紧随其后的辛亥革命虽然推翻了封建专制制度,但也很快使中国陷入军阀割据的状态,从此中国长时间陷入四分五裂。因此,在摆脱了极"左"路线的困扰之后,特别是自改革开放以来,中国始终保持政治稳定,这可以说是理解"中国奇迹"和中国道路的"金钥匙"。从横向来看,世界其他国家和地区在冷战后都出现了比较严重的政治动荡现象,如美国在政党选举中的闹剧,以及由此引发的各种社会运动包括"茶党运动""占领华尔街运动"等,对美国社会的冲击非常大。欧洲各种极端思潮也引发了人们对欧洲一体化的质疑;独联体地区的"颜色革命"更是充满了各种内外政治风险,等等。这一切都对相应国家的政治经济产生巨大的冲击,甚至经济严重下滑,各种社会风险都聚集起来。

第二,政治稳定是经济发展的可靠保证。中国的制度文化软实力更多的是通过制度的产出而形成的国际认知。中国经济发展长时间保持高速的增长率,从而在短短的四十余年中,实现了经济的重大飞跃,使中国成为世界第二大经济体,特别是使中国能够顺利地实现从"站起来"到"富起来"再到"强起来"的飞跃。这无疑是因为中国共产党领导下的政治制度为中国经济注入了强大而厚实的政治保障。经济的发展和经济上的巨大活力,才使得中国成为国际资本的投资地,成为国际人士的定居地和创业地。

第三,中国的制度文化软实力还体现在良好制度作保障的经济改革使全中国的利益获得普遍性的增长,以及社会所有成员获得普遍性收益。中国的改革没有像中东欧国家那样出现震荡,尽管社会各个层面对改革也有争论,包括"要不要改革""要不要市场经济改革""经济特区姓资还是姓社""国进民退还是国退民进"等问题,都有非常尖锐的争论,但由于中国的改革是一种"帕累托改进",是在向市场经济过渡的过程中社会各阶层和不同的社会群体的普遍性收益。因此,中国社会对改革存在着高度的共识。这种共识一方面反映了中国的制度优势及其对国内所体现出来的制度软实力,另一方面也因制度的巨大产出效应而对国际社会产生了强大的感召力。至少我们可从国际学术界对中国、对中国的现代化道路,以及对中国问题研究的高度关注,看出中国魅力所在。

第四,也是最重要的是,中国共产党是中国各项制度的创建者。中国各项制度的文化软实力来源于中国共产党拥有强大的软实力。中国共产党最初从几十名党员发展成为拥有九千多万党员的大党,而且历经各种挫折而成功走过百年风雨。其原因是多方面的,但其中一个重要的原因是中国共产党拥有强大的软实力。1939年10月,毛泽东就指出:"十八年的经验,已使我们懂得:统一战线,武装斗争,党的建设,是中国共产党在中国革命中战胜敌人的三个法宝,三个主要的法宝。"①在这三大法宝中,统一战线和党的建设两大法宝是属于软实力范畴的。根据百年来的革命和建设经历,我们可以从以下方面来概括中国共产党的软实力。②

一是中国共产党始终代表中国先进文化的发展方向。中国共产党是在五四运动中诞生的一个全新的政党。五四运动倡导"民主"与"科学",这不仅是一种先进文化,而且也是开启中国人由"学术"而"政治"而"伦理"之觉悟的思想钥匙。③ 此后,五四运动以传播马克思主义为主,为中国共产党的诞生奠定了思想基础。从这一角度来看,五四运动不仅为中国文化的复兴开辟了道路,而且也是中国共产党诞生的文化母体。④ 中国共产党的组织者们从一开始就引领五四运动的潮流,特别是像陈独秀、李大钊等知识分子既是五四运动的旗手和领袖,又是中国共产党的创建者,他们用马克思主义对中国文化进行了改造,并对中国民众进行马克思主义的启蒙,比较早地提出了用新文化对"国民性"进行"改造"的主张。

中国共产党诞生之后,"国民性改造"的任务从组织上来说就落在中国共产党的肩上;从文化上来说,就是用马克思主义的先进文化来改造中国文化落后性。中国共产党一直在实践中通过文化创新来促进中国文化

---

① 《毛泽东选集(第二卷)》,人民出版社,1991年,第606页。

② 胡键:《中国共产党的软实力研究》,《社会科学》2015年第3期。

③ 参见高力克:《新文化运动之纲领——论陈独秀的〈吾人最后之觉悟〉》,《天津社会科学》2009年第4期。

④ 参见耿云志:《应当怎样评估五四新文化运动》,《东岳论丛》1999年第2期。

的现代化。鸦片战争以来,中国文化的落后性不仅是鸦片战争以降中国落败于西方的原因,也是阻碍中国现代化进程的重要因素。中国文化现代化的滞后性一直非常突出,在鸦片战争中,一个占世界经济32.9%的大清帝国败给了只占世界经济约6%的大英帝国。① 可见战败的原因并不是中国经济落后,而是中国文化落后。正因为如此,中国共产党始终把先进文化的建设视为党的整个事业不可缺少的一个重要组成部分,因而才能不断促进文化的现代化。

二是中国共产党的意识形态和价值观成为中国社会的普遍认同。中国共产党靠什么来进行社会动员? 在革命时期,中国共产党没有掌握任何有形的资源,不可能有机会用物质资源来进行社会动员,但民众最终选择了中国共产党。这就要归功于中国共产党的软实力:意识形态的魅力和正确的政策。美国历史学家斯塔夫里阿诺斯指出,社会主义在俄国的胜利产生了一种具有"世界性影响的新的思想意识",它"深刻地影响了战后(第一次世界大战——笔者注)数年世界历史的模式"。② 特别是世界各国人民对苏联社会主义制度的憧憬,直接表现为对本国共产党的支持与拥护,并用实际行动来表达自己对共产主义意识形态的信仰和价值取向。中国共产党建立之后的相当长时间内是比较弱小的,"在思想上的准备、理论上的修养是不够的,是比较幼稚的"③。但是由于中国共产党人在传播和运用马克思主义的过程中始终紧扣中国革命和建设的实践问题,从而使马克思主义更能切合中国的实际,并最终成为中国共产党进行社会动员的最重要的工具。

除了意识形态和价值观之外,中国共产党的政治力还来源于其正确的纲领和政策,特别是能够根据形势的需要制定正确的政策。建党初期,在1922年中共二大上,就直截了当地提出了党的最低纲领和最高纲领,为中国社会指出了现阶段的任务和未来的发展方向。在新民主主义革命时期,中国共产党总是根据民众的利益需求来调整自己的政策,从而能够团结最

① 参见[英]安格斯·麦迪森:《中国经济的长期表现——公元960—2030年》,伍晓鹰、马德斌译,上海人民出版社,2008年,第36页。

② [美]斯塔夫里阿诺斯:《全球通史——1500年以后的世界》,吴象婴、梁赤民译,上海社会科学院出版社,1992年,第593页。

③ 《刘少奇选集(上卷)》,人民出版社,1981年,第220页。

广大的民众。在社会主义建设时期,中国共产党也是根据形势的变化而不断调整其政策而获得人民的拥护的。从"家庭联产承包责任制"的推行到经济体制改革,从对内改革到对外开放,从解决人民温饱到科学发展、包容性发展等,都表明中国共产党是用正确的政策来使民众获得利益和实惠的。

中共十八大以来,中国共产党又提出了一系列的重要理论,包括深化改革、国家治理能力和治理体系的现代化,以及通过依法治国来促进国家治理体系的现代化,等等,而这些确实满足了深化的普遍需求。一方面,改革开放四十多年,经济有了巨大的发展,一些人很容易对改革产生懈怠,很容易对改革产生惰性。另一方面,改革进程中利益群体发生了变化,过去的改革群体成为既得利益者,由于担心失去既得的利益而不愿意继续推动改革,从而形成了一个固化了的利益格局和固化了的社会阶层结构。① 如果这种状况不改变,中国的改革就会陷入停滞,中国社会的转型就有可能逆转。在这种情形下,中国共产党提出的上述思想迎合了社会的需要,因而成为社会的普遍共识。中国共产党在每一个时代所提出的正确的意识形态,既是中国共产党最重要的软实力来源,也是中国共产党最重要的软实力资源,并直接成为中国共产党软实力的重要组成部分。

三是中国共产党开辟的革命和建设道路是中国社会认可的制度模式。鸦片战争以后,中华民族第一次面临着民族复兴的任务。关于民族复兴道路的探索,从"师夷长技"到"中体西用",从"揖美追欧"的维新变法到辛亥革命的"旧邦新造",都没有找到符合中国国情的民族复兴之路。直到中国共产党建立以后,中国共产党领导中国人民开创了一条民族复兴之路,即首先是农村包围城市、武装夺取政权的革命道路,这条道路夺取了新民主主义革命胜利,实现了中华民族的解放和独立,为中国的现代化开辟了光明的前景;然后是有中国特色的社会主义道路,探索这条道路分为两个时期。

1979 年以前,在中国共产党的领导下,中国开始了在一个经济文化都十分落后的、人口众多的国家实现现代化的伟大长征,但中国共产党对如何进行社会主义现代化建设毕竟缺乏必要的经验,在当时国际国内诸多因

---

① 参见孙立平等:《"中等收入陷阱"还是"转型陷阱"?》,《开放时代》2012 年第 3 期。

素的影响下,中国选择了向苏联"一边倒"的政策并把苏联社会主义建设的经验照搬过来,甚至把苏联的经验神圣化。1979 年以后,中国现代化历经了对内改革、对外开放,以及加入世界贸易组织和全面融入国际体系的过程,最终全面进入世界舞台的中心。后一段时期与历史上关于中国道路的探索相比,显然具有完全不同的特征,即在这一时期,"社会平等奠定了中国现代化转型的基础;贤能体制选取有能力和德行的人进入政府,并以表现作为衡量政府好坏的标准;制度的有效性使得中国的制度转型比较平稳,并可能创造出新的制度形态;中性政府确保政府不受利益集团的左右,从而放开手脚采取选择性的、但有利于经济增长的政策"①。有学者把它概括为"中国模式"。② 无论是中国革命的道路还是建设的道路,由于都是从中国的具体实践总结出来的东西,正是中国革命带路引领中国革命取得胜利,建立了中国共产党领导下的社会主义政权;也正是中国建设的道路把中国从一个积贫积弱的国家变成了一个在国际上有尊严的全球性大国,因而它们都直接转化为中国共产党强大的制度软实力。

四是中国共产党党员的言行和党所取得的成就塑造了党的良好形象。作为中国工人阶级的先锋队,中国共产党在中国民众眼中一直拥有良好的形象。原因在于:①在革命时期,共产党员都是以天下为己任,为了中华民族的解放而抛头颅、洒热血,从而使广大民众切身地感到中国共产党是拯救中国于水火的民族先锋队。②在和平时期,中国共产党没有像苏共那样在内部形成一个"特权阶层"并以溜须拍马来谋取党内权位的腐败现象。相反,中国共产党的各级领导干部始终坚持立党为公、执政为民,这是中国共产党塑造自身形象和得到民众认可的最重要的方式。特别是中共十八大以来,中国共产党提出了"把权力关进制度的笼子里"的主张,无论是"老虎还是苍蝇要一起打"。这在相当大程度上重塑了中国共产党的伟大形象。③中国共产党领导中国人民取得了中国革命的胜利并在现代化建设中,把一个经济文化落后的农业国在几十年中就变成了一个经济规模世界第二的经济大国。迄今为止,世界上没有任何一个其他执政党能够做到

---

① 姚洋:《中国道路的世界意义》,《国际经济评论》2010 年第 1 期。
② 近年来,有关"中国模式"的讨论很热,而且不同的观点都有不少的研究成果。关于中国模式的讨论参见胡键:《争论中的中国模式:内涵、特点和意义》,《社会科学》2010 年第 6 期。

这一点,所以说这是中国共产党良好形象的最直接的塑造。此外,长期以来,中国共产党在加强自身建设方面,也推行了一系列重要举措,包括党风建设、廉政建设、干部队伍建设、干部任期制,以及通过建立"党委新闻发言人制度"来推进党务公开等,使权力真正在阳光下运行。这些都为塑造中国共产党良好形象发挥了积极的作用。

五是中国共产党善于通过话语创新来化导民众。中国共产党最大的优势就在于与时俱进,在话语上面也是一样,一直通过话语创新来实现化导群众。理论是政党最重要的话语,中国共产党的话语创新最重要的表现是理论创新。一部中共党史就是不断推进理论创新的历史。在新民主主义革命时期,以毛泽东为主要代表的中国共产党人,把马克思列宁主义的基本原理同中国革命的具体实践结合起来,创立了毛泽东思想,实现了马克思列宁主义与中国实际相结合的第一次理论飞跃。中共十一届三中全会以来,以邓小平为主要代表的中国共产党人,开辟了社会主义事业发展的新时期,形成了建设中国特色社会主义的路线、方针、政策,阐明了在中国建设社会主义、巩固和发展社会主义的基本问题,创立了邓小平理论,实现了马克思列宁主义与中国实际相结合的第二次理论飞跃。中共十三届四中全会以来,中国共产党人在对马克思列宁主义、毛泽东思想和邓小平理论的继承和发展的基础上,又创立了"三个代表"重要思想,实现了马克思主义中国化的第三大理论成果。

中共十六大以来,中国共产党人立足于国内外形势的发展变化,不断推进实践基础上的理论创新,先后提出了坚持走和平发展道路、建设和谐世界等一系列重大战略思想。十八大又提出了"既不走封闭僵化的老路,也不走改旗易帜的邪路"的理论主张,从而把中国社会引到深化改革的伟大实践中来。十九大正式宣布中国社会主义建设进入新时代,以习近平为核心的党中央创立了习近平新时代中国特色社会主义理论,从而在新时代又丰富和发展了马克思主义,为全面夺取全面建成小康社会的伟大斗争有了新的理论武器作为指导。更为重要的是,中国共产党人并不是仅仅停留在理论创新之上,而是把理论创新直接转化为人民群众的实践,把党的话语直接转化人民群众的行动。所以说,正是理论的不断创新才使得中国共产党保持生机和活力。

第三篇

对中国文化的认知效应

关于对中国文化认知效应的研究，主要目的是为了分析外界对中国文化究竟持何种态度，即究竟是积极的认知还是消极的认知？这种认知态度反映的是中国文化是否转化为中国的文化软实力。如果是积极的认知，那么毋庸置疑，中国文化已经转化为中国的文化软实力；假若是对中国文化的消极认知，那么我们可以确定这种文化要素并没有转化为中国的文化软实力。对于前一种情况，我们就可以不必总结经验，但对于后者，我们有必要研究为什么会产生消极认知，尤其是究竟是文化要素本身的问题，还是我们在对外文化交流中的方式方法的问题。从实际情况来看，方式方法的问题可能更为突出。

由于中国文化的构成要素非常复杂，本篇无法囊括所有，只能选择三个层面来分析外界对中国文化的认知效应：第一个层面是总体层面，主要是研究外界对中国的传统文化、传统伦理、国民性问题，以及中国文化复兴等的评价，也就是从宏观的角度来认识中国文化资源转化为文化软实力的情形；第二个层面是分析外界的精英（本篇选择的是欧洲智库）是如何看待中国文化的，特别是它们如何看待中国的国际影响力（这虽然不限于文化影响力，但由于专门就中国文化影响力基本上没有相关研究，因此本篇在这一维度上不限于文化影响力，但从宽泛的视野来看，也在文化的范畴之中）；第三个层面是从青年学生的角度来分析，主要是选择了在沪的外国留学生对中国文化的认知情况进行调查研究。

中国文化实力存在的问题，必然会引起国际社会对中国文化的认知并形成某种话语。因此，本篇主要研究上述国家主流社会对中国文化的认知，以及我们如何化解消极文化话语，为中国的现代化建设营造良好的国际文化环境。另外，本篇就第三个层面专门进行问卷调查分析，尤其是在中国留学的学生在中国学习、生活，对中国文化有直接的感性认识，他们对中国文化的认知更直接、更有现实的说服力。

从前面的量化比较分析发现，中国的文化软实力指标有强有弱。本篇从文化认知的情况来"感受"西方对中国的文化态度。本篇从三个层面用三章的篇幅从不同的主体来分析他者是如何看待中国文化的，也就是中国文化在国际社会究竟产生什么认知效应，从而可以进一步认识中国文化是否转化为文化软实力。

第六章　西方学者关于中国文化的总体认知

　　"文化"是什么？《易经》上讲，"关乎人文以化成天下"，就是中文"文化"一词的由来。但是"现在西方人对'文化'这个名词用得很滥，人类学家可以分析出一两百个关于'文化'的定义，而且还不完备。甚至黑社会或吸毒也可以被称为某种'文化'"①。的确，文化是一个可大用也可小用的概念，既容易被泛化，也经常被窄化。

　　在围绕主题展开深入讨论之前，有必要先行考察若干文化概念。在社会科学领域，不同学科对"文化"的定义也各有形态。在社会学中，广义的文化是指人类创造的一切物质产品和精神产品的总和，包括物态文化、制度文化、行为文化和心态文化（精神文化）四个层次。狭义的文化主要是指语言、文学、艺术及一切意识形态在内的精神创造活动及其结果。在文化学中，英国人爱德华·泰勒（Edward Burnett Tylor）在《原始文化》中为狭义文化作了经典的定义，即，文化是一个复杂的整体，包括知识、信仰、艺术、道德、法律、习俗及作为社会成员的人所获得的任何其他能力及习惯。② 在国际关系领域，建构主义理论的代表人物亚历山大·温特（Alexander Wendt）认为，国际政治体系结构实质上就是"政治文化"，与国际政治的无政府状态相应，温特定义了三种国际政治文化，即霍布斯文化、洛克文化和康德文化。

　　在这里我们倾向于采用社会学中的大文化概念，认为"文化"是一切有形和无形的物质和精神产品的总和，主要包括物质文化、精神文化和制

---

　　① ［美］余英时：《中国文化的重建》，中信出版社，2005年，第1页。
　　② 参见肖素芬：《弗洛伊德精神分析文艺学方法论视野下的"山寨文化"》，《四川教育学院学报》2009年第12期；李林：《中国语境下的文化与法治文化概念》，《新视野》2012年第3期。

度文化,文化的构成要素主要有:宗教、科学、道德、艺术等①。一般而言,文化具有民族性、种族性、地域性、交叉性及相对独立性等特点。基于此,"中国文化"就是以中国人而发展形成的一切形态的文化的集合,以语言、文学、艺术、宗教、典律、人物、事件等为特定的呈现方式。"认知"(cognition)是指知识性的、较系统的对事物的理解、看法、观点和判断,它"所描述的是一个可信赖的主体去'认识'一个相对确定的客体,从而将它定义、划分、归类到已有的认识框架之中"②。在这里,中国文化的认知主体是西方学者,即来自欧美国家的传统汉学家、跨文化研究者及偏重现当代中国研究的知识群体。

进入 21 世纪,全球化、信息化的加速推进,以及国际组织和跨国公司等非国家行为体在国际事务中的崛起,使 1648 年以来威斯特伐利亚体系下的民族国家从概念到实体均遭到强烈的冲击和挑战,传统的主权原则在西方文化霸权主义和个别非西方的文化原教旨主义的冲突中面临着被解构的可能。在此情形下,很多西方学者愈加意识到"文明的河流不止西方这一条"(汤因比语),他们加强了对自身文化的深刻反思,并逐步将目光转向了东方,特别是其中重要的一个"他者"——中国文化。例如,美国汉学家安乐哲(Roger Ames)与哲学家大卫·霍尔(David Hall)在《通过孔子而思》《预期中国:通过中国和西方文化的叙述而思》《从汉而思:中国与西方文化中的自我、真理与超越》中指出,西方哲学正在经历一场翻天覆地的变化,迫使西方人放弃那些关于确定性的不加分析的假定。又如,卡尔·荣格(Carl Gustav Jung)在《东洋冥想的心理学》中强调:应该转换西方人已经偏执化了的心灵,学习整体性领悟世界的东方智慧。再如,弗兰索瓦·于连(Francois Jullien)非常重视中国哲学,认为只有从"远景思维的空间"

---

① 这里关于文化的结构和"中国文化"的阐述,借鉴了钱穆在《从中国历史来看中国民族性及中国文化》(九州出版社,2011 年,第 109~110 页)中的观点,他认为,人类文化应有四大部门,就是宗教、科学、道德和艺术。

② 乐黛云:《西方的文化反思与东方转向》,《群言》2004 年第 5 期;乐黛云:《跨文化、跨学科文学研究的当前意义》,《社会科学》2004 年第 8 期。

出发,从"他者的外在的观点"出发,才会构成对自己的新的认识。①

以上"西方的文化反思与东方转向"构成本章的讨论语境,它也是推动中国文化获得新发展的外部动力,相关内容将融入下文,在此不再赘述。本书将择取若干自认重要的几点,如儒教与儒释道、伦理与科学、理性与实用、中国性与现代性、危机论与崛起论等,以之为线索,在中西比较视野下,大体呈现西方学者关于中国文化的认知链条,并最后落脚于中国文化超越的物质支撑上。同时需要指出的是,正如已有学者认识到的,西方学者在文化反思上的东方转向并不等同于中国转向,应警惕所谓"中国文化能拯救全世界"的夸张之论,在文化上并不存在"以中国中心论取代西方中心论"的任何现实依据或未来趋向。

第一节　关于中国传统文化与现代市场经济关系的认识

早期西方对中国文化的认识与《马可·波罗游记》等介绍中国的作品有直接的关系。此外,西方传教士来到中国以后从东方中国带去的儒家文化思想和制度文明的成果,对欧洲认识中国和中国文化也产生了十分重要的影响。《大中国帝国志》发表之后,欧洲更是兴起了"中国崇拜"的热潮,尤其是对当时中国制度文明的"崇拜",甚至反过来对欧洲人对欧洲中世纪的宗教制度产生了相当的鞭策作用。

当然,这种情形随着孟德斯鸠《论法的精神》的发表就完全改变了。孟德斯鸠在这本书中对中国国民性进行了大肆贬责,认为中国人从皇帝到百姓都没有品德。在孟德斯鸠的逻辑当中,品德诸如诚实、勇敢、坚毅、善良等只存在于共和政体中,而专制政体中,国民性是与胆怯、愚昧、沮丧联系在一起的。所以孟德斯鸠认为:"中国人的生活完全以礼为指南,但他们却是地球上最会骗人的民族。……中国的立法者们有两个目的。他们要

---

① 汤一介:《反思中的西方学者看中国传统文化》,《人民日报》2005年2月4日。关于西方的文化反思及中国转向的其他文献,除了前述乐黛云的文章外,包括下文提及的"中国文化的内在超越性或超越的内在性",还可参见汤一介:《新轴心时代与中国文化的建构》,江西人民出版社,2001年;代迅:《东方转向不等同于中国转向——兼论中国文化如何应对》,《探索与争鸣》2011年第3期。

老百姓服从安静,又要老百姓勤劳刻苦……由于需要或者也由于气候性质的关系,中国人贪利之心是不可想象的,但法律并没有加以限制。一切用暴政获得的东西都是禁止的;一切用术数或狡诈取得的东西都是许可的。在中国偷窃、欺骗都是准许的。"

在继孟德斯鸠之后,欧洲有相当一部分知识精英由"中国崇拜"转为贬斥中国制度。例如,尼古拉·布朗杰在《东方专制制度的起源》中指出,所有的专制制度都是罪恶的,认为中国有世界上最悠久的专制历史,至今在制度与精神上处于原始愚昧的状态;孔多塞在《人类精神进步史表纲要》中指出,中华民族是愚昧、平庸、受屈辱、无能力与勇气、充满偏见的民族;赫尔德在《人类历史哲学的观念》一书中指出,中国人表面上温文尔雅,实际上却阴毒狡诈;中国人幼稚与狡诈、软弱与狠毒、谨小慎微又自私贪婪,这种国民性就是蠢驴与狐狸的结合。几乎同时,乔治·安森在《环球旅行记》中从旅行见闻的角度把中国描述为一个经济贫困、政治腐败、道德堕落的野蛮国度。安森认为,中华民族是一个"自私自利的民族",极尽"各种诡计、敲诈之能事"。这些作品都对中国人和中国文化进行了严重的歪曲。这种歪曲一直延续至今。

20世纪90年代以来,随着中国经济的迅速崛起,西方又不得不对中国文化产生了新的关注。尤其是在社会主义市场经济条件下,西方开始思考中国以儒家思想为核心的传统文化究竟在何种程度上能够与市场经济契合。这个问题最终集中在"儒家是不是宗教"的问题上来。西方学者眼里的 Confucianism 所指代的是"儒学"或"儒教",他们既不否认儒家学说的哲学地位,称孔子是和马基雅维利一样卓越的古代哲学家,[①]也不忽视儒家思想在中国社会大部分时间里所占据的主导或统治地位,认为孔子崇尚秩序、礼仪、和谐和仁政,是一种"如同马克思主义和其他政治思想一样"的"国家意识形态"。[②] 而就儒家思想的影响力而言,至少在几个世纪里,"在西部和北部它影响了蒙古等地,在东方和南方它影响了朝鲜、日本和东

---

① [美]亨利·基辛格:《论中国》,胡利平、林华、杨韵琴、朱敬文译,中信出版社,2012年,第10页。

② [美]李侃如:《治理中国:从革命到改革》,胡国成、赵梅译,中国社会科学出版社,2010年,第7页。

南亚"①,这些国家均被视为某种意义上的"儒教国家"。

余英时也认为:"儒学不只是一种单纯的哲学或宗教,而是一套全面安排人间秩序的思想系统,从一个人自生至死的整个历程,到家、国、天下的构成,都在儒学的范围之内。……儒学通过制度化而在很大的程度上支配着传统文化。"②

尽管儒家思想并不是中国文化的全部,但它一直都是其中最重要的组成部分,孔子也被当作是中国文化的象征和符号。18世纪的法国重农学派创始人弗朗斯瓦·魁奈(Francois Quesnay)被誉为"欧洲的孔子",在他看来,一部《论语》足以打倒希腊七贤。迄今为止,中国唯一的官方对外汉语教学和文化交流机构,也正是以"孔子学院""孔子课堂"之名遍布全球126个国家(地区)。2009年,美国国会众议院通过一项决议案,纪念孔子诞辰2560周年并赞扬儒家思想对人文社会的贡献。正如杜维明所说,儒教"是一种世界观,社会伦理观,政治思想体系,学术传统和生活方式。……但它并不是有组织的宗教。……两千多年来,儒教伦理道德价值观一直在中国人的世界中起着一种精神源泉和人们在所有各层次上交往——个人间、社团间和国家间——的行为准则的作用。……儒教依然是现代中国的知识分子和农民的'精神-文化构造'的不可分割的一部分,它依然是中国意识的一个限定性的特征"③。

新中国成立后,儒家思想作为国家意识形态的正统地位被马克思主义所取代,但也有西方学者看到了改革开放以来新的变化。魏柳南(Lionel Vairon)称之为"红色的儒家思想",他认为"在受到共产党30年的打压后,儒家学说在中国社会重拾了它的地位。……被某些观察家称为'新儒教'的东西在始终处于运动之中的中国大地上慢慢地出现了。……我们可以大胆地称这种社会类型为'儒家社会主义',因为这两种哲学拥有某些共同的特点"。④ 帕特里西亚·奥尔凯梅耶尔(Patricia Rodríguez Hölkemeyer)

① [德]卫礼贤:《东方和西方》,张鸣、吴静妍主编:《外国人眼中的中国》,吉林摄影出版社,2000年,第22页。

② [美]余英时:《中国文化的重建》,中信出版社,2005年,第85~86页。

③ 杜维明:《中国历史上的儒教传统》,[美]罗浦洛主编《美国学者论中国文化》,包伟民、陈晓燕译,中国广播电视出版社,1994年,第111、135页。

④ [法]魏柳南:《中国的威胁?》,王宝泉、叶寅晶译,人民日报出版社,2009年,第22~24页。

也提出以"社会主义＋孔主义"（Socialism + Confucianism），探索一种关于民主的非西方表述。傅立民（Charles Freeman）认为，随着中国回归其在国际社会的正常位置，中国更加注重孔孟之道，而不会移植或师从外国模式，中国倡导建立和谐社会在很大程度上是回归孔孟思想的要义。①

除了儒家思想不可动摇的历史和现实定位之外，在很多西方学者眼中，儒释道的"三合一"也是中国文化的一个突出特质。几千年来中国文化很大程度上是独自生成的，但也有例外情况，并对中国文化的后世发展产生了重大影响。"主要的两个例外是来自印度的佛教在汉朝灭亡后的传播，以及20世纪西方的影响。即使在这两种情况中，中国也是根据自己的文化需要和期待而对外来影响作了深刻的改造。例如，无论佛教或马克思主义，都在许多方面变成了显然中国式的东西。"②在前述马克思主义的中国化之外，仅就佛教而言，释迦牟尼、老子和孔子一并成为中国老百姓信仰的寄托，"佛教和道教是中国人宗教生活汪洋大海中的两股巨流。……（但）宗教在中国并不像在西方社会所呈现的那样轮廓分明。倒不如说，它是'漫射的'，也即它是密切地与国家、社区、家庭的活动结合在一起，以致在中国社会中缺乏可相应于西方基督教的神父和牧师的独立代表"③。

然而"由于宗教是中国知识分子在对自己的传统的发掘中贡献最少的一个领域"（巴雷特语），在争当主流意识形态、影响国家政权方面，"相比之下，佛教与道教自公元6世纪以来，从未对中国复活了的国家权力产生过威胁，而且尽管佛教在唐朝盛行，却从未做到削弱儒教在政治和社会中的优势"④。或者说，儒家思想渗透于中国文化基因之中，并且在对道教、佛教的"修正"过程中实现了自身对于一般性宗教的超越，从而形成儒释道三者合一的主流宗教意识。

当然，西方批评中国文化中没有宗教的目的并不在于希望中国文化要有宗教，而是在于批评中国人因没有宗教关怀而充满了权力和金钱的贪

---

① 转引自门洪华：《关键时刻：美国精英眼中的中国、美国与世界》，《中国社会科学》2012年第7期。
② ［美］罗浦洛主编：《美国学者论中国文化》，包伟民、陈晓燕译，中国广播电视出版社，1994年，第3页。
③ 同上，第139～140页。
④ 同上，第11页。

欲。然而西方对中国文化的批判实际上带有强烈的"西方宗教式的批判"，即从西方宗教的角度来认识中国文化的，因而难免产生偏见，甚至是固有的偏见。

第二节　关于对中国文化中的科学精神的看法

长期以来，西方关于中国文化的认识是从西方的价值立场出发的，也就是经过西方文化"过滤"了的中国文化观。其中一个重要的表现就是否定中国传统文化中的科学精神，甚至包括对中国科学技术史研究有重大贡献的李约瑟都指出，尽管中国古代对人类科技发展做出了很多重要贡献，但近代中国却没有发生科学和工业革命。这就是所谓的"李约瑟之谜"（Needham Thesis）。关于这个问题，西方不少学者进行了探索：

吉德炜（David N. Keightley）在探究早期中国与古希腊和近东的文化差异时，提出了两个相互关联的基本问题，一个是中国之成为中国的过程如何？另一个是如何界定"中国的"？吉德炜列举了很多"中国的"历史现象、世俗观念、社会心理和政治制度，以寻求关于中国文化起源的更"生态学"的、更政治地理学的、更物质性的解释。他借用马克斯·韦伯（Max Weber）的"极端的世俗乐观主义"概念，认为孟子的性善说是一种"认识论乐观主义"，明显区别于柏拉图（Plato）的"认识论悲观主义"和托马斯·梅茨格（Thomas Metzger）所认同的"悲观认识论"。又如，他发现中国人的"冥世信仰""待世俗的如宗教的"、血亲义务、祖先崇拜、为国效忠，以及国家作为一种宗教、家族和政治一元性的制度。吉德炜强调，中国文化是缺少批判性和内部张力的一种历史的"积淀"，"中国人更尊敬往昔，因为由于家族世系制度，往昔就成了生物、宗教、政治一致性的完整的根源。这种对往昔深切的敬意有助于解释中国人为什么相对不那么重视个体的发明创造"①。

西方学者强烈地意识到，其他民族依靠物质力量生存，而中华民族依

---

① 吉德炜：《反思早期中国文化之成因》，转引自[美]罗浦洛主编：《美国学者论中国文化》，包伟民、陈晓燕译，中国广播电视出版社，1994年，第34~35页。

靠的是道德的力量,与之相关,中国不仅缺少显而易见的宗教传统,也相对地不存在自始至终的科学精神。弗朗西斯·培根(Francis Bacon)曾对中国古代的四大发明中的印刷术、火药和指南针给予了高度的赞誉:"这三大发明改变了世间万物的外观和性质,印刷术对文学,火药对战争,指南针对航海,它们引发出数不胜数的变化,以至于没有任何帝国、教派或杰出人物对人类事务产生过看来比这些机械发明更大的威力和影响。"①然而与西方在地理大发现之后资本主义的全球扩张不同,古老的中华帝国在 19 世纪中叶以后沦为"苦难的中国"。戴维·兰普顿(David Lampton)也很困惑:"同样的儒家价值观,怎么会拖累中国好几百年不能现代化,然后却又推动它在过去几十年内飞速发展呢?"②

史景迁(Jonathan Spence)在介绍早期传教士的对华态度时指出,在一些友华的传教士看来,"尽管中国人在科学技能上的确比欧洲人落后许多,但他们教育人民并以之实施的道德与司法则极堪仿效。……整个中华帝国是一个治理完善的、温情脉脉的大家庭。在那儿唯一的争执只是该由谁来展示最大的博爱与仁慈"③。伯特兰·罗素(Bertrand Russell)也说过:"中国文化有个弱点,缺乏科学……中国人用礼节在对待白人的蛮横无理……(西方)文明的显著长处在于科学的方法,中国文明的长处则在于对人生归宿的合理理解。我希望我能够期待中国人给我们一些宽容的美德、深沉平和的心灵,以回报我们给他们的科学知识……(中国人)必须要采用西方科学,但没有采纳西方的人生观的必要。"④在西方学者眼中,中国文化中伦理道德的丰满与科学精神的贫瘠如同泾河水和渭河水一样分明。

西方关于这个文化中科学精神的分析,目的并非仅仅是停留在对文化要素构成的研究上,而是在于研究中国文化能够产生现代化的动力的可能

---

① [英]弗朗西斯·培根:《新工具论及有关论述》,[美]内森·席文:《中国历史上的科学和医学》,[美]罗浦洛主编:《美国学者论中国文化》,包伟民、陈晓燕译,中国广播电视出版社,1994年,第 166 页。

② [美]戴维·兰普顿:《中国力量的三面:军力、财力和智力》,姚芸竹译,新华出版社,2009年,第 118 页。

③ 理查德·瓦尔特、本杰明·罗宾合编:《乔治·安森 1704—1744 年周游世界记》,牛津大学出版社,1974 年,第 351~352、366、368 页,[美]罗浦洛主编:《美国学者论中国文化》,包伟民、陈晓燕译,中国广播电视出版社,1994 年,第 6 页。

④ [英]罗素:《中国问题》,秦悦译,学林出版社,1999 年,第 146、150、160、198 页。

性问题。然而在绝大多数西方学者看来,中国传统文化中的科学家科学精神存之甚微,所以中国文化不可能孕育出现代化的基因。更重要的原因在于,中国文化缺乏西方文化所具有的"现代性基因",即合理的人口结构、政治支柱(尤指政治自由)、社会结构(弱小的家庭力量)、全新的财富生产方式的兴起(工业革命)和"科学的"与"世俗的"思维模式(即科学革命)。① 这些观点很显然充满了"东方主义"的思维。这种思维之集大成者可以说是马克斯·韦伯,他认为东方文化缺乏宗教、法律体系、民主制等,而这些要素正是孕育科学精神的文化基因。

当然,西方也有些学者如贡德·弗兰克、布劳特、古迪等认为,东方从来不是真正的落后,根本就没有所谓的"西方奇迹",即便没有韦伯所说的那些要素,东方同样能够创造科学的奇迹。② 不过,正如罗浦洛(Paul S. Ropp)所指出的那样,西方对中国的一切研究都是以自身为参照的比较研究。而在这种比较的框架研究中,其观点确实对中国文化知识分子产生了重大的影响。钱穆就认为:"大概西方文化比较重要的是宗教与科学,而中国文化比较重要的是道德和艺术。这是双方文化体系结构的不同。……所以西方文化精神偏向外,中国文化精神则偏向内。"③梁漱溟在《中国文化要义》中也指出,西方人向外用力、发达了工具,中国人则向内用力、发达了智识。在这个问题上,西方学者偏重对伦理和科学的对比性探讨。

那么伦理与科学精神的背离现象,是否意味着中国文化的深层结构不能产生科学需求? 或许保守的农耕文明主宰下的中国不适合规范科学的发生,四大发明也仅以满足日常生活的实际需要为初衷,而不能达至科学追求的高度? 近代以来,中国在面对外强入侵时,陷入了被动的"挑战－反应"模式当中,中国文化基因中强大的科学能力唤醒了零星的科学意识,而至于科学精神,却有着"先天不足"的困扰。直到今天,巫术和占卜的沉渣泛起、对西方高科技出于商业目的的各种"山寨"、自主创新能力及保护意识的虚弱等,均表明深植于中国文化的伦理道德正遭遇不同程度的挑战,

---

① 参见[英]艾伦·麦克法兰:《现代世界的诞生》,上海人民出版社,2013 年,第 21 ~ 22 页。
② 参见同上,第 15 页。
③ 钱穆:《从中国历史来看中国民族性及中国文化》,香港中文大学出版社,1979 年,第 111 页。

因此即便中国传统文化中不乏科学精神的要素,但科学精神的培育在当今中国依然任重道远。

第三节　关于对中国文化与中国思维方法的认知

西方学者对"中国重伦理而无科学传统"的另一种解释是,因为中华民族是一个思辨能力相对较弱、没有逻辑思维传统的民族,从未产生西方现代科学重要构成的逻辑学。逻辑学是近代以来西方理性和科学精神的产物,而中国传统思维方式基本上是依靠直觉的、总体的、综合的、模糊的、笼统的,甚至是玄而又玄的,在中国传统哲学中没有所谓逻辑学,古代先贤的智慧是彻悟而来的,缺少对精细的、微小的、抽象的事物的关注和分析。

正如吉德炜所说:"文明初期的中国美学、社会礼仪和哲学都表明中国人更关心一般秩序,而不是个别描述……中国人之相对不关心实质性细节,可以看作是前文提及的'认识论乐观主义'的进一步体现,即乐于接受更多地以社会习惯和一般性范畴、而不是严谨的分析和精确的描绘为基础的思想观点。"①史景迁在概括了 20 世纪美国人对华态度的变迁之后发现,"我们对中国的看法越模糊,越多面化,离那最捉摸不定的真实性也就越近"②。南乐山(Robert C. Neville)指出,中西方文化的一个重要差别就在于"审美秩序和理性秩序"的区分。他认为:"尽管中西文化都认可二者,但西方文化传统中,理性秩序在私人和社会生活中承担的众多角色,在儒家思想中却是由审美秩序担当的。儒家伟大的思想家都是'审美的'而非西方意义上由某种表面理性秩序规范支配的。"③所谓审美秩序则是在一定的道德礼仪规范之下,以书法、绘画、诗词、雕刻等艺术形式为主要体现。

---

① ［美］吉德炜:《反思早期中国文化之成因》,［美］罗浦洛主编:《美国学者论中国文化》,包伟民、陈晓燕译,中国广播电视出版社,1994 年,第 35 ~ 36 页。

② ［美］史景迁:《16 世纪后期至今西方人心目中的中国》,［美］罗浦洛主编:《美国学者论中国文化》,包伟民、陈晓燕译,中国广播电视出版社,1994 年,第 15 页。

③ Robert Cummings Neville, "foreword", in David S. Hall and Roger T. Ames, *Thinking through Confucius*, State University of New York Press, 1987.

西方学者的上述观点,在近代以来中国知识分子中也得到了广泛的认同,起到了解放思想的作用。康有为、严复、谭嗣同、章太炎、梁启超、王国维、陈独秀、胡适、李大钊等也意识到中国传统思维方式的弱势、落后和局限,他们都不同程度地对儒学思维进行了批判。康有为的《孔子改制考》动摇了孔子的独尊地位,以图中国文化观念和思维方式的变革。陈独秀认为,传统思维方式正是中国学术不兴的原因。乐黛云也认为,中国的礼乐文化一向不强调理性分析,而以"情"为核心。李泽厚在《伦理学纲要》中提出中国文化的"情本体",即"情理交融的人性心理"。中国哲学从"情"开始,如"亲亲为仁",这是天生自然的感情,不是理性分析后的"报恩"。与发达的科技和社会化大分工相关的是,西方人更强调工具理性和技术理性,而非导向以满足个体审美情怀、以修身养性为目的的实用主义。

然而正如信奉怀特海(Alfred North Whitehead)"过程哲学"的人所强调的,"没有恒久不变的实体,只有持续变化的关系",凶猛于19世纪中叶并持续至今的"西学东渐",形成了有史以来西方影响甚至塑造中国的最长时间段。其间,"学生"中国不遗余力地向西方"老师"学习,有时"全盘西化",有时"中体西用",有时"批评地吸收",这一过程逐步加大了中国文化的理性成分,而渐与实用主义的文化底色并行不悖。在某些学者看来,在全球化、市场化、商业化的裹挟之下,奋力搏击的后起中国越来越"物化",中国人也逐渐地"被异化"了,"现代中国突出的功利意识和重物质的观念,是'工具理性'的最高发展"(余英时语)。

现代中国在科技方面的赶超,实际上还是脱离不掉实用主义的哲学导向,只不过其间增添了更多的理性色彩、主动意识更强,因为在西方的物质文明与精神文明的双重高压之下,中国向西方学习或者摒弃儒学旧思维,都是以国富民强为旨归、以中华民族的伟大复兴为历史使命。归根结底,当代中国正努力实现对传统的、对西方的,甚至是对历史的超越。

近代以来,在中西方文化的遭遇战中,作为一个独特的伦理共同体,中国文化中固有的实用主义得以保留,同时历史上较弱的逻辑思维能力以及相应的工具理性和技术理性均得到不同程度的发掘。这既是西方文化对中国文化的解构,也是中国文化对自身有意识的重构,实现了理性主义与实用主义在中国文化组成中的某种变奏。或许,未来也可能在描述中国文化时,既是理性的,也是实用的,只是依场合和外在条件的变化而呈现不同的倾向性。

第四节　关于对"中国性"的认知

冷战结束后,国内学术界出现了一股所谓"去西方化和再中国化"的思潮。张法、张颐武、王一川认为,中国的现代化是以西方现代性为参照系的,西方他者的规范成为中国定义自身的根据,中国的"他者化"成为中国的现代性的基本特色所在,中国的现代化显示为一种"他者化"的过程,而现在是时候推动从"现代性"到"中华性"转变了。① 这与西方学者同一时期对中国文化的思考相呼应。

20世纪90年代初,美国的中国研究杂志曾刊文称,在中国面临的各种危机中,核心的危机(the core crisis)是"自性危机"(identity crisis),中国人正在失去中国之所以为中国的"中国性"(Chineseness)。兰普顿在探讨"中国力量的三面"时,将思想力(Minds)与军事力(Might)和经济力(Money)并列,指出中国文化的某些内容证明对国内改革益处不大,对国外也不太具有吸引力,甚至对于激励创新能力已经产生了负面效应。②那么这是否意味中国文化及其中国性已在"现代性"(modernity)的转型过程中迷失了?

什么是"中国性"? 回到吉德炜关于中国文化的两个基本问题,即中国之成为中国的过程、如何界定"中国的"。关于第一个问题,吉德炜认为可以从三个方面去解释:第一,中国的历史具有"人口稠密性",这与更非个人性、更倾向于集体性的社会道德观一致。第二,中国促进人口增长的环境以及人口增长本身,有助于中国文化基调的确立。第三,非多元的民族传统导致中国初期文化的非多元性特征。关于第二个问题,吉德炜认为,从新石器时代到帝制初期汉代的"中国的",指的是一种渗透着下列特

---

① 关于"去西方化和再中国化"思潮的有关讨论,可参见代迅:《去西方化与再中国化? 全球化时代中国美学研究的问题与方法》,《社会科学战线》2008年第2期;张法、张颐武、王一川:《从"现代性"到"中华性"——新知识型的探寻》,《文艺争鸣》1994年第2期。

② ［美］戴维·兰普顿:《中国力量的三面:军力、财力和智力》,姚芸竹译,新华出版社,2009年,第117页。

征的文化传统:一是等级制的社会差别,二是大规模劳动力的调发,三是强调集体主义而非个体主义,四是强调生活所有方面的礼仪性,五是重视刻板的界线和模式,六是强调贡献、义务、效仿的道德观,七是缺少悲剧感和讽刺感。①

简言之,"中国性"就是中国区别于他者的相对稳固的、从历史中走来并延续至今的个性、特色和价值,可标识的民族属性。"现代性"则是全球化时代的产物,从文化的意义上讲,是西方主导的现代文明所赋予的观念、理论、知识和方法,体现出鲜明的时代要求。

但"中国性"并不等同于或只限于中国传统文化,更不等同于中国人某些僵化的自我认知,现代化某种意义上是对"中国性"进行改造甚至颠覆的过程,在不断地增进"现代性"的同时,也不断地构筑新的"中国性"。正如勒内·巴毕耶(Rene Barbier)所说,"中国传统"这个范畴,很容易被认为是某种凝固不变的东西。然而实际上,中国传统在不停地历经嬗变。全球化一开始就以西方强加于东方的方式出现,以中西价值观的冲突的形态凸显出来。这种中西碰撞和对立的结果是所谓的"创造性杂合",而不是单向的输出与接受。斯蒂芬妮·巴尔姆(Stephanie balme)则认为,应该放弃目前汉学研究中过于强烈的"中国特殊性"观念,而将"中国"这个研究对象和其他研究对象同等对待,并引入比较研究的方法,只有从现代的、动态发展的角度研究中国,才可能真正了解中国。②

在中国性和现代性二者关系的问题上,也有西方学者更关注中国性的相对稳定及其对现代性的反作用。孙隆基(Lung Kee Sun)提出了中国文化"深层结构"的概念——即由古至今比较稳定的某些规律使"中国"保持自身认同的因素。他认为,中国人的"心"发达于"脑",在现代化过程中,"固有文化中的一些基本特色并不因'现代化'而减灭,反而是有加强的倾向。……'传统'与'现代'的二分法不一定能够成立,而所谓'现代化'可能只是表层的现象,之于一个文化则有其不变的深层形态"③。白鲁恂

---

① [美]吉德炜:《反思早期中国文化之成因》,[美]罗浦洛主编:《美国学者论中国文化》,包伟民、陈晓燕译,中国广播电视出版社,1994年,第46、49~50页。
② 石佳友、汲喆:《当代法国学者论中国文化》,《江西社会科学》2004年第2期。
③ [美]孙隆基:《中国文化的深层结构》,广西师范大学出版社,2004年,第1页。

(Lucian Pye)指出:"中国不仅仅是一个民族国家,她更是一个有着民族国家身份的文明国家。中国现代史可以描述为是中国人和外国人把一种文明强行挤压进现代民族国家专制、强迫性框架之中的过程,这种机制性的创造源于西方世界自身文明的裂变"①。马丁·雅克(Martin Jacques)也认为中国是一个"文明国家"(civilization - state)而非现代"民族国家"(nation - state),正如他强调日本是现代国家而非西方国家一样。

当前中国仍处于从传统社会向现代社会转型的历史进程之中,中国性和现代性相对独立、相互影响,共同塑造着中国文化的未来。中国性和现代性可以是矛盾对立的,也可以是辩证统一的,关键在于保留怎样的中国性和容纳什么样的现代性。去粗取精、去伪存真,只有将中国传统文化在现代的创造性转化做好,中国文化才会更有活力、生命力和影响力。

第五节　关于对中国文化与中国的国家成长的认知

与近代以来的中国社会一样,中国文化也面临从传统向现代的转型,这一转型是从国人文化危机意识的萌生开始的。如李慎之所言,中国人"从上个世纪起就深刻地意识到自己国家的文化危机了。这是因为大体上从1840年的鸦片战争以来,中国碰到了李鸿章所说的'三千年未有之变局',指的是传承了三千多年的中国文化——包括经济、政治与生活习惯在内的广义的文化——要向一种全新的文化转变,本来只要向工业化时代的文化转变,现在还要加上向信息时代的文化转变。中国人都知道这是一个多么激烈而痛苦的过程……"②

在20世纪30年代,胡适也发出过"儒教已死、儒教万岁"的慨叹。谢和耐(Jacques Gernet)曾说过,来自中国的伟大的文化是复杂的,积淀着许多来自不同时期的要素,在每个阶段人们都会遇到许多有时是对立的思潮。在21世纪中国崛起的背景下,在"西方的文化反思与东方转向"的新

① 转引自[英]马丁·雅克:《当中国统治世界:中国的崛起和西方世界的衰落》,张莉、刘曲译,中信出版社,2010年,第296页。

② 李慎之:《全球化与中国文化》,《美国研究》1994年第6期。

思潮中,西方学者关于中国文化的一个重要思考或困惑就是:当下的中国正面临文化危机还是正在实现文明崛起?

余英时看到了中国文化面临重构的危机,他在分析了中国历史上历次"反儒学运动"的基础上指出:"中国的现代危机大概始于十九世纪末二十世纪初,当时'意义'的危机已相当明显……现代社会的流动性使这些原来儒家得以寄生的制度发生动摇,……儒家虽有宗教的一面,但在今天已不能普遍提供'意义'了"①,现代中国陷入了自我失落和意义重建的困境中,需要对中国思想传统进行现代诠释。汤因比(Arnold J. Toynbee)在《历史研究》中列举出人类有史以来出现过的二十多个文明社会:西方社会、东正教社会(拜占庭和俄罗斯)、伊朗社会(古波斯社会)、阿拉伯社会(伊朗和阿拉伯社会现在合为一个伊斯兰教社会)、印度社会、远东社会、古希腊社会、古叙利亚社会、古印度社会、古中国社会、米诺斯社会、印度河流域文化、苏末社会(苏美尔-美索不达米亚)、赫梯社会、巴比伦社会、埃及社会、安第斯社会、墨西哥社会、尤卡坦社会和玛雅社会。② 存续至今的文明已寥寥无几,但汤因比在展望21世纪时还是对中国文化抱有期望,称中国在政治、文化上统一的本领,具有无与伦比的成功经验,这样的统一正是今天世界的绝对要求。

也有西方学者直截了当地表示,中国文化的危机已经过去,中国崛起这一"新大陆发现以来的又一次新大陆发现",正使中国走上一条完全不同于西方的、有自己特色的文明崛起之路。"中国历史和文化的积淀已经决定了中国不会变得越来越西方",相反,中国文化能"使中国的征服者反被其征服",中国的文化优势(Cultural Ascendancy)也将逐步显现。这其中,马丁·雅克是新近的典型代表。他在其代表作《当中国统治世界:中国的崛起和西方世界的衰落》中,将中国置于西方挑战者的角色上,以盎格鲁-美国模式的崩溃,反衬中国模式将适用于更多国家的预期,并称"中国崛起为世界大国使所有事物都相对化",并使西方普世主义走向终结。马丁·雅克提出了"现代性竞争"的概念,认为一个多重现代性的世界正在形成,特别是中国现代性的出现,很快剥离了西方国家的中心位置,并使其处于

---

① [美]余英时:《中国文化的重建》,中信出版社,2005年,第184~185页。
② [英]汤因比:《历史研究》,曹未风等译,上海人民出版社,1986年,第43页。

相对弱势的境地。这就是为什么说中国的崛起将会带来如此深远影响的原因。他认为,中国的现代性之路将大大有别于西方,西方将会越来越多地在准则、价值观和制度方面与中国竞争。在 21 世纪,中国不会拥有过去西方拥有的地位,但在一个由现代性竞争模式构成的世界,中国的优势会越来越明显,并最终成为主导。①

文化危机论和文明崛起论作为两种对立的认识,是西方认知中国文化的一种"文化导向"(Cultural Orientations),反映了中国文化的稳定性与变动性,在内部张力作用下,这两种文化导向将经久持续下去。可以肯定的是,在不远的或遥远的未来,危机论和崛起论还会相遇,二者的悖论将贯穿中国崛起的时间和空间。

以上关于西方学者对中国文化认知的梳理并非面面俱到,但大致可以说,以上认知既相互关联又彼此独立的各部分,构成了西方学者几百年来关于中国文化的认知链条,他们认识到了中国文化的独特性,并作出了特定的西方式解读。

西方对中国文化的宏观认知大致有三类代表性观点:第一类是与汤因比和马丁·雅克类似,认为东西两大文化体系的关系从几千年的历史上来看是三十年河东,三十年河西。季羡林指出:"现在球已经快踢到东方文化的场地上来了。东方的综合可以济西方分析之穷,这就是我的信念。"②第二类是塞缪尔·亨廷顿的"文明冲突论",他断言未来将出现一个儒家国家与伊斯兰国家联手对抗西方的局面,而新世界的冲突根源,将不再侧重于意识形态或经济,文化将是截然分隔人类和引起冲突的主要原因。③ 第三类是罗素更早提出的"不同文明之间的交流",他主张中西方文化之间平等的相互学习、交融发展,而非一个压倒另一个。在这里,借用汤一介关于中国文化"内在的超越性"和"超越的内在性"的观点,并以"文化超越"概念进一步探讨中西方文明的可能前景。

---

① [英]马丁·雅克:《当中国统治世界:中国的崛起和西方世界的衰落》,张莉、刘曲译,中信出版社,2010 年,第 118、343 页。

② 季羡林:《中国文化与东方文化》,《季羡林文集(第六卷)》,江西教育出版社,1996 年,第340、341、352 页。

③ 参见[美]塞缪尔·亨廷顿:《文明的冲突与世界秩序的重建》,周琪等译,新华出版社,2010 年。

　　余英时在《中国文化的重建》中提出了"文化超越"的概念，他认为，对中国人而言，文化才是第一序的观念，国家则是第二序以下的观念。中国历史上"如果真有什么'超稳定系统'，那也当归之于'文化'，不在政治或经济。换句话说，文化的超越力量才使中国有一个延续不断的大传统"①。具体独特思维方式的中华民族，始终呈现为一个文化大一统的国家，"中国有资格成为实现统一世界的新主轴"。正是因为中国文化的内在超越性，加之冷战结束后中国的显著崛起，客观上使中国文化在西方学者那里得到了前所未有的复兴（指学术范围内的讨论、辩论和争论）。西方学者急于探知中国崛起背后的历史文化基因，于是他们尝试对中国传统文化进行现代阐释，并对中国现代文化进行历史溯源，从而导致"中国狂热"（Sinoma-nia）、"中国恐惧"（Sinophobia）、"中国威胁论""中国责任论""中国傲慢论"等一起迸发。比如，从汤因比到于连再到马丁·雅克等，不能完全说是"中国狂热"者，但至少愿意正面看待中国文化；而从亨廷顿到约翰·米尔斯海默（John J. Mear–sheimer）再到沈大伟（David Shambaugh）等，对中国文化充满了刻意夸大的担忧，背后是在中国人看来是不必要、不适当的防范心理。

　　除了中国文化的内在超越性，要跨越文明的冲突并实现不同文明间和谐交融的愿景，中国文化还须具备"外在的超越性"或曰"超越的外在性"，即汲取西方文明之所长，将其理性、分析、思辨的比较优势转化为中国文化的重要补充，就像佛教被"中国化"了一样，以西方发达的科学技术、进步理念和开拓创新推动中国文化的现代化，既保留历史传统的民族性，又增添时代所赋予的现代性。

　　如何培育中国文化的外在超越性？除了要向西方学习之外，更要所有中国人持续地自尊、自立、自强。在精神文化之外，还要兼收并蓄地发达自身的物质文化和制度文化，为中国文化的全方位超越提供强大的"硬支撑"，即牢牢把握住中国崛起大势，巩固全球第二大经济体的地位，跳出所谓"中等收入陷阱"，进一步提高全民的生产和生活水平，坚持文化自信，走出一条符合自身国情、符合民众期待、符合进步趋向的文化复兴暨崛起

---

①　［美］余英时：《中国文化的重建》，中信出版社，2005年，第12页。

之路。

最后,相比文化霸权主义或文化原教旨主义,对于已初具世界大国气象的中国而言,可能更需要警惕和防止所谓"文化民族主义"(Cultural Nationalism),即对自己的文化抱残守缺,以保护国粹的名义拒绝学习甚至盲目排斥国外一切优秀文化的非理性情绪和行为。文化上的封闭、排外不仅是愚蠢的,更是没有文化、缺少文明的表现。正如李慎之所说:"西方文化大概指的是希腊罗马的传统加上后来整合进去的基督教传统,又经过文艺复兴、宗教改革与启蒙运动而在近几百年来大盛于西欧北美的文化传统。"①同样,裴宜理(Elizabeth Perry)在论述红色文化与中国革命传统时也认为,中国有各种各样的文化资源,有意大利的、苏联的、中国传统的精英文化和民间文化,而"革命最成功之处,就是大部分的中国人认为他们的政治和政治文化,是中国式的,或者说是具有中国特色的一个政治传统"②。关于中国文化,裴宜理提出了两个新概念,一个是文化定位(Cultural Positioning),是指共产党充分利用传统文化让西方理念看起来更中国化;一个是文化庇护(Cultural Patronage),是指中央党政机关实际控制着文化治理(Cultural Governance)的整个过程,使共产主义更具有中国特色。

因此,基于历史经验和教训,志于面向现代化、面向世界、面向未来的中国文化,需要更开放、包容、理性和实事求是,应鼓励文化竞争,培育竞争性文化,坚持文化的相对性,发掘文明的普适性,摒弃狭隘落后的"文化民族主义"。

---

① 李慎之:《辨同异 合东西》,香港《二十一世纪》1993 年第 2 期。
② 于建嵘、裴宜理:《红色文化与中国革命传统——于建嵘、裴宜理对谈》,《南方周末》2011年 6 月 16 日。

第七章　欧美智库对中国文化软实力的认知

当前,智库是欧美政治决策体系中的重要行为体。在欧美政治决策过程中,智库在议程设置、话语构建、问题认知、形势评估与方案抉择等环节发挥着不容忽视的影响力,被一些学者称为继立法、行政、司法和媒体之外的"第五种权力"。美国是世界上智库体系最为发达的国家,其智库数量、规模、参与政策讨论乃至政治决策的程度,均居于全世界首位。1997 年美国政治学家安德鲁·里奇(Andrew Rich)对 125 名国会议员、媒体记者和州议会议员所做的调查显示,93.6% 的受访者认为智库在美国政治中发挥着"非常大的影响力"[1]。

在欧洲,智库已经形成了"双层四方"的互动结构,即欧盟与其成员国两个层面的智库,与欧盟决策层和成员国政府之间互相影响、频繁互动的结构。在这个结构中,欧盟成员国的智库既为成员国政府提供公共政策咨询,同时又向欧盟决策层提供咨询服务,传递决策偏好,成为欧盟决策体系的一部分,因而具有双重身份,处于较为独特的位置。实际上,当前参与欧美决策活动的行为体类型高度多样化,不仅包括在传统的"利益代表机制"中占据重要地位的利益集团、游说集团、咨询公关公司和大型跨国公司,也包括非政府组织和政见社团等新兴的公民社会团体,已形成一个错综复杂的"决策共同体"(Policy Community),而智库体系是其中的重要组成部分。

英国政治学家格林伍德(Justin Greenwood)划分出九类影响欧盟决策的利益群体,智库作为一类重要的压力集团,与工商业利益集团、工会组

---

① Andrew Rich, *Think Tanks*, *Public Policy*, *and Politics of Expertise*, Cambridge, UK: Cambridge University Press, 2004, p. 77.

织、政见社团和大公司并列其中。按照他的统计,欧洲智库占欧盟各类利益群体总数的 3.5%。[①] 根据笔者的统计,2014 年 9 月以来,智库在涉及欧盟对美、中、日三国的贸易政策议题上向欧盟决策者开展的面对面的直接游说的会谈次数,占欧盟决策者所有听取政治游说的会谈总数的比例,分别达到 10.5%、6% 和 6.7%,其开展政治游说的频率已明显超过工会社团和非政府公益组织等传统利益集团,亦不亚于律师事务所和公关咨询公司等机构。[②] 由此可见欧美智库在其政治决策体系中的突出位置。

因此,分析欧洲、美国的政治决策体系关于中国文化软实力,特别是国际形象与国际影响力的认知、话语与观念,就不能绕开对欧美智库的观察,不能忽视欧美智库在欧美政治决策者的观念建构过程中发挥的潜移默化而又相当深刻的影响。当然,不论是美国、欧盟还是其成员国,由于其政治体系都是按照"权力的分立与制衡"的原则而建构起来的,因而其决策结构相当庞杂而繁复,运作进程曲折冗长,如同一个"迷宫"。任何行为体在其中发挥影响、传递诉求的活动轨迹,都会被向前迅速推进的多重决策源流所淹没,智库发挥影响的"路线图"并不清晰明确,然而欧美主流政治研究文献对智库的影响作用,尤其是智库对决策认知与观念建构的影响作用,都表示明确的肯定,并认为值得深入观察和详细分析。[③]

第一节　欧美智库的基本类型及其在决策体系中的位置

由于当前国际形势瞬息万变,信息流通的速度不断提升,决策者对咨

① Justin Greenwood, *Interest Representation in the European Union*, Hampshire: Palgrave Macmillan, 2011, p. 10.

② 忻华:《欧盟建立"欧日经济伙伴关系"架构的战略机理及其对中欧关系的影响》,文章尚未发表。

③ 分析美国智库在美国决策体系中的突出作用与影响机制的代表性文献有:Murray Weidenbaum, *The Competition of Ideas: The World of Washington Think Tanks*, New Brunswick: Transaction Publishers, 2009; Donald E. Abelson, *A Capital Idea: Think Tanks and US Foreign Policy*, Montreal: McGill-Queen's University Press, 2006, Thomas Medvetz, *Think Tanks in America*, Chicago: the University of Chicago Press, 2012. 分析欧洲智库在欧盟决策体系中的作用与影响机制的代表性文献有: Stephen Boucher, Europe and Its Think Tanks: a Promise to be Fulfilled, *Notre Europe*, Paris, *Studies and Research*, No. 35, October, 2004, pp. 9 – 11.

询服务的要求可谓千变万化,再加上欧美汇集了多元化的文化传统、多层面的经济体系和多向度的政治制度架构,因而欧美智库显得尤为复杂多样,其对决策发挥影响的路径与方式亦迥然相异。总体而言,欧美所处的政治决策体系的结构特征,塑造了欧美智库对决策的影响机制的基本特征。因此,只有划分出欧美智库的类型,并勾勒出其在各自决策体系中的位置,才能准确理解欧美智库对其决策层的观念建构发挥影响的运行机理。

一、欧美智库的基市类型

笔者认为,可以从智库运作方式的特点出发,按照"专门性"和"倾向性"两个维度对当前的欧美智库的类型加以划分,也可以按照智库研究领域与研究策略的差异,对其进行分类。

按照智库运作方式的特点划分的基本类型。"专门性"指智库对其研究对象与领域的细分和聚焦程度,智库若执着于特定区域与国别的研究,或长期专门研究外交政策、对外经济政策等特定议题领域,可认为其"专门性"强,反之则可认为其具有较强的综合性。"专门性"是显示智库专业分工与研究特长的维度。

"倾向性"包括两点:一点是指,智库在接受资助和运作日常研究活动时是否具有独立性,若其受资助的渠道单一,明显受到某些机构团体的支配,则被视为不独立;另一点是指,智库在政策辩论和决策咨询中所发表的见解和研究成果,是否具有明确的价值判断。"倾向性"的维度能够在一定程度上界定智库在从"左"到"右"、从"极端"到"温和"的政治谱系结构中的确切位置。按照这两个维度,当前的欧美智库可分为四种类型,如图7-1所示。

```
更加聚集于特定领域和议题                    专门性维度

Ⅰ.具有明确的利益倾向性的政见支持型智库(Advocacy Think Tanks)    Ⅲ.价值中立的特定领域的政策研究型智库

  ●各类非政府组织                          ●欧盟层面的:
  ●带有信息搜集与形势分析功能的利益集团           "布鲁盖尔研究所"
  ●政见社团、游说集团                        "欧洲亚洲研究所"
                                          "欧盟–亚洲中心"等
                                        ●欧盟成员国层面的:
                                          "皇家国际战略研究所"
                                          "亚当·斯密学院"等

更强的政见支持与政治游说的色彩                                更强的独立性与中立性
                                                        倾向性维度

Ⅱ.带有一定的价值倾向性的综合性智库              Ⅳ.价值中立的综合性的政策研究型智库

  ●德国和荷兰等国的政党基金会                   ●聪明层面的:
  ●英国的政党研究所                           "欧洲政策研究中心"
                                          "欧洲政策中心"
                                          "欧洲对外关系委员会"等
                                        ●欧盟成员国层面的:
                                          英国"皇家国际事务研究所"
                     更强的综合性            德国"国际与安全事务研究所"等
```

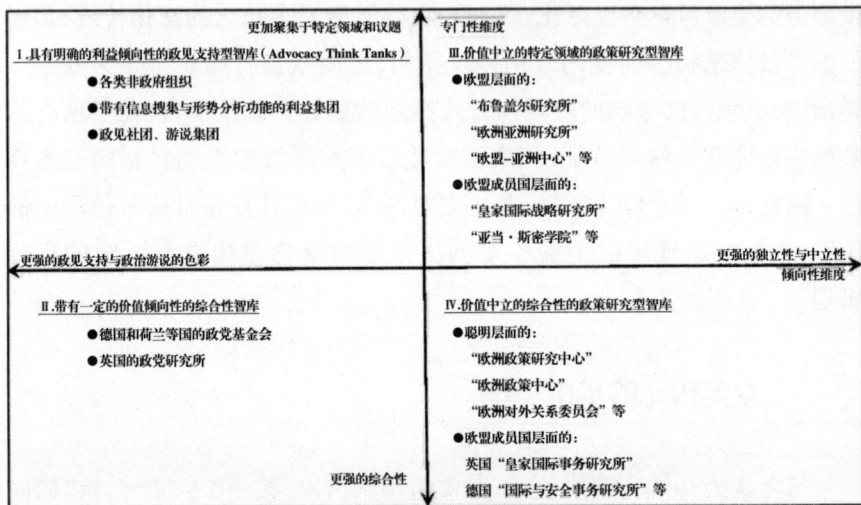

图7-1 欧美智库体系的类型划分

为把握欧美智库体系的全貌,需要逐一观察欧洲智库的这四种类型,分析其组成结构和运作特点。第一类是"专门性"较强、"倾向性"较弱的智库,如"布鲁盖尔智库"中专门研究欧洲经济状况和欧盟经济决策的"布鲁盖尔研究所"(Bruegel)、专门研究亚洲问题的"欧盟–亚洲中心"(EU-Asia Center)、"欧洲亚洲研究所"(AEI)、"欧洲国际政治经济学中心"(ECIPE)等,又如设在巴黎的欧盟智库"欧盟安全研究所"(EUISS)、瑞典的"斯德哥尔摩国际和平研究所"(SIPRI)、丹麦的"军事研究中心"(CMS)、英国专门研究安全战略和防务问题的"伦敦国际战略研究所"(IISS)等。这一类智库往往"小而精、专而深",具有较强的学术色彩,专门聚焦于某一学科领域,或长期研究某一特定的区域国别,凭借深厚的学术功底、多年的资料积累和对时事热点与决策焦点的政策辩论的积极参与,在布鲁塞尔的欧盟决策圈乃至整个欧盟的"决策共同体"内形成稳固的知名度,甚至能帮助欧盟对欧洲以外的地区实施制度化的公共外交和"二轨外交"活动,例如"欧盟–亚洲中心"在欧盟对日本的"二轨外交"中扮演着重要的角色。因而这些智库对欧盟决策的特定领域的议程设置发挥着难以替代的作用。

第二类是"专门性"和"倾向性"都较强的智库,此类智库往往是兼有较强的研究功能的社会组织,包括各类非政府组织、带有信息搜集和形势分析功能的利益集团、各类政见社团、游说集团等。如布鲁塞尔的"国际危机组"(ICG)、总部设在德国的"透明国际"(TI)和"欧洲稳定倡议"组织(ESI)、总部设在英国的"大赦国际"(AI)等。此外一些全欧洲层面的商会、行业协会和工会组织建立的研究机构也可归于此类。甚至一些咨询公关公司和游说公司也带有此类智库的某些特征。此类智库往往积极参加具有强烈争议性的公开政策辩论,因而学术色彩少,政治游说的色彩浓厚。但此类智库能够密切接触特定社会群体最为迫切的利益诉求,长期追踪不同社会群体间在特定政策领域里最为尖锐的矛盾焦点,并且为社会不同群体间的政治辩论提供某一方面的基础数据和翔实信息,甚至在一定程度上直接参与对欧盟核心决策机构的政治游说与政见支持活动,因而对欧盟及其成员国的政治力量结构的变动非常敏感,几乎就是欧盟政治变动的风向标。并且这些智库为了在"政见支持"(Policy Advocacy)和政治游说活动中制造舆论,争夺话语权,往往与媒体关系建立制度化的联系,是所有智库类型中与媒体关系最密切的一种。

第三类是"专门性"较弱、"倾向性"较强的智库,主要是德国和荷兰的政党基金会,以及英国的政党研究所。如德国当前左右翼两大主流政党创办的"阿登纳基金会"(KAS)和"艾伯特基金会"(FES)、英国保守党的"政策研究中心"(CPS)和工党的"费边社"等。此类型的智库具有较明确的政党背景和意识形态立场,对欧盟决策的影响力较弱,但比较注重发挥不同政治力量和社会利益群体间的"沟通平台"的作用,在开办研讨会、举行高层论坛、资助特定研究项目等方面的活动频率最高,在欧盟层面,特别是欧洲议会的党团政治中非常活跃。德国和荷兰的政党基金会一方面在本国国内发挥政治辩论和意识形态探讨的讲坛的作用;一方面在布鲁塞尔开设办公室,参与欧盟层面的政党政治和欧洲议会的党团活动,同时还在全世界各区域设立代表处,根据自己所代表的政党的意识形态理念和价值观,开展各种类型的学术研讨、社会交流和政治辩论的活动,成为欧盟政治体系中一类较为特殊的行为体,在问题辨认、议程设置和方案选择等决策环节发挥影响。

第四类是"专门性"和"倾向性"都较弱的智库,此类智库一般是综合性较强、学术水平较高的外交政策研究所,如欧盟层面的"欧洲政策研究中心"(CEPS)、"欧洲政策中心"(EPC)、"欧洲对外关系委员会"(ECFR)等，英国的"皇家国际事务研究所"(Chatham House)、德国"国际与安全事务研究所"(SWP)、法国"国际关系研究所"(IFRI)、意大利"国际政治研究所"(ISPI)、荷兰"国际关系研究所"(Clingendael)等。由于外交政策具有高度的专业性、复合性和时效性，而欧盟受制于臃肿的组织架构和烦冗的运作程序，很难及时掌握外交决策所需的专业知识和准确信息，亦很难对欧洲以外的国际社会的形势变动作出及时的追踪和准确的预判，因而对此类欧洲智库的"外脑"作用较为依赖。

按照智库的研究领域与研究策略的差异进行的类型划分。一是综合型的外交政策智库。这一类型的智库对涉及外交政策的各个领域，包括一般外交政策、国际经济政策和战略与安全政策，都开展密集研究。美国"战略与国际问题研究所"(CSIS)、英国"皇家国际事务研究所"和德国"国际与安全事务研究所"(SWP)可算是其中的典型。二是专门从事战略安全研究的智库，聚焦于国防、军事和安全等领域的宏观战略研究，注重观察外部安全战略环境，评估自身安全所受到的外部威胁。此类智库又可细分为专业从事宏观战略研究的智库，如"伦敦国际战略研究所"等；专业从事防务与军事问题研究的智库，如"皇家联合军种国防研究所"(the Royal Unit-ed Services Institute, RUSI)等。三是专业从事国际经济问题研究的智库，长期追踪主要经济体之间的经济事务，观察和分析世界多边经济体系和全球经济治理架构的变化。此类智库又可细分为专业从事国际开发、对外援助、全球经济治理等国际政治经济学议题研究的智库，如"德国发展研究院"(German Development Institute, DIE)和英国的"发展研究所"(Institute of Development Studies, IDS)；专业从事国际贸易、国际金融和国际商法等具体领域的研究的智库，如英国的"经济事务研究所"(Institute for Econom-ic Affairs, IEA)和"经济政策研究中心"(Center for Economic Policy Re-search, CEPR)等。

不同类型的国际问题研究型智库，其偏好采用的研究策略具有相当程度的差异，因而其提供的决策咨询服务也各具特色。一般而言，可以将"微观与宏观"的二分法视角和"定性与定量"的二元方法论相结合，从而将国际问题的研究策略划分为四种偏好类型：

　　第一种类型是将"微观"视角与"定量"方法相结合,从事国际贸易与金融等具体领域研究的智库,多喜好采用此类型的研究策略,注重细节和数量。第二种是将"微观"视角与"定性"方法相结合,专业从事防务与军事研究的智库多偏好采用此种策略,往往聚焦于特定的武器系统、军种部门和地理区域。第三种策略是将"宏观"视角与"定量"方法相结合,集中研究国际政治经济学议题的智库,比较愿意采用这一研究策略。第四种策略是将"宏观"视角与"定性"方法相结合,对此种策略的运用多见于专门从事战略安全研究的智库。"皇家国际事务研究所"作为典型的综合型外交政策研究智库,对上述四种研究策略中的任何一种都没有明显的偏好,而是根据自身关注议题的特性和研究个案的需要,灵活决定究竟采用何种研究策略。

　　从目前欧美各智库关于中国研究的公开文献来看,图7-1显示的四种类型的智库中,第Ⅲ和第Ⅳ种智库对中国较为关注。其中的第Ⅲ种类型智库有几家就是专注于中国研究或东亚研究的,因而其对美国或欧盟的对华决策的影响得到了欧美智库界乃至决策层的公认,如布鲁塞尔的"欧盟-亚洲中心",柏林的"墨卡托中国研究所"(MERICS)等。而第Ⅳ种类型的智库因为具有较强的综合性,一般都设有研究中国或东亚问题的专门团队,对中国保持关注。

二、欧美智库在美国和欧盟政治决策体系中的位置

　　由于美国和欧盟的政治决策体系各具特点,前者是代议民主制的民族国家体系,而后者是带有"超国家"色彩的国际组织架构,因而智库在其中发挥影响的路径与方式亦不相同。美国学者一般将美国的公共与外交政策的决策体系划分为内、中、外三层。笔者则将其细分为八层,如图7-2所示。笔者认为,第Ⅰ至Ⅱ层掌控核心政治权力,对公共与外交决策负有主要责任,应视为核心层;第Ⅲ至Ⅳ层参与政治权力分配,并作出部分决策,可视为中心层;第Ⅴ至Ⅶ层不参与政治权力的直接分配,但能明显影响决策,可视为半外围层;第Ⅷ层是一般社会大众,既不能直接参与政治权力的分配,亦不能明显影响决策。其中智库居于第Ⅶ层,不参与政治权力的

直接分配,但能明显影响决策。

欧盟是欧洲政治精英按照抽象的理念建构的具有超国家特征的组织,并非典型的民族国家的代议民主制架构,其官方决策架构至少包括三个层面:①"三驾马车"的核心决策机构,即欧洲议会、欧盟理事会和委员会;②在欧盟政策的特定专业领域参与决策和政策执行的机构,如"欧洲中央银行"(ECB)、"欧洲复兴开发银行"(EBRD)、"欧盟对外行动署"(EEAS)、"欧洲法院"等;③对决策具有影响力的欧盟外围官方机构,如"欧洲经济与社会委员会"(EESC)和"欧洲地区委员会"(ECoR)等。在如此繁复的架构内,欧盟决策进程和路径必然不如其成员国政府的决策那样层级分明、路线清晰,而是几乎形成一个"迷宫"。

同时,为保证决策具备充分的民意基础,欧盟建立起包含了次国家层面、成员国和超国家的欧洲一体化层面的"多层治理"架构,依靠对"有组织的公民社会"的制度化的沟通互动,来推动欧盟的运作。因而欧盟的决策体系也就形成了包括智库在内的复杂的"决策共同体"。一般而言,欧洲智库影响欧盟决策的路径总体上可分为两条:"成员国路径"(National Route)和"布鲁塞尔路径"(Brussels Route)。其在欧盟及其成员国政治体系中的总体运行,可见图7-3。不仅欧洲智库向欧盟传递影响力要借助这两条路径,欧洲各类政见社团、非政府组织、利益集团、游说团体、咨询公关公司向欧盟施加影响也要经由这两路径,因而这两条路径能够勾勒出欧盟决策架构的"迷宫"内的影响力传递的主要脉络。

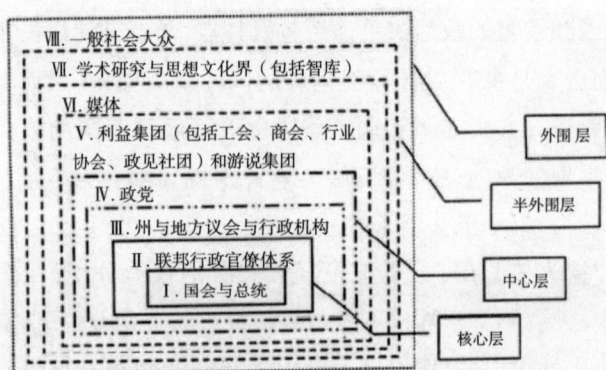

图7-2 美国智库在美国政治决策体系中的位置

两条路径在形成影响的时间与效果、运作的成本等方面,存在一定的差异。欧洲智库借助"布鲁塞尔路径",通过对欧盟官方决策机构和全欧洲层面的智库协作网络的密切接触和直接观察,可以对欧盟的日常决策活动,尤其是问题辨认、议程设置等环节的决策活动,形成直接而频繁的影响,产生较为迅速而明显的效果。而借助"成员国路径",则需经由成员国政府通过欧盟理事会的首脑峰会、部长理事会等形式传递愿望、诉求和理念,施加影响的路线曲折而漫长,并且要经过成员国政府这一层面的中转,因而形成影响的时间较长,效果较慢而且有时并不明显。但运作"布鲁塞尔路径",需要对欧盟独特的决策"迷宫"的体系结构有长期的追踪和深入的理解,对欧盟政治决策的推进节奏和最新动向有及时而精准的把握,很多时候需要派人常驻布鲁塞尔,对成员国智库而言,这些并非易事。换言之,采用两条路径各自所需的知识储备、经验积累和资金支持是不同的。由于这种差异,不同层面的智库,在不同的领域和议题上,对这两种路径的偏好各有不同。

从图7-2和图7-3可见,不论在美国还是在欧盟,智库一般都不处在决策体系的核心内圈,因而其对决策的影响是间接的,总体上是在决策过程的初期阶段,如问题辨认、议程设置、方案抉择等环节,凭借其对专业信息与知识的掌控,参与政策辩论,从而发挥影响。欧美智库对欧美对华政策发挥影响的方式,同样如此。

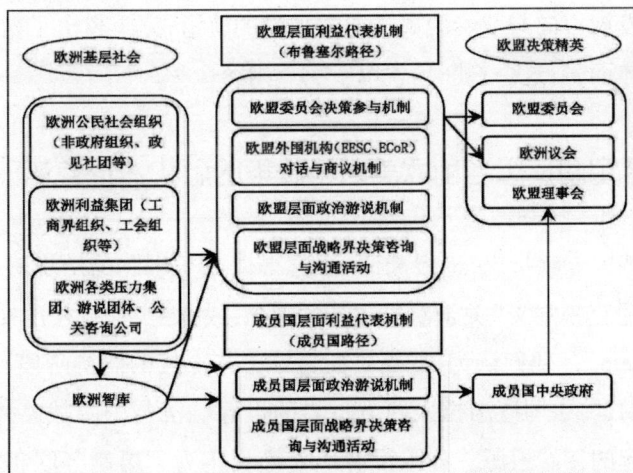

图7-3 欧洲智库在欧盟决策体系中的位置

第二节　欧美智库对中国文化软实力的基本认知

2008 年国际金融危机爆发至今的十多年间,世界经济与国际政治的力量格局出现了深刻转变。2008 年的国际金融危机和 2009—2010 年的主权债务危机使美国和欧盟的经济长期低迷。而 2011 年"阿拉伯之春"爆发后出现的中东乱局和 2014—2015 年爆发的乌克兰危机更使国际形势渐趋动荡。在美国和欧盟的实力与影响力受到削弱的同时,中国崛起成为世界第二大经济体,在全球与地区事务中的影响力不断增强。国际战略格局的力量对比的失衡,使冷战结束以来美国主导的国际经济与政治秩序出现了动摇。与此同时,全球化带来的贫富分化、草根与精英对立、本土居民与外来移民的宗教族群冲突等矛盾,进入了集中爆发的阶段。2015—2017 年随着内部矛盾的激化,民粹主义力量堂而皇之地登上欧美政治舞台,欧美政治的内部格局开始了新一轮洗牌,新上任的执政者决心重塑对外战略。

在此契机的推动下,欧美主要智库在对华政策的重要议题上展开了广泛而深入的讨论,其对中国的基本认知也出现了根本性的变化。2017 年年底以来,欧美智库关于中国形势的研判达成了普遍共识,那就是认为战略研究界和决策层"误判"了中国的崛起,承认中国实力增长与国际影响力提升的发展方向与节奏脱离了西方预设的轨道,完全超出了西方世界的预料。具体而言,这一判断包含以下三点内容:

一、否定和反思当前欧美对华政策的源头:"尼克松的交易"

欧美智库专家指出,追根溯源,中国得以成功崛起的历史进程的最初源头,是"尼克松主义"关于对华政策的理念,或称为"尼克松的交易"(The Nixon Bargain)。他们认为,尼克松在当年美苏冷战的僵持阶段,打开对华关系的大门,将中国逐渐拉入西方世界的世界经济与国际战略体系,是导致中国崛起的初始根源。如果没有尼克松当年为了遏制苏联扩张而与中国所做的"交易",就不会有中国改革开放、融入世界的整个进程,更不会有中国成长为世界第二大经济体的形势变迁,则现在的国际格局也就不会出现如此不利于西方的变化。尼克松为了遏制苏联这个冷战时代美国最危险的对手而拉开了历史的闸门,促使另一个危险的对手演变成当今美国面临的最严重的威胁,即中国。2012 年以后,美国智库专家开始以相当沉痛的心态谈论"尼克松的交易",反思"尼克松的交易"是否应该算作"错误的第一步"。欧洲智库,尤其是英国智库的研究报告,也对此做出了响应。

美国大西洋理事会资深研究员白邦瑞(Michael Pillsbury)是较早反思"尼克松的交易"的智库专家。他早在 2012 年就指出,从美苏对抗的时代起,美国决策者就很重视把握苏联的战略决策心理,却忽视了从文化角度认真分析中国的战略认知心态。[①] 2013 年他又明确提出,从尼克松时代起,美国的中国问题专家就提出建立中美战略互信,事实早已证明这是"海市蜃楼般的幻想"。[②] 2015 年他又出版了专著《百年马拉松:中国取代美国成为全球超级大国的秘密战略》,指出中国自 1949 年以来,就一直要处心积虑地取代美国,建立由中国掌控的国际体系。他认为从 1949 年到现在,中国从未改变过这一目标,美国从尼克松时代以后将中国拉入自己主导的国际体系,让中国从中获利,是错误的。他感叹美国自己不知不觉间帮助中国实现了"中国梦",所以需要反思。[③] 由于观点鲜明、引人注意,白邦瑞自 2017 年年初至今担任特朗普政府的中国事务顾问,对特朗普政府的对华政策具有重要影响力。

在白邦瑞的影响下,美国智库对"尼克松的交易"的反思逐渐增多。2018 年 3 月,知名智库"新美国安全中心"的学者坎贝尔(Kurt M. Campbell)和拉特纳(Ely Ratner)在"美国对外关系理事会"主办的《外交事务》杂志上发文《辨识中国:北京如何使美国的期待落空》,开篇即对"尼克松的交易"进行了沉痛的反思,指出尼克松当年过于自信美国的能力,可实际

---

① Michael Pillsbury, "The Sixteen Fears: China's Strategic Psychology", *Survival: Global Politics and Strategy*, 54:5, 149 – 182, October 2012.

② Michael Pillsbury, "Reading China Wrong", *The Journal of International Security Affairs*, 51:2, 95 – 100, November, 2013.

③ Michael Pillsbury, *The Hundred – Year Marathon: China's Secret Strategy to Replace America as the Global Superpower*, New York: St Martin's Griffin, 2015.

上美国并没有能力按自己的意愿塑造中国的发展路径。① 此后,2018 年 6 月 25 日,布鲁金斯学会专家理查德·布什(Richard C. Bush)展望中美关系前景的报告和 2018 年 7 月号的《外交事务》杂志关于"美国是否误判了中国"的讨论都对"尼克松的交易"展开了反思。② 2018 年 3 月 1 日的英国《经济学人》杂志和 6 月 19 日伦敦"皇家国际事务研究所"的关于"当前国际事务的风险与机会"的报告也做出回应,对美国智库界的反思表示了认同。③

二、承认对华外交的失策:敦促中国成为"负责任的大国"的 幻想

随着中东欧的剧变和苏联的解体,世界进入后冷战时代,中国也从 1992 年开始启动了市场化改革的热潮,致力于扩大对外开放,加入世贸组织,实现"与国际接轨"。2001 年年底,中国加入了世贸组织,逐渐融入全球生产价值链。在中国不断追逐经济全球化浪潮的后冷战时代,美国对中国寄予厚望,希望中国的改革开放进程能够沿着美国所希望的方向前进,进而使中国认可并深入融入美国主导的国际经济体系和战略安全格局,按照美国希望的方式在国际社会活动,从而成为美国所期待的"负责任的大国"。④ 从 2001 年至 2008 年中国成功举办奥运会之时,美国战略研究界乃

① Kurt M. Campbell and Ely Ratner, "The China Reckoning: How Beijing Defied American Expectations", *Foreign Affairs*, March/April Issue, 2018.

② Richard C. Bush, "The Future of U. S. – China Relations in light of Domestic Development", June 25th, 2018; "Did America Get China Wrong? The Engagement Debate", *Foreign Affairs*, July/August Issue, 2018.

③ "How the West got China Wrong: It Bet that China Would Head towards Democracy and the market Economy. The Gamble Has Failed", *The Economist*, March 1st, 2018; The Royal Institute of International Affairs, *Chatham House Expert Perspectives 2018: Risks and Opportunities in International Affairs*, June 19th, 2018.

④ 2005 年 9 月 21 日,时任美国副国务卿的佐列克(Robert B. Zoellick)最早明确提出了希望中国成为"负责任的大国"的说法。详见:Robert B. Zoellick, Deputy Secretary of State's Remarks to National Committee on U. S. – China Relations, New York City, September 21st, 2005. https://2001 – 2009. state. gov/s/d/former/zoellick/rem/53682. htm.

至决策层关于如何促使中国成为"负责任的大国"的讨论,一直绵延不断。①

美国的这一期待隐含的前提,是中国认可并接受美国主导的国际秩序,愿意在这一秩序的架构内与别国融洽共处,并能够为美国维护这一秩序的行动提供支持乃至协助。在中国刚加入世贸组织不久的阶段,中国仍在积极发展面向国际市场的外向型经济,并努力学习和实施以世贸组织法规体系为代表的国际经济运行规则。美国看到了中国与国际接轨的各种努力,再加上2001年"9·11"事件之后美国将其主要的军事资源投入从中东北非到中亚阿富汗的"破碎地带",希望有实力较强的大国帮助维持国际秩序的稳定,因而自然而然地产生了这一期待。

然而2017年以来,欧美智库专家承认,当年美国对中国成为"负责任的大国"的期待完全落空了。欧美智库终于感到,中国实际上并非真心认可和接受美国主导的国际秩序,而仅仅是想借助美国对中国的期待,利用世贸组织主导的国际多边贸易体系和全球价值链,通过国家重商主义的政策,不断从国外吸纳资本和赚取利润,从而积蓄自己的经济实力。等到中国崛起之后,就要凭借自身的实力破坏、动摇乃至摧毁美国主导的国际秩序,重建一套由自己主导的国际秩序。2017年年初以来,欧美智库专家陆续指出,中国虽然已不再是毛时代那样的意在彻底推翻资本主义世界体系的"革命者",但却演变成了美国主导的现存国际秩序的"利用者"和"破坏者",其意图在于先利用再取代这一秩序。

2017年2月,设立于芝加哥大学的"保尔森基金会"的学者费根鲍姆(Evan A. Feigenbaum)在《外交事务》杂志发文指出,中国是意在使用非正常手段"扰乱现有国际秩序"的大国,而不是"革命性的大国"或一般意义上的大国。他指出,中国意在"扰乱现有国际秩序"的方式有三种:①中国不仅不认可为现有国际制度奠定基础的自由主义理念,反而积极地另起炉灶,构建像"金砖国家集团"那样的与美国主导的国际秩序进行竞争的架构;②中国积极支持像朝鲜和委内瑞拉这样的意在破坏乃至颠覆现有国际

① 美国智库界关于如何促使中国成为"负责任的大国"的代表性的政策辩论,可见于:Bates Gill,Dan Blumenthal,Michael D. Swaine,Jessica Tuchman Mathews,*China as a Responsible Stakeholder*,June 11th,2007,Washington,D. C.

秩序的国家;③中国在排挤欧洲对世界的影响。他指出,美国不能再对中国怀有不切实际的期待。① 2018 年 1 月 8 日和 24 日,约瑟夫·奈先后在澳大利亚战略政策研究所主办的《战略家》杂志和《外交事务》杂志上撰文表示,中国和俄罗斯正在使用"软实力"和"锐实力"破坏现有秩序。②

兰德公司政策分析师维恩(Ali Wyne)在 2018 年 6 月 26 日指出,西方世界对中国改革的"想象"已被事实证明是错误的,中国已不再推行渐进式改革,而是打算恢复 1979 年之前的"旧秩序",同时也在对外积极推行 1979 年之前的极"左"意识形态。他认为,中国并不是想要推进全球化,而是要利用全球化继续为自身积蓄实力,从而推行更为强硬的对外战略,以彻底改变现有的国际体系。③ 而美国对外关系理事会的研究员伊可诺梅(Elizabeth C. Economy)在 2018 年 5 月出版的分析当前中国最新形势的专著也提出了类似的观点。④ 总之,欧美智库学者普遍认为,中国并不接受,也并非真心想融入美国主导的国际体系,美国决策者在中国加入世贸组织之后最初的阶段期待中国成为"负责任的大国"的设想,已被事实证明是不切实际的幻想。

三、对未来西方对华关系前景的忧虑:难以避免的"修昔底德陷阱"

"修昔底德陷阱",指崛起的大国挑战已经建立霸权秩序的守成大国而可能触发战争的危局。美国的中国问题研究界一直有人拿"修昔底德陷阱"来比喻中美关系的前景,认为中美两国的社会制度和意识形态蕴含着根本性的对立,因而中美两国难以避免冲突和对抗的最终命运,甚至将其

---

① Evan A. Feigenbaum, "China and the World: Dealing with a Reluctant Power", *Foreign Affairs*, January/February Issue, 2017.

② Joseph S. Nye, "China's Soft and Sharp Power", *The Strategist*, Australian Strategic Policy Institute, January 8th, 2018; "How Sharp power Threatens Soft Power: the Right and Wrong Ways to Respond to Authoritarian Influence", *Foreign Affairs*, January 24th, 2018.

③ Ali Wyne, "Book Review: Elizabeth Economy's The Third Revolution", the RAND Blog, June 26th, 2018.

④ Elizabeth C. Economy, *The Third Revolution: Xi Jinping and the New Chinese State*, Oxford, UK: Oxford University Press, 2018.

视为如同宿命论一般的"中美关系的诅咒"。20世纪90年代后期,中国全力加速推进市场化改革和出口导向型经济发展的同时,赢得了美国克林顿政府的赞赏,但与此同时,《纽约时报》记者伯恩斯坦(Richard Bernstein)却出版了一本当时堪称惊世骇俗的著作——《即将到来的与中国的冲突》,预言中美关系不可能一直保持良好的状态,难免陷入对抗。[①] 在当时中美关系不断向好的大背景下,这本书似乎显得杞人忧天。这是最早关于"修昔底德陷阱"的讨论。

挑起目前这一轮最新的"修昔底德陷阱"的讨论的始作俑者,是以研究古巴导弹危机而成名的哈佛大学教授格雷汉姆·艾利森(Graham Allison)。他在2015年9月至2017年5月间,先后在《外交政策》和《大西洋》等美国著名时政杂志上发表评论,认为随着中国的崛起,中美关系陷入"修昔底德陷阱"的可能性越来越大。2017年5月30日他出版了新书《注定一战:美国和中国能逃避修昔底德陷阱吗?》(*Destined for War:Can America and China Escape Thucydides' Trap?*),明确提出中美关系将不可避免地陷入对抗乃至冲突。

艾利森的言辞,特别是他出版的这本书,激发了美国智库界和学术界关于如何应对中美关系的"修昔底德陷阱"的焦虑情绪和激烈争议,美国的智库、大学和媒体都参与其中。笔者2017年10月27日晚与美国前国务卿基辛格会谈时,发现基辛格也在念兹在兹地思考"修昔底德陷阱"的问题。2017年11月21日,美国顶尖智库布鲁金斯学会发表的研究报告——《避免战争:中美关系中的遏制、竞争与合作》,也是在对艾利森的论断进行评论基础上,阐述自己关于改善中美关系的主张。[②] 受智库界的影响,美国行政当局在2017年12月和2018年1月出台的《美国国家安全战略》和《美国国防战略》两份战略文件,将中国视作对美国构成潜在威胁的"战略竞争对手",认为中国正在"破坏现存国际秩序",对中国作出了咄咄逼人的负面评价,其基本观念和话语体系与哈佛大学的艾利森和布鲁金

---

① See Richard Bernstein and Ross H. Munro, *The Coming Conflict with China*, New York:A. A. Knopf,1998.

② Graham Allison, "China vs. America:Managing the Next Clash of Civilizations", September/October Issue,2017;*Destined for War:Can America and China escape Thucydides' Trap?*,Boston and New York:Houghton Mifflin Harcourt,2017.

斯学会的主张如出一辙。

艾利森等人的主张、美国智库的分析和白宫的两份政策文件,深刻影响着英国战略界乃至最高决策层的战略认知,塑造着英国战略界对中美关系和涉华战略安全议题的观察视角与分析思路。但与此同时,英国战略界并不赞同美国战略界和决策层对中国采取咄咄逼人、强硬对抗的态度。2018年1月底,英国顶尖智库"皇家国际事务研究所"推出了一篇评论文章《中美关系与自由世界秩序:精英的争论与对未来的不同理念的碰撞》,提出了未来中美关系可能出现的三种场景(Scenario):①中美之间的冲突,②美国将中国吸收进自身主导的国际秩序,③既有对抗又有合作的共存。这篇评论还分析了当前中国倡导的"新型大国关系"和特朗普主张的"美国第一"理念之间可能出现的碰撞,并就如何避免中美之间直接迎头相撞的问题,提出了一些看法。

总之,自2017年春以来,欧美智库关于"修昔底德陷阱"的讨论愈加热烈,与此相关的论述成为欧美战略研究界分析中美关系时频繁使用的话语。欧美智库和大学的学者愈加强烈地感到,中美似乎正在不可避免地陷入"修昔底德陷阱"。2018年3月,特朗普政府威胁对中国实施贸易制裁以来,对这一话题的讨论与关于中美经济关系的前景分析结合在一起,表明智库界和学术界对这一问题的认识正在逐步深化。

第三节　欧美智库对中国文化软实力基础的认知

中国迅速增强的经济实力和综合国力,为中国的崛起提供了强劲的动力。同时,中国在全球与地区事务中的参与度与影响力的不断上升,也是促使西方世界认识到中国的崛起的重要动因。总之,中国的国际影响力构筑于两种类型的实力基础之上,即"硬实力"与"软实力"。1992年启动市场化改革之后,中国在整个20世纪90年代中后期一直保持高达两位数的国内生产总值增长率,令世界瞩目。2001年中国加入世贸组织之后,直至2008年金融危机爆发之前,中国的国内生产总值的增长率也一直保持在10%上下。因而从20世纪90年代中期以后,欧美战略研究界和决策层对中国"硬实力"的增长就有了非常直观而明确的感受,然而对于中国的"软实力"一直缺乏清晰的认识。"软实力"的形成虽然需以"硬实力"为基础,同时也需要有相应的社会人文环境和制度规则体系的支持,因而"软实力"的积累与增长速度要慢于"硬实力"。2006 年 11 月 10 日,时任中国国家主席胡锦涛在中国文联第八次全国代表大会上提出了"国家软实力"的概念。2010 年以后,在政府有关政策的推动下,"中国企业走出去"和"中国文化走出去"战略得到逐次实施。从那以后,欧美战略研究界和决策层逐渐注意到中国"软实力"的增长,并对此开展了系统的观察和分析。

2010 年,中国超越日本成为世界第二大经济体之后,随着中国的崛起,欧美智库界对中国"硬实力"与"软实力"的发展轨迹、运作节奏与结构特征的追踪观察越来越紧密,相关的研究与分析也越来越详尽。从那时起,欧美智库对于中国"硬实力"认知,对于中国凭借"硬实力"影响国际社会、塑造国际体系的作用的观察,本节集中在对中国的"一带一路"倡议的分析与评价上。同时,欧美智库对于中国"软实力"研究,逐渐集中在对所谓中国的"锐实力"的分析上。因此,本节集中分析欧美智库对中国"一带一路"倡议和所谓中国"锐实力"的研究与评价,希望借此展示欧美智库界对中国国际影响力的"硬实力"与"软实力"基础的认知、话语与观点。

一、欧美智库对中国国际影响力的认知:关于"一带一路"倡议的评价

欧美智库起初对"一带一路"构想的反应显得较为冷淡,但在 2014 年 4 月中国国家主席习近平访问欧盟之后,欧美智库对"一带一路"倡议的关注逐渐增多。美国的"战略与国际问题研究所"和彼得森国际经济研究所对"一带一路"倡议的评价开始见诸媒体。欧盟层面的四家知名智库,即"欧盟安全研究所""欧洲亚洲研究所""欧洲国际政治经济学研究中心"和"欧洲对外关系理事会",对"一带一路"构想的关注和兴趣也在不断上升。在欧盟成员国层面的智库中,德国"国际问题研究所"、英国"皇家国际关系学会"和"国际战略研究所"、瑞典"斯德哥尔摩国际和平研究所"、波兰"国际问题研究所"和罗马尼亚"阿思平研究所"都对"一带一路"倡议进行

了紧密的追踪、详细的观察和系统的分析。归纳起来,欧美智库的战略研究者对"一带一路"倡议的评析主要从以下五个层面展开:

第一个层面,是该倡议在中国自身经济发展整体规划中的位置。欧美智库研究者指出,"一带一路"倡议与中国经济的转型压力和国内经济布局的战略调整有密切的联系,推动该倡议的目的,是要解决中国制造业和基础设施建设行业的资本过剩和产能过剩的问题、缩小沿海与内陆之间的经济发展的差距、促进中国西部的内地和边疆的经济发展、维护中国能源安全。例如,"欧洲对外关系理事会"的顾德明(Francois Godement)在 2015年 6 月 10 日发布的一份研究报告中指出,中国发起"一带一路"倡议的逻辑起点之一,是解决中国基础设施建设能力过剩的问题。① "欧盟安全研究所"在 2014 年 5 月推出的一份研究报告强调,中国"丝绸之路经济带"的构想包含着确保中国能源供应的稳定与安全的目的,②而该研究所在 2015年 1 月推出的另一份研究报告则指出,中国西部的新疆等地与东南沿海的沪粤等地的经济差距日益扩大,所以中国希望借助"一带一路"规划将新疆与欧洲联系起来,从而促使中国边远西部的对外经济一体化进一步深化。③ "波兰国际事务研究所"的诗丽娜(Justyna Szczudlik – Tatar)在 2013年 12 月和 2014 年 11 月的两次评论中谈到,"丝绸之路经济带"构想是中国开发西部和调整沿海 – 内陆二元经济格局的重要举措,通过"一带一路"建设中的大规模铁路投资,可以实现中国西部经济的高度增长。④

第二个层面,是对该倡议在中国自身地缘安全战略中的作用。欧美智库的研究者认为,从地缘安全的角度看,该倡议是中国为安定西部边疆和应对南海冲突而出台的一项倡议构想,是中国"西向和南向的睦邻政策",

---

① Francois Godement, "One Belt One Road": China's Great Leap Forward Outward, China Analysis, June 2015, *European Council on Foreign Relations*.

② Camille Brugier, "China's Way: the New Silk Road", Brief Issue, *the European Union Institute for Security Studies*, May, 2014.

③ Raffaello Pantucci, "Central Asia: the View from China", Issue Alert, *the European Union Institute for Security Studies*, January 2015.

④ Justyna Szczudlik – Tatar, "China's New Silk Road Diplomacy", *PISM Policy Paper*, No. 34 (82), December 2013; "Silk Road as a Tool to Facilitate Europe – China and Intra – Europe Ties", November 13th, 2014, *Friends of Europe*, http://www.friendsofeurope.org/global – europe/silk – road – tool – facilitate – europe – china – intra – europe – ties, accessed on August 8th, 2015.

亦可视为上合组织总体政策架构的一部分,不仅具有经济意义,而且具有重要的战略与安全含义。"欧盟安全研究所"在 2014 年 5 月和 2015 年 3 月推出的两份关于"一带一路"倡议的分析报告都提到,中国推行此倡议的目的之一,就是要稳定中国西部边疆,通过经济发展遏制恐怖主义势力对西部边疆的威胁。① 英国"皇家国际事务研究所"的中国问题专家萨默斯在 2013 年 10 月 28 日谈到,中国正在对周边国家发起新一轮的"魅力攻势",特别是中国将自身与中亚的关系提升到"战略伙伴关系"的高度,强化了上海合作组织的架构,而新提出的"丝绸之路经济带"就是这一架构的一部分。② "波兰国际事务研究所"的诗丽娜在 2013 年 12 月发表的政策研究报告《中国新丝路外交》中也表达了相似的观点。③

第三个层面,是该倡议对中国正西方向的中亚经黑海沿岸至中欧、和西南方向的亚太至印度洋沿岸这两个发展方向上的地区双边与多边经济合作架构的影响。欧美智库研究者认为,从地区经济合作的发展格局的现状来看,西向的"丝绸之路经济带"相比南向的"海上丝绸之路"更易实现。"波兰国际事务研究所"的诗丽娜、英国"皇家国际事务学会"的萨默斯都指出:中国正西的战略方向,即从中亚、高加索、黑海沿岸直至中东欧地区这片广袤区域,虽然受到俄罗斯主导的"欧亚联盟"的影响,但并不存在成熟的或强有力的地区性多边经济合作架构,中国推行"丝绸之路经济带"的构想会比较顺利,中国对这片区域的影响力也能迅速扩大;但中国西南的战略方向,即从东南亚沿南海和印度洋沿岸直至东非的区域,由于美国近年来实施"亚太再平衡"战略,并大力推行"跨太平洋伙伴关系"(TPP)架构,再加上南海的主权纠纷和极端组织在西亚和东非沿海的兴起,因而

---

① Camille Brugier, China's Way: the New Silk Road, Brief Issue, *the European Union Institute for Security Studies*, May, 2014; Raffaello Pantucci, Central Asia: the View from China, Issue Alert, *the European Union Institute for Security Studies*, January 2015.

② Tim Summers, "China's New Charm Offensive", *Expert Comment of Royal Institute of International Affairs*, http://www.chathamhouse.org/media/comment/view/195157, accessed on August 7th 2015.

③ Justyna Szczudlik – Tatar, "China's New Silk Road Diplomacy", *PISM Policy Paper*, No. 34 (82), December 2013.

会对中国影响力的扩展形成很大的阻力。① 同时,诗丽娜还指出,波兰实际上能够发挥欧洲面向中国的桥头堡与中转站的关键性作用,应借助当前"重庆－新疆－杜伊斯堡""洛兹－成都"和"华沙－苏州"三条货运铁路线的建设所带来的契机,从"丝绸之路经济带"的推进中分得一杯羹。②

第四个层面,是"一带一路"倡议对前述两个战略方向的地缘安全战略格局的影响。欧美智库人士指出,该倡议是中国为应对中亚和亚太两个战略方向的大国实力对比的失衡而制定的,在中亚方向,将可能会打破中亚的中、俄、美、欧四方博弈的原有格局;在亚太方向,可能会与美国的"亚太再平衡"战略形成对峙。欧洲亚洲事务研究所 2014 年 3 月的研究报告认为,中国向中亚方向推进"丝绸之路经济带"构想,会使该地区出现类似于 19 世纪后期的英俄战略对抗那样的大国紧张关系,形成"新的大博弈"(a New Great Game)。③ 英国"皇家国际事务学会"的萨默斯则认为,由于南海和东海的海洋主权纠纷呈现加剧的态势,且普京现在越发倾向于使用强硬手段,将原苏联国家拉入自己的体系,因而中国的诸多设想,未必都能如愿以偿。④ "斯德哥尔摩国际和平研究所"的奥利弗·布劳纳(Oliver Brauner)认为,当前欧盟的"欧洲睦邻政策"(ENP)正在遭受前所未有的深刻危机,乌克兰东部的紧张形势、"伊斯兰国"在地中海东岸的崛起和 2011 年"阿拉伯之春"以来北非的持续动荡,使欧盟应接不暇,因而欧盟可以考

① Justyna Szczudlik – Tatar, "China's New Silk Road Diplomacy", *PISM Policy Paper*, No. 34 (82), December 2013; "Silk Road as a Tool to Facilitate Europe – China and Intra – Europe Ties", November 13th, 2014, *Friends of Europe*, http://www. friendsofeurope. org/global – europe/silk – road – tool – facilitate – europe – china – intra – europe – ties, accessed on August 8th, 2015; Tim Summers, "China's New Charm Offensive", *Expert Comment of Royal Institute of International Affairs*, http://www. chathamhouse. org/media/comment/view/195157, accessed on August 7th 2015.

② Justyna Szczudlik – Tatar, "Silk Road as a Tool to Facilitate Europe – China and Intra – Europe Ties", November 13th, 2014, *Friends of Europe*, http://www. friendsofeurope. org/global – europe/silk – road – tool – facilitate – europe – china – intra – europe – ties, accessed on August 8th, 2015.

③ Yu Xichao, China's Rise in Central Asia: Implications for EU Interests, *EIAS Policy Paper*, March, 2014.

④ Tim Summers, "*China's New Charm Offensive*", Expert Comment of RIIA, http://www. chathamhouse. org/media/comment/view/195157, accessed on August 7th, 2015.

虑借助"一带一路"倡议形成的平台,与中国开展安全合作。[①] "欧盟安全研究所"在 2014 年 5 月和 2015 年 1 月的两份研究报告也提到了相似的观点。[②]

第五个层面,是"一带一路"倡议对中欧关系的总体走向和亚欧地区间合作架构的影响。欧美智库人士指出,该倡议为中欧合作提供了机会,可通过欧洲战略投资基金和中欧 2020 战略合作议程等制度架构与其对接,通过亚欧峰会等地区间合作架构对其施加影响,通过中国沿海至德国、西班牙和波兰的铁路线等项目,使该倡议为欧洲经济和亚欧地区间合作服务。"欧洲对外关系理事会"在 2015 年 5 月至 7 月间的 5 份研究报告、"德国国际与安全事务研究所"在 2015 年 6 月底推出的研究报告、"欧盟安全研究所"在 2015 年 1 月推出的研究报告提到了上述观点,但大多语焉不详,表明智库研究者对这一层面的问题尚未形成系统而成熟的理念。[③]

与此同时,欧美工商界的利益集团也对"一带一路"的构想给予了一定关注。全欧洲层面在对外贸易领域最大的利益集团"对外贸易协会"(Foreign Trade Association,FTA)在 2013 年 12 月发布的关于中欧贸易关系的通讯对"丝绸之路经济带"构想作了简要的评述,认为这一构想能够为欧洲带来商机。[④] 英国规模最大的工商界利益集团之一的"英国产业联合会"(Confederation of British Industry,CBI)的北京办事处主任盖德鲁里(Guy Dru Drury)在 2015 年 6 月 15 日发表的谈话,对"一带一路"倡议也作

① Oliver Brauner,*Deepening China – EU Security Cooperation along the "Silk Road Economic Belt"*,http://www. friendsofeurope. org/global – europe/deepening – china – eu – security – cooperation – along – silk – road – economic – belt/,accessed on August 7th,2015.

② Camille Brugier,"China's Way:the New Silk Road",Brief Issue,*the European Union Institute for Security Studies*,May,2014;Raffaello Pantucci,"Central Asia:the View from China",Issue Alert,*the European Union Institute for Security Studies*,January 2015.

③ Francois Godement,"One Belt One Road":China's Great Leap Forward Outward,China Analysis,June 2015,*European Council on Foreign Relations*;Agatha Kratz,"Paying the China Price:the Costs of Chinese Investment",July 20th,2015,European Council on Foreign Relations;Hanns Gunther Hilpert and Gudrun Wacker,"Geoeconomics Meets Geopolitics:China's New Economic and Foreign Policy Initiatives,*SWP – Aktuell* 52/2015;Raffaello Pantucci,"Central Asia:the View from China",Issue Alert,*the European Union Institute for Security Studies*,January 2015.

④ FTA meets John Russell,Managing Director,North Head,*Newsletter of Foreign Trade Association*,No. 20,Fall,2013.

了肯定性的评述,认为这是英国企业在中国寻求商机时应该考虑的重要背景。① 这些评述,虽然语焉不详,并未作出系统而详细的阐述,但反映了欧洲工商界对"一带一路"倡议的关注。

一个非常重要的现象是,2017 年年初以来欧美智库界对"一带一路"倡议的负面态度的逐渐强化。2017 年年初,在美国民粹主义力量的强力支持下,特朗普政府上台执政。他上任伊始即宣布美国退出跨太平洋伙伴关系协定(TPP),并开始对美国的对外经济政策实施大幅度的调整,以强硬的姿态对外推行经济民族主义、国家重商主义和贸易保护主义政策,并着手依据美国贸易保护法规的三大条款,即 301、232 和 201 三项条款,对美国对华贸易关系开展深入调查,导致中美双边经济关系阴云密布。特朗普政府虽没有直接评价"一带一路"倡议,但其负面乃至敌视的态度是显而易见的。在美国政治大氛围的影响下,美国智库对"一带一路"倡议的关注度下降,而负面的评价增多。

在欧洲,由于受到英国脱欧、恐怖袭击、难民潮、欧元区的动荡、逆全球化的民粹政治的兴起等多重危机的持续冲击,2017 年对欧盟决策层而言,是反思和调整的一年。欧洲智库也对中欧经贸关系的历程进行了回顾。由于欧洲对华贸易与投资额的增速趋缓,欧洲在华企业普遍感到中国营商环境恶化,在华商业经营的利润率在下降,欧洲智库对中欧经贸关系的现状与前景作出的负面评价增多。欧盟一方面逐渐向日本靠拢,着手强化和拓展欧日经济合作关系;另一方面则在悄然疏离中国,改变着对华战略的总体架构和具体方针。欧盟决策层在 2017 年 6 月的中欧首脑峰会和工商峰会的言辞、9 月发布的盟情咨文和关于投资审查机制的政策文件、12 月4 日批准的关于反倾销法规的重大修改、12 月 20 日出台的关于中国经济"扭曲情况"的报告,都显示出欧盟对中国的战略认知与总体评价已含有强烈的负面色彩。这一形势也对欧洲智库界和欧盟决策层对待"一带一路"倡议的态度产生了严重的负面影响。

总体而言,在内外形势的影响下,2017 年欧美智库关于对华经济关系

① Opportunities abound for UK Businesses in China, *Confederation of British Industry*, June 15th, 2015, http://news. cbi. org. uk/news/opportunities - abound - for - uk - businesses - in - china/, accessed on August 7th,2015.

的认知,呈现这样两个特点:

第一,欧美智库和大学一部分学者,尤其是具有明显的保守主义和民族主义倾向的学者感到,美国和欧洲在全球化中吃了大亏,而让中国占了大便宜。他们明确指出,自身在全球化塑造的当前利益格局中已处于相当不利的位置,遭受了严重的损失,致使自身在世界经济体系中的地位大幅下降。欧美智库和大学的一些学者已改变了对全球化的认知,虽然表面上仍然维持对全球化的充分肯定,但实际上在对全球化带来的不平衡的当前利益格局开展沉痛的反思,并努力思考新的政策架构,以改变自身的不利地位。他们将欧美内部的贫富分化以及由此产生的一系列社会矛盾归咎于全球化,归咎于"中国不公平地利用了全球化",主张不断加高针对外来产品与投资的壁垒,阻止传统制造业的"空心化",保障草根阶层的就业和福利。他们为美国的民粹主义和保护主义思潮推波助澜,使其形成了强大的影响力。

在美国,智库界和学术界里认同民粹主义、保守主义和保护主义的典型的代表人物,就是特朗普政府的"国家贸易委员会"主任、曾担任美国加州大学欧文分校经济学教授的内瓦罗(Peter Navarro)。他认为,2001 年中国入世以后的 15 年,中国借助世界贸易体系而崛起,美国却几乎被潮水般涌入的中国商品"摧毁"。他出版了《致命中国:呼吁全球行动对抗巨龙》(*Death by China:Confronting the Dragon,a Global Call to Action*)一书①,并亲自担任导演将其拍成纪录片,激烈批评中美贸易关系的现状。该片在美国影响广泛,代表了美国战略研究界和社会各界一股不容忽视的声音。在这样强大的舆论场中,美国政治家和最高决策层不论是否认同逆全球化的主张,都必须对这些诉求作出回应,对与中国的经贸关系表达某种负面评价,很难违逆舆论压力。

在欧洲,2016 年年底至 2017 年年初,中国的"美的集团"收购了德国机器人制造企业"库卡公司",此事在整个欧洲引起了轩然大波,引发了欧洲智库的沉痛反思和深切讨论,进而成为欧盟及其主要成员国处理对华经

① Peter Navarro and Greg Autry, *Death by China: Confronting the Dragon – A Global Call to Action*, Pearson education, Inc. , 2011.

济关系的心态转变的转折点。① 2017 年 2 月,德国、法国和意大利三国经济部部长联名致信欧盟委员会贸易委员马尔姆斯特伦,希望欧盟能在全欧洲层面建立某种形式的投资审查机制,以约束乃至抵制中国对欧洲的大规模投资。② 3 月 20 日,欧洲议会在部分党团推动下出台一项提案,要求加强对外来投资的审查。③ 2017 年上半年,欧盟决策层推动布鲁塞尔各主要智库对中国对欧贸易与投资的现状进行了详细的观察和梳理。在此基础上,欧盟委员会于 2017 年 9 月 13 日正式推出了关于建立投资审查机制的一系列初步方案,并破天荒地提出要"约束全球化",表明其心态发生了重大转变。④ 2017 年 12 月 20 日,欧盟正式实施新的法规,大幅强化反倾销、反补贴的制度架构,其用意在于对中国出口至欧盟的产品实施更加严厉的抵制。⑤ 由此可见,2017 年以来,欧盟处理对华经济关系的心态也已发生了重大变化。受此影响,欧美智库界和决策层对中国基本经济制度的总体认知也越来越负面,形成了愈加强烈的批评和根本否定的心态。

第二,欧美智库界对中国经济体系的基本特征与发展方向的认知发生了深刻的转变,对中国的基本经济制度表现出越来越强烈的否定和不认同,对中国经济与社会发展方向的研判呈现出越来越强烈的负面和贬斥的

---

① 笔者在 2017 年 10 月 15—25 日在欧洲访谈期间,欧洲多家智库的学者,包括德国对外关系理事会(DGAP)的 Claudia Schumcker、德国国际与安全事务研究所(SWP)的 Hanns Gunther Hilpert、比利时皇家国际事务研究所的 Sven Biscop 都谈到了这一点。

② 德国经济与能源部部长 Brigitte Zypries、法国经济部部长 Michel Sapin 和意大利经济部部长 Carlo Calenda 于 2017 年 2 月在柏林碰头后向欧盟委员会贸易委员马尔姆斯特伦发出了这封信。目前在德国经济与能源部的网站上仍能找到这封信:http://www. bmwi. de/Redaktion/DE/Downloads/S – T/schreiben – de – fr – it – an – malmstroem. pdf? __blob = publicationFile&v = 5。上网时间:2018 年 3 月 4 日。

③ European Parliament, Proposal for a Union Act Submitted under Rule 46(2) of the Rules of Procedure on the Screening of Foreign Investment in Strategic Sectors, B[8 – 0000/2017], March 20th, 2017.

④ European Commission, Proposal for a Regulation of the European Parliament and of the Council establishing a Framework for Screening of Foreign Direct Investments into the European Union, COM(2017)487 final, 2017/0224(COD), *Brussels*, September 13th, 2017; A Balanced and Progressive Trade Policy to Harness Globalization, COM(2017)492 final, *Brussels*, September 13th, 2017.

⑤ Official Journal of the European Union, Regulation(EU)2017/2321 of the European Parliament and of the Council of December 12th 2017 amending Regulation(EU)2016/1036 on Protection against Dumped Imports from Countries not Members of the European Union and Regulation(EU)2016/1037 on Protection against Subsidized Imports from Countries not Members of the European Union. December 19th, 2017, L338/1 – L338/7.

色彩。具体而言,欧美智库界和工商界都认为,中国的经济改革没有进步,而是在倒退,中国的经济与社会发展离市场经济的大方向越来越远了,因而对中国经济的未来前景很不乐观。2017 年与往年不同的一点是,欧美智库研究者越来越强烈地聚焦于中国的国有经济和国有企业:一方面,对中国特色的国家干预经济的决策与运作的实践表现出越来越强烈的反感;另一方面,则对中国国有企业和接受国家补贴与扶助的民营企业表现出前所未有的高度警惕,对这两类中国企业对欧洲的投资开始实施前所未有的激烈抵制。

　　2017 年 9 月 13 日欧盟委员会出台的关于投资审查机制的框架性文件和 12 月 20 日欧盟正式实施的反倾销法规,都包含着针对中国这两类企业的详细而严厉的压制性规定。2017 年 12 月 20 日欧盟委员会还推出了史无前例的关于中国经济"扭曲"情况的报告。① 这份报告由欧盟委员会委托布鲁盖尔研究所等多家智库联合撰写而成,在长达 450 多页的篇幅里,对中国共产党领导下的社会主义市场经济体制的结构特征作出了详细的归纳,对中国国内的土地、劳动力、资本、原材料和能源等生产要素的配置方式进行了深入而细致的阐述。这份报告认为,中国不可能摆脱计划经济体制的一些重要特征,国有经济和国有企业仍将长期支配中国经济。这份报告表明,欧洲智库界和决策层对中国经济体系特征的认识,已达到较为深入和清晰的程度,在总体上对中国的基本经济制度表达了强烈的否定与不认同的态度。从 2017 年 3 月以来,欧盟委员会主席容克和欧盟委员会贸易委员马尔姆斯特伦,已在各种场合明确地谈到,中国不是市场经济,其态度已相当明确,即欧盟不可能承认中国的市场经济地位。(当然,欧盟并未直接向中国领导人挑明这一立场。)②

　　由于对中国经济的基本制度和中国在经济全球化进程中的位置与作

---

　　① European Commission, SWD(2017)483 final/2, Commission Staff Working Document on Significant Distortions in the Economy of the People's Republic of China for the Purposes of Trade Defense Investigations, *Brussels*, December 20th,2017.

　　② EU Trade Commissioner Cecilia Malmstrom, "A Progressive Trade Policy in a Protectionist Age", Speech in EESC Plenary Session, *Brussels*, March 29th,2017; "Europe's Progressive Trade Policy", Speech on the European Business Summit, Brussels, May 22nd, 2017; "Trade in a Protectionist World", Speech in the Lunch hosted by the Friedrich Naumann Foundation, Hamburg, May 23rd,2017.

用的认知发生了深刻转变,欧美智库界对中国"一带一路"倡议逐渐产生了强烈的疑虑和警惕的心态,对其表达了根本性的否定与不认同的态度。

美国智库界认为,"一带一路"倡议是对现有的世界经济体系基本秩序的强烈干扰,是对美国主导的国际地缘政治格局的破坏。2018年1月25日,美国国会设立的"美中经济与安全评估委员会"举行了关于"一带一路"倡议的听证会。美国"战略与国际问题研究所"(CSIS)学者希尔曼(Jonathan Hillman)在听证会上指出,"一带一路"倡议可以帮助中国急剧地改变现有的国际秩序,促使美国在亚太的一些盟友疏远美国,进而使中国成为一种新的国际秩序的领导者。他建议美国推进"印太战略"来抗衡中国"一带一路"倡议产生的影响。① 此次听证会上的各位智库专家和工商界人士,大多对"一带一路"倡议表达了一定程度的负面态度。

欧洲智库界对"一带一路"倡议同样作出了负面评价,尤其是对其中的"16+1"机制抱着非常强烈的反感和疑虑的态度。2018年3月,布鲁塞尔的"德国-马歇尔基金会"出版了题为"欧洲对'一带一路'的回应"的报告,认为"一带一路"倡议在三方面严重损害了欧洲的利益:①破坏欧盟内部的团结,尤其是"16+1"机制会导致中东欧疏远西欧和欧盟;②中国对"一带一路"沿线国家的经济扶助具有不可持续性,因而会导致这些国家政局动荡,进而会对欧洲通向亚太的海上贸易与能源供应的航线的稳定构成威胁;③"一带一路"建设项目对欧洲在印度洋与太平洋地区的出口与投资构成威胁。这种心态正在逐渐增强,而不是减弱。在欧洲智库的影响下,欧盟对"一带一路"倡议也抱着很重的疑虑与警惕的心态,既希望中国通过"一带一路"合作框架给欧盟带来大量的资金,又不希望看到中国在欧洲的影响力不断增长。

由于欧洲智库和欧盟决策层持有的强烈负面态度,"一带一路"倡议相关项目在欧洲的推进速度比较缓慢,真正已经建成的基础设施项目或已经完成的并购项目不算太多。即使在匈牙利、波兰、捷克等中欧国家,由于欧盟暗中的阻碍,再加上中国与这些中欧国家的经济结构的互补性较差,

---

① Transcript of Testimony by Jonathan Hillman on "Hearing on China's Belt and Road Initiative: Five Years Later", *Before the U. S. - China Economic and Security Review Commission*, January 25th, 2018.

"一带一路"建设项目的推进也并不算快。布达佩斯考文纽斯大学学者多摩司·马图拉（Tamas Matura）在2017年11月30日明确指出，中国通过"一带一路"合作框架和"16+1"机制给中欧国家带来的投资非常有限。[①]实际上，中国目前经由"一带一路"合作框架对欧洲进行的投资和项目合作，主要集中在欧洲次区域层面的三块地区，即中欧的维谢格拉德集团四国、南欧的希腊和巴尔干半岛西部的塞尔维亚、黑山等国家。相比较而言，中国在巴尔干半岛西部的塞尔维亚、黑山等国家进行的项目合作显得最成功。当然，从各国决策层的态度来看，匈牙利、波兰、塞尔维亚和希腊四国的领导人对"一带一路"合作框架和"16+1"机制的态度最积极。

二、欧美智库对中国国际影响力的认知：关于所谓中国"锐实力"的分析

从目前所见的文献来看，关于"锐实力"的讨论最早见于美国著名的中国问题专家沈大伟于2015年5月在《外交事务》杂志上发表的文章《中国的软实力攻势：对尊重的寻求》。[②] 以此为标志，关于中国"软实力"的负面讨论在美国骤然增多，美国大学、智库和媒体开始抨击中国向海外拓展"软实力"的大规模宣传活动，甚至呼吁关闭中国在美开设的孔子学院。

2017年4月底，美国民间学术团体"全美学者协会"（National Association of Scholars）的研究部主任雷切尔·彼德森（Rachelle Peterson）发表了历时两年多完成的长达187页的研究报告《外包给中国：美国高等教育中的孔子学院及其软实力》，详细阐述了在美国各大学中运作的孔子学院的组织结构、资金来源、运作理念、意识形态背景等内容，并直言不讳地提出："我们建议关闭美国大学里的所有孔子学院"。[③] 2017年11月16日，美国民主基金会的两名专家克里斯托弗·沃克（Christopher Walker）和杰西

---

① "China Hits Roadblocks in Central Europe：Tough Competition Laws and Investment from the Bloc Slow Beijing's Infrastructure Push", *POLITICO*, November 26th, 2017.

② David Shambaugh, "China's Soft Power Push：The Search for Respect", *Foreign Affairs*, July/August Issue, 2015.

③ Rachelle Peterson, "Outsourced to China：Confucius Institutes and Soft Power in American Higher Education", *National Association of Scholars*, April, 2017.

卡·路德维希(Jessica Ludwig)在《外交事务》杂志上发表评论,题为"锐实力的含义:威权主义国家如何施加影响",提出应将"中国带有强制性的输出其意识形态的手段"界定为"锐实力",与传统的"软实力"的概念区分开来。① 此文一出,反响热烈。

美国战略界关于"锐实力"的讨论迅速影响到英国战略界。2017 年 12 月 16 日,英国《经济学人》杂志发表没有署名的封面评论文章《锐实力:中国影响力的新形态》,以开篇社论和专题评论两种形式,详细归纳了中国近年来向美国、欧洲和澳洲等西方地区的媒体、智库、大学、议会等领域施加影响的方式与手段,并作了负面评价,②其使用的话语和分析的框架与美国《外交事务》杂志在 2017 年 11 月 16 日发表的评论非常相似。此后英国媒体和智库关于"锐实力"也开展了类似的讨论。从中可见,美国战略界对英国的影响。

在美英智库界和学术界的影响下,欧洲大陆的智库界也掀起了关于中国和俄罗斯的"锐实力"的讨论。2018 年 2 月,德国"墨卡托中国研究所"和"全球公共政策研究所"共同出版了一份报告,题为"威权主义的前进:对中国在欧洲不断增长的影响力做出回应",对中国通过所谓"锐实力"向欧洲施加影响的机制进行了详尽的分析。这份报告认为,欧洲对中国维持单方向的开放,而中国对欧洲流向中国的商品、资本与文化信息施加严格的限制,导致了欧洲在与中国的交往中处在极不公平的状态。这份报告认为,中国在欧洲施展影响力的所有活动,不论是贸易、投资还是文化交流,都已对欧洲的自由民主的价值观构成了威胁,所以欧洲的决策者、工商界、智库、媒体、文化艺术界和整个公民社会都要联合起来共同抵制中国的"锐实力"。③ 这份报告反映出欧洲大陆智库界对"锐实力"的基本认知与分析话语。

---

① Christopher Walker and Jessica Ludwig, "The Meaning of Sharp Power:How Authoritarian States Project Influence", *Foreign Affairs*, November 16th,2017.

② "What to Do about China's Sharp Power", *The Economist*, December 14th,2017,

③ Thorsten Benner, Jan Gaspers, Mareike Ohlberg, Lucrezia Poggetti, and Kristin Shi – Kupfer, Authoritarian Advance:Responding to China's Growing Political Influence in Europe, *a Report by MERICS and GPPI*, February 2018.

第八章　在华留学生对中国文化软实力的认知

当前国际社会文化产业以及文化软实力的竞争越来越激烈。美国在1953年成立了新闻署,积极开展公共外交工作,最后在赢得冷战胜利中发挥了重大作用。"9·11"事件后,美国重新加强一度陷入低谷的公共外交,建立了一支由国务院公共外交和公共事务副国务卿领导下的公共外交运作团队。20世纪90年代,日本、韩国先后提出"文化立国"战略,带动"日流""韩流"的迅速发展。虽然中国经济硬实力迅速增长,但文化软实力的发展相对滞后。但是国外"中国威胁论""中国傲慢论""中国崩溃论"等声音不绝于耳,给中国崛起带来较大的负面舆论压力。中国和平发展、负责任大国形象的构建,需要强大的文化软实力的支撑,需要依靠文化的传播力、感召力和吸引力。2007年中共十七大提出"文化软实力是综合国力的重要组成部分",2012年中共十八大进一步提出"文化强国"战略,要增强文化的整体实力和竞争力,推动包括新闻出版、广播影视、文学艺术在内的文化产业的快速发展,并提出加强重大公共文化工程和文化项目建设,完善公共文化服务体系。

提升文化软实力关乎中国"和平发展""文化强国"战略目标的实现,这涉及社会主义核心价值观的建设、传统文化的推陈出新、文化体制的改革、文化设施的改善等问题。自从中共十六大提出"文化体制改革"的任务,中国的文化软实力建设已有十余年,如何客观评估文化软实力建设的成果,对于进一步加强"文化强国"战略具有重要的意义。一些学者曾对中国文化软实力进行评估,但大多从国内视角出发,对文化吸引力、生产力、竞争力等指标进行定量测量,这有助于客观把握中国文化软实力的发展。但是将对文化软实力的评估置于一种中外互动的情境中,可以更多地反映他者的视角。因此,本章将以上海外国留学生为研究对象,评估他们对中国文化软实力的认知。外国留学生是中国公共外交、文化外交的重要桥梁,是中国文化软实力的重要传播者,因此探讨他们对中国文化软实力的认知显得尤为重要。

第一节　文化软实力的测量

对于文化软实力的构成,学界普遍认为其应该包含文化制度、传统文化以及核心价值观。习近平在论述文化软实力时曾指出:"中华文化是我们提高国家文化软实力最深厚的源泉,是我们提高国家文化软实力的重要途径"①;"核心价值观是文化软实力的灵魂、文化软实力建设的重点"②。"文化设施""文化媒介""文化产业"等作为软实力资源与外在表现形式,并非约瑟夫·奈概念中的软实力本身,但是约瑟夫·奈自己也认为通过量化软实力资源来衡量软实力"是非常可能的"③。

近年来,不少国内学者构建评估指标对中国文化软实力进行定量研究。周国富等从文化传统、文化活动、文化素质、文化吸引、文化体制及政策五个维度进行评估。④ 熊正德等从文化价值吸引力、文化知识生产力、文化体制引导力以及文化产业竞争力五大方面对中国文化软实力进行评估。⑤ 罗能生、郭更臣和谢里则从文化生产力、文化传播力、文化影响力、文化保障力、文化创新力和文化核心力六个方面构建了区域文化软实力评价体系。⑥ 林丹和洪晓楠从文化凝聚力、文化吸引力、文化创新力、文化整

① 习近平于 2013 年 12 月 30 日在主持十八届中央政治局第十二次集体学习时的讲话。
② 习近平于 2014 年 2 月 24 日在主持十八届中央政治局第十三次集体学习时的讲话。
③ Josph Nye, "Think Again:Soft Power", *Foreign Policy*, Feb 23,2006, http://foreignpolicy.com/2006/02/23/ think - again - soft - power/.
④ 周国富、吴丹丹:《各省区文化软实力的比较研究》,《统计研究》2010 年第 2 期。
⑤ 熊正德、郭荣凤:《国家文化软实力评价及提升路径研究》,《中国工业经济》2011 年第 9 期。
⑥ 罗能生、郭更臣、谢里:《我国区域文化软实力评价研究》,《经济地理》2010 年第 9 期。

合力和文化辐射力五个方面构建了文化软实力综合评价体系的理论模型。[①] 清华大学学者阎学通、徐进曾设计了一个包括国际吸引力、国际动员力和国内动员力在内的指标,定量衡量了中美两国的软实力。[②] 总体上,评估中国文化软实力,需要区分文化软实力的工具性表现与价值性表现、外在表现与内在核心。本章把文化软实力分解为外层、中层与内层三大层次,包含文化设施、文化媒介、文化制度、精神价值四个二级指标(详见表8-1)。

表8-1 中国文化软实力评估指标

一级指标	二级指标	三级指标
外层	文化设施	博物馆、科技馆、图书馆、影剧院、体育馆、高等院校、科研机构、孔子学院、宽带网络
	文化媒介	报纸、图书、电影、电视、戏曲
中层	文化制度	知识产权保护、市场化程度、文化企业自主性、政府办事效率、政府廉洁度、传统文化保护、社会福利、人文发展
内层	精神价值	志愿者精神、慈善精神、文化包容、人民生活幸福度、言论自由、政治民主、法治精神、国家认同、平等对待外国人和文化、负责任大国、文明素质

① 林丹等:《中国文化软实力综合评价体系研究》,《大连理工大学学报(社会科学版)》2010年第12期。

② 阎学通、徐进:《中美软实力比较》,《现代国际关系》2008年第1期。

表8-2 外国留学生的基本特征

选项		百分比(%)	选项		百分比(%)
性别	男	52.15	学科	政治或国际关系	4.94
	女	47.85		经济管理	44.64
国别	美国	5.21		语言	18.88
	欧洲	15.83		理工或医学	20.6
	非洲	17.29		教育	2.58
	日本	7.92		其他人文学科	8.37
	越南	2.29	项目	短期交流	16.9
	韩国	16.67		专科	2.16
	中亚	4.58		本科	47.15
	中东	1.04		硕士	29.47
	拉美	6.25		博士	4.32
	其他亚洲国家	22.92		中国奖学金	44.00
中国亲戚	有	14.53	费用	本国奖学金	6.8
	没有	85.47		自费	44.60
来华原因	经济机会好	44.25		其他	4.60
	家庭	15.98	调查年份	2014年	46.00
	喜欢中国文化	26.51		2015年	25.93
	其他	27.49		2016年	28.07

　　当前对中国文化软实力的评估更多体现为国内单向视角,对于外国人视域下的中国文化软实力的评估的相关研究并不多见。西方学界一个比较有代表性的关于软实力的调研为2008年美国芝加哥委员会(the Chicago Council)的调研。它们在中国、美国、日本、韩国、印尼和越南6国以问卷调查形式访问了6000人,通过收集的数据形成一个包含文化、政治、外交、经济和人力资源五个方面的综合软实力指数。[①] 中国外文局每年对国外公

---

① Christopher B. Whitney, David Shambaugh, "Soft Power in Asia: Results of a 2008 Multinational Survey of Public Opinion," *The Chicago Council on Global Affairs*, 2008, https://www.brookings.edu/wp-content/uploads/2012/04/0617_east_asia_report.pdf.

众进行关于中国形象方面的调研。但是专门针对外国人对中国文化软实力认知方面的调研确实存在较大不足。因此,本章将上海外国留学生作为调查对象,就他们对中国文化软实力的认知进行定量评估。上海是仅次于北京接收外国留学生第二多的城市。留学生相对于国外普通公众,对中国政治经济文化更为了解,他们对中国文化软实力的评估更多只代表在华留学生群体。但是这一群体在中国文化外交、公共外交中扮演了非常重要的桥梁角色,研究他们对中国文化软实力的评估,对于探索提升中国文化软实力的策略具有重要的意义。留学生来自世界各国,对他们的调研还具有有助于全面分析外国人对中国文化软实力评估的国别差异。

据统计,2016 年共有来自 205 个国家和地区的 442773 名各类外国留学人员在 31 个省、自治区、直辖市的 829 所高等学校、科研院所和其他教学机构中学习,比 2015 年增加 45138 人,增长比例为 11.35%(以上数据均不含港、澳、台地区)。其中,北京市 77234 人,上海市 59887 人,位居按省市排序前两名。[①] 笔者在 2014—2016 年连续 3 年对留学生最多的复旦大学、上海交通大学、华东师范大学等几所上海高校的外国留学生进行调研,共收集问卷 513 份,其中 2014 年 236 份,2015 年 133 份,2016 年 144 份。本调研主要采用分层抽样,体现"最大化差异"原则,兼顾留学生性别、国别、学科等差异,并辅之以滚雪球抽样法。调查问卷主要在三所高校的留学生宿舍发放,其优点在于可以更好地涵盖不同专业、国别的留学生。从最后回收的样本来看,被调查对象的性别、国别、学科等指标的分布与现实情况较为接近。

笔者把留学生的性别、国别、攻读学科、攻读项目、来华费用、来华原因、是否有中国亲戚等变量设置为自变量。从性别分布上看,男生占 52.15%,女生为 47.85%(详见表 8 - 2)。从区域分布上看,韩国留学生最多,占比为 16.67%;其次为非洲留学生,占 17.29%;来自欧洲的占 15.83%;日本的为 7.92%;来自美国的为 5.21%;来自拉美的为 6.25%;来自中亚的为 4.58%;来自越南的为 2.29%;来自中东 1.04%;还有 22.92% 来自其他亚洲国家。从学科分布上看,来自经济管理专业的最多,占 44.64%,理工或

① 《2016 年度我国来华留学生情况统计》,http://www.moe.gov.cn/jyb_xwfb/xw_fbh/moe_2069/xwfbh_2017n/xwfb_170301/170301_sjtj/201703/t20170301_297677.html。

医学的占 20.60%，语言的占 18.88%，政治或国际关系的占 4.94%，教育的占 2.58%，其他人文学科占 8.37%。从攻读的学位项目看，16.90% 的留学生为短期交流，47.15% 为攻读本科学位，29.47% 为攻读硕士学位，4.32% 为攻读博士学位。从学费来源看，44.6% 的留学生为自费，44% 的留学生获得中国政府奖学金，6.8% 的留学生获得本国奖学金。在来华原因中，44.25% 的留学生因为中国经济发展机会好而来中国，15.98% 因为家庭原因而来，26.51% 因为喜欢中国文化来华。这些留学生中，有14.53% 有中国亲戚。

第二节　在华留学生对中国文化的知识

习近平曾指出："讲清楚中华优秀传统文化是中华民族的突出优势，是我们最深厚的文化软实力。"[①]他认为，文物保护工作也是提高国家文化软实力的一部分，"要系统梳理传统文化资源，让收藏在禁宫里的文物、陈列在广阔大地上的遗产、书写在古籍里的文字都活起来"[②]。中国文化在多大程度上吸引外国人、为他们所喜欢，是中国衡量文化软实力的重要指标。北京大学学者关世杰于 2011 年对美国人进行了 1175 份问卷调查。调查显示 86% 受访者对中国文化表现某一种或多种形式的喜欢，最感兴趣的前 5 位是：中餐 64.94%，中国历史 42.98%，功夫 32.9%，中国名胜古迹 32.85%，中医 29.36%。[③] 另一项于 2012 年在德国的调查显示：对中餐感兴趣的比例为 53%，对中医感兴趣的比例为 35.6%、对中国名胜古迹感兴趣的比例为 28.4%，对中国功夫感兴趣的比例为 21.4%。[④]

为考察留学生对中国文化的熟知度，调研中设置了关于中国传统文

---

① 习近平：《胸怀大局把握大势着眼大事，努力把宣传思想工作做得更好》，《人民日报》2013 年 8 月 21 日。

② 《习近平谈文物保护工作的三句箴言》，http://politics.people.com.cn/n1/2016/0413/c1001-28273470-3.html。

③ 关世杰：《中国文化软实力：在美国的现状与思考》，《国外社会科学》2012 年第 5 期。

④ 王异虹等：《中国文化软实力在德国的认知及接受度分析》，《国外社会科学》2012 年第 5 期。

化、地理名胜以及产品品牌共 3 组各 6 个问题，询问他们知晓程度。数据分析结果显示，留学生对中国文化的认知较好，在 18 个有关中国文化的名词中，平均知晓的有 10.74 个。在 6 个指标中，留学生对中国传统文化最为了解，知晓的平均值为 3.94，其次为地理名胜，知晓的平均值为 3.71，最后为中国产品品牌，知晓的平均值也达到 3.09（详见表 8 - 3）。

表 8 - 3　留学生知晓各项中国文化的平均值

变量	案例	平均值	标准差	最小值	最大值
传统文化	513	3.94	1.83	0	6
地理名胜	513	3.71	2.05	0	6
产品品牌	513	3.09	1.87	0	6
总分	513	10.74	5.09	0	18

表 8 - 4　留学生知晓各项中国文化的比例

指标		百分比	指标		百分比	指标		百分比
传统文化	黄帝	42.3	地理名胜	故宫	54.4	产品品牌	TCL	20.7
	孔子	76.2		长城	86.2		中石油	29.4
	武术	72.5		颐和园	46.6		海尔	45.2
	京剧	78.8		桂林	58.3		联想	65.1
	剪纸	46.0		长江	54.2		华为	72.3
	中医	78.4		黄河	71.2		中央电视台	76.2

中国历史悠久的传统文化是中国软实力的重要源泉，在笔者前期对 1532 位留学生中国观的调研中显示，44% 的留学生因为喜欢中国文化而来华留学。如一位韩国男生指出，他喜欢中国的文化，去过北京国家博物馆两次，也看过京剧、功夫电影，喜欢甄子丹、郭富城、李连杰，觉得周润发是他心目中的英雄，这也是他学习中文和来中国留学的重要原因。本次调研也发现，留学生的中国历史文化和人文地理知识相当丰富。他们对于武术、京剧、剪纸等传统文化也存在浓厚的兴趣。在 6 个关于传统文化的指标中，留学生最为熟悉的是京剧，知晓率高达 78.8%；其次为中医，知晓率为

78.4%;再次为儒家文化的鼻祖孔子,知晓率为76.2%。但是留学生对于中华民族的祖先黄帝的知晓率却不高,仅有42.3%(详见表8-4)。学者俞新天曾指出,中华文化不是指历史上存在的传统文化,而是已经流淌至今仍在发展变化的文化传统。软实力不等同于传统文化,而是现代创新文化。① 这需要对文化软实力有动态的理解,提升中国文化软实力,不能单靠弘扬静态传统文化,而需要创造性发展传统文化,促进传统文化现代化。

地理名胜是中国文化的重要载体,也是留学生认识中国的重要途径。调研主要询问了留学生是否知晓故宫、长城、颐和园、桂林、长江、黄河。其中,高达86.2%的留学生知道作为世界奇迹的长城。对于中国的母亲河黄河,有高达71.2%的留学生知晓。对于故宫、颐和园等皇家园林,也分别有54.4%、46.6%的留学生知晓。北京、上海、广州等大城市是吸引留学生的主要目的地,这些地方也往往是中国经济最发达的地区。留学生通过在中国各地的旅游,了解中国的地理名胜,也获得对中国内陆地区、中小城市、农村等更全面的认识(详见表8-4)。

产品品牌是一个无形的概念,传递着产品的特性、价值与理念,是国家文化软实力的重要组成部分。在全球化时代,产品的生产和销售经常跨越国界,具有塑造影响国家形象的作用。英国品牌专家西蒙·安霍特(Simon Anholt)称:"一个强有力、独特的、基于大范围的和有吸引力的国有品牌是一个政府向其出口商提供的最有价值的礼物。目前,品牌出口商品是建立和保持国家形象最有效的方式。"②美国、德国、日本、韩国等国均拥有众多著名国际品牌,这些成为其国家软实力的重要象征。当前西方发达国家产品品牌国际化程度高,而中国品牌国际化相对滞后。中国外文局对外传播研究中心主持的《中国国家形象全球调查报告2016—2017》显示,海外受访者最为熟悉的中国品牌依次为联想、华为、阿里巴巴、中国国际航空公司和中国银行。

与2015年相比,中国银行、比亚迪汽车等传统行业品牌的熟悉度排名有较大幅度的上升。发展中国家认为中国品牌知名度不高的人群比例明

---

① 俞新天:《软力量断想》,《外交评论》2007年第8期。

② [英]齐格蒙特·鲍曼:《寻找政治》,洪涛、周顺、郭台辉译,上海人民出版社,2006年,第128页。

显高于发达国家。发达国家则有更多的受访者认为中国品牌的售后服务不够好。相比较而言,海外年轻群体更加相信中国品牌,他们对中国品牌在质量和售后服务上的顾虑明显小于年长群体。[①] 2017 年 11 月,由国新办、中国外文局等单位联合发布的《中国企业海外形象调查报告 2017(东盟版)》显示,互联网、数码通信、汽车制造和家电等直接面向消费者的行业,如联想、中国银行、阿里巴巴、华为、小米、海尔、美的、TCL、海信等品牌被列入"最佳海外形象企业榜单",中国产品最突出的优势是价格便宜,最大的不足是假冒伪劣产品过多。[②] 本次调查数据显示,留学生对于中央电视台的知晓率最高,为 76.2% ;其次最为熟悉的为中国的高科技品牌,分别有 72.3% 、65.1% 的留学生知道华为和联想;对于中国的家电品牌,留学生的知晓率稍低一些,分别有 45.2% 、20.7% 的人听说过海尔、TCL(详见表 8 - 4)。

留学生对中国文化的了解主要基于高校开设的中国类课程、与中国朋友的交流以及学校的社团活动。据调查,高校中大多数专业、年级都为留学生或多或少地开设了一些中国类课程。[③] 语言类课程有汉语语言学导论、中国语言、中国汉字;历史类课程有中国历史、当代中国史、现代东亚历史;经济类课程有东亚市场策略、中国经济、国际政治与经济专题;社会学课程有中国社会、全球化、城市化;管理类课程有科学管理、礼仪和公共关系等,但最主要的还是文化类课程,如中国文化、中国概况、中国文明、中国文化入门、中国民俗、中国文学、中国古籍文化、中国电影、中华文化技能、国别与区域文化、中华文化经典、中华文化比较、跨文化交际等。其中,中国概况和中国文化是大部分留学生都要学习的必修课,其他的课程多为选修课。中华文化博大精深,开设中国文化类课程,不仅迎合了大多数留学生的兴趣,还能激发他们在课外自主学习中国文化的兴趣,加深对中国文化的理解,帮助留学生更好地融入中国课堂。调查显示,通过对中国类课

---

① 《中国国家形象全球调查报告 2016—2017》,http://www. chinacics. org/achievement/201801/P020180124575867951495. pdf。

② 《中国企业海外形象调查报告 2017(东盟版)发布》,http://www. china. com. cn/news/txt/2017 - 11/17/content_41907337. htm。

③ 关于高校为留学生开设的中国类课程与留学生社团参与情况的分析来自华东师范大学政治学系杨海兰在 2015 年 3—4 月进行的对"留学生关于中国类课程的学习效果研究"。

程的学习,留学生学到了一些实用知识,加深了对中国文化的理解,交到了更多的中国朋友,对于他们学习中文也有很大帮助。一位留学生在访谈中提到,通过学习中国类课程,增加了他对中国的理解和认同,也激发了他继续在中国学习的兴趣。

与中国朋友的交往也是留学生获得中国文化知识的重要途径。大多数留学生在中国的生活表现出一定程度的"入乡随俗",如使用筷子、看中国新闻、看中国电影等。他们大多拥有为数不少的中国朋友。在笔者自 2012—2016 年先后对 1532 名留学生的调研中,在 688 个有效回答中,留学生平均拥有的中国朋友多达 20.88 个,甚至有位留学生称自己拥有 357 位中国朋友。一位哈萨克斯坦女生说自己有 10 个好朋友是中国人,一般朋友就更多了。她说中国人热爱劳动、非常友好,她居住的社区周围许多人尽管生活贫穷,但是非常乐观,这些深深吸引了她。她跟中国朋友每天都互相照顾,交流对很多问题的看法。留学生与中国朋友的交往方式呈现多样化,高达 57.5% 的留学生通过 MSN、腾讯 QQ、人人网、微信等网络工具与中国朋友交流。此外,51.6% 的留学生在上课前后与中国朋友交流,37.7% 的人通过电话交流,而 24.4% 的人通过约会与中国朋友进行深度交流。这些本地的朋友为他们了解中国文化、快速适应中国的学习与生活提供了很大的帮助。

尽管大多数留学生都拥有中国朋友,但他们最主要的交际圈依然是留学生群体。一些留学生还参与到世博会、海外学子中心等组织的志愿活动中。留学生比较喜欢参加的活动有相关社团举行的马拉松赛跑、篮球、足球等体育比赛以及美食节、文化节等节庆类活动。以华东师范大学为例,该校留学生办公室,在每个学期都会开展丰富的留学生活动,以传递中国传统文化、加深留学生与中国师生的认识。华东师范大学每年都举办国际文化节,在文化节上,在华留学生不仅可以通过文艺表演、展台布置展现自己祖国的风情文化,还有机会参与到中国传统文化节目——例如京剧表演、戏曲表演和相声表演中。丰富多彩的留学生文化交流活动是帮助留学生认识中国的积极有效的方式,是使留学生形成对中国文化认知的重要渠道。但是他们参加的大多数社团活动还是集中在留学生群体中,与中国朋友一起参加的活动较少。留学生存在语言障碍、文化隔阂和交友困难等问题,这在一定程度上影响他们对中国文化的认识以及他们的社会融入度和归属感。

第三节 在华留学生对中国文化软实力的评价

评估外国人对中国文化软实力的认知需要将其置于国际比较的视野中。与文化产业发展成熟度较高的美日等国相比,中国的文化软实力发展还有一定的差距。在一项于 2011 年对 629 个东盟留学生进行的调研发现,东盟留学生来华后对中国政府行政效率、廉洁程度、人权状况、人道主义援助、产品质量、企业家精神、国民素质等指标的评价大多处于 6.5 ~ 7.5 之间。在 0 ~ 10 的刻度中,对中国的评价普遍高于对印度的评价,但低于对美国、日本的相应评价。他们对中国的企业家精神(7.1)、人道主义援助(7.08)、政府行政效率(6.99)的评价较高,但是对于中国人权状况(6.6)、产品质量(6.41)、国民素质(6.68)的评价略低。[①] 而关世杰于 2011 年对美国人的调查则显示,在他们最喜欢的国家中,首选中国的占总人数的 30.21%,在中德日印俄五国中位居第一,其余依次为德国(29.87%)、日本(28.09%)、印度(7.49%)、俄罗斯(4.34%)。[②] 在中国外文局 2016—2017 年的调查中,对中国形象评价最为集中的三个维度为历史悠久、充满魅力的东方大国、全球发展的贡献者以及积极参与全球治理的负责任大国。勤劳敬业是中国国民最突出的形象。[③] 自 2012 年 6 月起,笔者先后对 1532 名外国留学生进行了问卷调查,并对 48 名留学生进行了深度访谈。调研结果显示,来中国的经历普遍使留学生的中国印象变得更加正面,在 -3(变差)到 +3(变好)的刻度中,留学生评价的平均值为 1.17。

约瑟夫·奈认为,软实力"往往与无形资产有关,如一个有吸引力的个性、文化、政治价值观和制度,以及被视为合法或有道德权威的政策"[④]。他还提出潜在的软实力资源概念,其中包含经济实力、科技发展、文化作品

① 邓禹:《广西东盟留学生对中国形象的认知与启示》,《东南亚研究》2013 年第 3 期。
② 关世杰:《中国文化软实力:在美国的现状与思考》,《国外社会科学》2012 年第 5 期。
③ 《中国国家形象全球调查报告 2016—2017》,http://www. chinacics. org/achievement/201801/P020180124575867951495. pdf.
④ Joseph Nye, "The Benefits of Soft Power", https://hbswk. hbs. edu/archive/the – benefits – of – soft – power.

等。严格意义上,软实力资源往往表现为有形物质,是作为无形资产的软实力的载体。评估文化软实力时,往往把软实力资源也涵盖在内。中国领导人在提出增强文化软实力以及文化强国战略的过程中,对文化软实力的阐述强调文化资源、文化生活、文化体制、精神力量、核心价值观等要素。本调研从文化设施、文化媒介、文化制度、文化精神、核心价值观五大方面评估中国文化软实力,这遵循文化软实力由外到内的逻辑。在-3、-2、-1、0、1、2、3共7个分值中,留学生对文化软实力的评价的均值为1.21,这呈现出比较正面积极的评价。总体上,留学生对文化软实力的物质外层的评价较高,其次为制度层面评价居中,最后为精神价值层面。

表8-5 留学生对中国文化软实力各项指标的评价均值表

	评估指标	案例	平均值		评估指标	案例	平均值
文化设施	博物馆	480	1.71	文化制度	传统文化保护	497	1.55
	科技馆	471	1.6		社会福利	492	0.58
	图书馆	484	1.63		人文发展	497	0.81
	影剧院	457	1.21				
	体育馆	460	1.31	精神价值	志愿者精神	498	0.91
	高等院校	492	1.71		慈善精神	496	0.64
	科研机构	454	1.29		文化包容	488	0.87
	孔子学院	469	1.37		人民生活幸福度	496	0.68
	宽带网络	504	0.25		言论自由	485	-0.80
文化媒介	报纸	466	0.69		政治民主	488	-0.11
	图书	466	1.08		法治精神	478	0.85
	电影	480	0.98		国家认同	484	1.36
	电视	477	0.77		平等对待外国人	495	-0.23
	戏曲	467	1.14		和文化	497	1.37
文化制度	知识产权保护	481	0.27		负责任大国	489	0.95
	市场化程度	485	1.18		文明素质	497	0.02
	文化企业自主性	475	0.97				
	政府办事效率	484	1.14	文化软实力		477	1.21
	政府廉洁度	481	0.63				

中国经济的快速发展是吸引留学生来中国的首要原因。他们肯定中国经济发展，认为中国经济给世界各国带来发展机遇。在笔者 2012 年以来进行的 1532 份调查问卷显示，中国经济的快速发展是吸引留学生来华学习的最为重要的因素。61.48% 的留学生表示来中国留学是因为中国经济发展机会好，高于喜欢中国文化的原因（44%）和家庭原因（27.19%）。在本次调查中的文化设施层面，留学生评价最高的为博物馆、高等院校，评价均值均达到 1.71；其次为图书馆、科技馆，分别为 1.63、1.60；再次为体育馆、科研机构、影剧院，分别为 1.31、1.29、1.21（详见表 8 - 5）。总体上，留学生对于中国高校、科研机构的认同度还比较高。留学生对于中国大学教育是否可以学到知识、启发人的思考能力和批判精神的评价也较为正面。

但是不少教师在培养来华留学生的教育理念上存有一定的偏差。一些老师对留学生的要求过松，出现对留学生与对本土学生标准不一的现象。例如，同样的课程，对中国学生实行闭卷考试，对留学生则实行开卷考试。在教育方法上，中国教育偏向灌输性教育，课堂缺乏质疑与互动，不利于培养学生的创新精神。一些留学生指出，虽然在中国的大学可以学到知识，但是并不能锻炼人的思考能力，因为中国的教育模式很难让人去独立思考，大学里批判精神不足。在教学语言上，中国高校课堂采用中文授课，这对中文程度不好的外国学生存有一定的难度。留学生也反映中国教学方式过于传统，以讲授为主，缺乏互动，较少联系实际，难以产生吸引力。总体上，外国人来中国留学门槛较低，不少留学生拿中国政府奖学金"混"学位，经常缺课逃课，没有按时完成课程作业。因为主客观原因，一些留学生管理人员和教师给予留学生特别"呵护"，造成"放水"现象。他们往往比中国学生更轻而易举地拿到学位，在享受"特权"的同时，他们可能失去对中国教育制度与品质的尊敬。

一个值得注意的现象是，留学生对孔子学院的评价较高，均值达到 1.37，这说明孔子学院的文化传播效果还是比较积极正面，并没有我们媒体报道得那么悲观。但是留学生对于宽带网络的评价均值最低，仅为 0.25，这个评价偏低主要不是因为硬件、速度等技术方面的原因，而在于不能随意登录外国网站方面的制度性原因（详见表 8 - 5）。在笔者前期的调研访谈中,一位来自韩国的留学生很直接地表示:"我不喜欢中国的政治生活,是因为中国会有一些限制,有的时候上网发表言论就被屏蔽了,而且不能上脸书(Facebook),不知道中国什么时候可以不再限制上网。"西方自由民主价值标准构成一种观念性结构,影响留学生对中国言论自由的评价。

在文化媒介层面,留学生对中国戏曲、图书的评价均值分别为1.14、1.08,但对于电影、电视、报纸的评价略低,分别为0.98、0.77、0.69(详见表8-5)。这也表明,当前中国电影、电视"走出去",打造对外媒体,还存在较大的成长空间。他们对中文媒体、外国媒体的中国报道以及中国的对外媒体均保持较高的接触度。一位来自中非共和国的学生说:"我经常看新闻,看CCTV英文频道,还看《南方周末》《南方都市报》等报纸。"文化设施与文化媒介是软实力资源,需要注意到的是,虽然文化资源并非文化软实力本身,它的影响力有助于增强文化软实力,但是有赖于一定的文化软实力的生成与转换机制。中国的软实力更多的是硬实力的副产品,而非中国文化、模式、价值和外交政策带来的更深层、更持久的吸引力。①

文化制度体现了文化软实力的制度层面内容,也为文化软实力提供了制度保障。留学生对于传统文化保护的认同度最高,平均值达到1.55(详见表8-5)。他们对于中国政府办事效率与市场化程度的评价较高,平均值分别达到1.14、1.18。留学生对于文化企业自主性、人文发展的评价均值也有0.97、0.81,表现出较好的认同感。但是他们对于中国政府廉洁度、社会福利、知识产权保护的评价平均值则较低,分别为0.63、0.58、0.27,虽然数值偏低,但仍是正面评价。

精神价值是文化软实力的内核,是文化吸引力的源泉。在所有关于精神价值方面的指标中,留学生对中国文化、中国人的国家认同的评价最高,分别为1.37、1.36(详见表8-5)。对于中国负责任大国、志愿者精神、文化包容、法治精神的评价居中,分别为0.95、0.91、0.87、0.85。在笔者的前期调研中,发现留学生对于在中国是否是和平发展、负责任大国等相关问题上,有着较为积极正面的评价。他们对于"中国是和平发展的国家""中国是负责任大国""中国对亚非拉国家的援助是无私的"这一系列涉及中

---

① 门洪华编:《中国软实力方略》,浙江人民出版社,2007年,第302页。

国外交形象的问题,基本呈现正面的态度,其均值都是正数,在对 1532 位留学生的调研中,分别为 0.76、0.84、0.54,其中持纯负面看法的为 20.50%、19.73%、22.49%。一位日本女生指出:"来中国之前,觉得中国很可怕,特别是中国的民族主义情绪很强。但是来之后,发现中国人还是非常友好。我很欢迎中国走和平发展道路。如果中国发生内乱,对世界也是不利的。走和平发展道路,对世界整体的利益比对中国的自身利益还要大,因为中国需要为此付出更大的代价。"

在本次调查中,留学生对于人民生活幸福度以及慈善精神的评价倾向正面,分别为 0.68 和 0.64。他们对于中国人的文明素质的评价居于正负面之间,仅为 0.02。近代以来,西方对中国国民性文化进行了严厉的批判,认为中国存在浓厚的"天朝大国"心态、自我中心主义、等级意识、面子意识、关系文化,并认为中国人处事缺乏原则性,把中国描绘成"野蛮或半野蛮帝国"。这一刻板印象对于留学生产生了一定的影响,他们对中国人插队、吐痰、高声喧哗等现象呈现批判态度。但是在几乎所有关于中国文化观念层面的选项中,如中国人平等待人意识、文明素质、讲求原则性、中国是一个礼仪之邦、中国文化是和文化等问题均呈现比较正面的评价。对于中国人的文明素质,留学生整体看法比较正面。一位来自日本的留学生指出:"来中国后对中国的印象变好了,感觉到中国人还是很文明友好的,这让我很意外,这和在日本接触到的报道并不一样。"两个来自蒙古的女生也谈道:"没来中国之前对中国的看法很糟糕。因为从 2005 年开始,许多中国人偷渡到蒙古或者到蒙古工作(主要是农民工),在蒙古做了很多坏事,很吵,随地吐痰、抢劫、偷盗等,有很多恶劣的行为。但是当我们来到中国后,了解到中国人不是这样的,只是少部分人这样,在蒙古的这部分人大多是来自中国的下层民众,不能代表全部的中国人。"总体上,留学生认为中国人具有谦虚、勤劳、热情、热爱生活的特点。一位来自斯里兰卡的留学生说:"中国人很热情,尤其是上海人,我接触了很多中国人,有的在经济上资助我,还有的在学业上帮助我。"

不少留学生认为对于中国人的文明素质要区别看待,农村的人素质比较低,而城市人的文明素质较好。当然,也存在一些批评声音,其中提及最多的是关于随地吐痰、大声喧哗、地铁上不给老人让座、乱扔垃圾等。一位来自哈萨克斯坦的女生说:"中国人说话的声音太大,好像在吵架。我刚到中国在飞机场的时候就感觉说话声音很大,我就以为他们在吵架。"留学生对中国人比较喜欢探听别人的隐私也表示不满,如一位女生指出:"中国人喜欢很奇怪地看着外国人,还喜欢打听事情,会问我为什么来中国,如果有男生和我在一起的话,还会问这个男生是我的男朋友吗。"

此外,也有留学生认为中国人较为冷漠,例如在路上需要问路的时候,大多数中国人都置之不理。对于中国人是否平等对待外国人,留学生呈现较为正面的看法。一位来自阿尔及利亚的留学生表示:"中国人很尊重我的宗教,我们戴面纱是可以的,但是在美国人们就没有那么尊重我们戴面纱的权利。"

但是也有的留学生对中国人的平等待人意识存在一些负面看法。一位老挝女生指出,也许政府给予外国留学生、交流生物质上的优待,但是在中国人的心理上,并不会把外国人与中国人同等看待。个别没有拿到中国奖学金的留学生对学校的收费制度表示不满,认为他们每月支付的住宿费用高于中国学生,并不公平。不少留学生认为,中国人对外国人是有区别对待的,对欧美人会比较尊重,对亚洲人会同等对待,然而对非洲人的态度并不好。一位非洲籍留学生提到:"中国人很喜欢盯着黑人看,有一个故事说有一个黑人去医院看病,医院给他抽血的人问他黑人的血是不是也是黑的。"

在本次调查中,留学生对于言论自由、政治民主、平等对待外国人的评价则呈现负面态势,分别为 -0.80、-0.11、-0.23。在笔者前期关于留学生中国观项目的调研中发现,特别是一些来自资本主义民主制国家的留学生,对中国的言论自由与政治民主表示不满。尽管如此,大多数留学生认为来中国后,发现中国的言论自由比自己想象的要宽松得多,中国民众可以存在多元化声音和不同意见。因此,虽然留学生对中国的言论自由和政治民主呈现略微负面的评价,但程度并不深。

一位来自布隆迪的留学生指出:"中国言论自由不是很好也不是很差,中国经常封锁网络新闻,我会看英文与法文新闻,这样对问题的看法会更加客观。虽然我们自己国家已经实行了民主制,但是我认为中国现在的政治民主已经相当不错了,因为对于中国这么大的国家,保持社会稳定和经济发展是最重要的任务。"通过近距离的接触，留学生对中国政治体制的认知有明显的改善。上面提到的那位韩国留学生说："我来中国之前，对社会主义有点害怕，但是到中国之后发现中国人还很开放、很大方的，能接受我的很多不同观点。"

一些来自发展中国家的留学生对中国的自由民主表示赞同，认为西方的模式不一定就是最好的，中国正在探索符合自己特点的发展模式，中国现在维持了良好的治安与社会稳定，这无疑比很多国家都要成功。一位来自多党制国家尼泊尔的男生指出："中国的一党执政保证了国家的稳定，相对于多党制来说，这是好事，而且，一党执政并不一定意味着不民主。"

在笔者 2012 年开始的 1532 位留学生的调研中，89.6% 的留学生表示较多向自己国家的亲朋谈到中国。当谈到中国的时候，69.7% 的留学生的态度倾向正面，18.8% 的留学生持中立态度，在 -3（非常负面）到 3（非常正面）的刻度中，均值为 1.12。例如，高达 97.9% 的留学生认为来中国是一个好的选择。不少留学生来中国留学生表现出一定的家族倾向，一位来自越南的留学生祖父、叔叔以及两个弟弟均先后来中国留学，一位来自喀麦隆外交官家庭的留学生，他的哥哥和弟弟均在中国留学。很多留学生在推动自己国家的亲友更好地认识中国方面，起到非常积极正面的作用。当问到是否为在中国的留学经历感到自豪时，76.8% 的留学生倾向于自豪，14% 的留学生持中立态度，均值为 1.38，说明整体上来说，留学生是为在中国的留学经历感到自豪的。在 1495 份有效回答中，80.8% 的留学生表示在一定程度上喜欢中国，持中立态度的留学生占 12%，在 -3（非常不喜欢）至 3（非常喜欢）的刻度上，喜欢中国的程度为 1.38。其中，留学生最喜欢中国的文化生活，均值为 2.04，接近最高值 3。不少留学生表示喜欢中国的武术、古典小说、电影，他们对成龙、李小龙等影星非常喜爱。留学生对中国物质生活的喜欢程度的平均值也达到 1.06，虽然对中国政治生活的喜欢程度的平均值最低，仅为 0.78，但依然呈现正面情感。一位来自越南的留学生说："我喜欢中国，不但喜欢中国经济，也喜欢中国政治，更喜欢中国文化，我很小就想来中国留学。在越南的时候，就很喜欢看中国四大古典小说，看中国的武侠片和历史、生活题材的连续剧。"

第四节　影响在华留学生对中国文化软实力评价的因素

本调研把留学生的性别、来源国家、来华时间、攻读学科、攻读项目、来华费用、是否有中国亲戚等变量设置为自变量，以考察它们是否影响留学生对中国文化软实力的评估。数据分析结果显示，来源国家、来华时间、是否获得中国政府奖学金、是否有中国亲戚这四大因素是影响留学生对中国文化软实力评估的主要变量。

一、来源国家

来源国家是影响留学生对中国文化软实力认知与评价的主要变量。邓禹于 2011 年对 629 个东盟留学生进行调研发现，国籍是影响留学生中国形象认知的重要因素，来华前通过大众传媒了解中国的留学生在来华后要高于来华前，而通过当地中国移民、游客了解中国的留学生来华后的评价则低于来华前。[①] 姚君喜于 2014 年对 150 名外籍留学生进行问卷调查，发现来自东西方不同文化背景的外籍留学生对中国人形象的评价差异显著。以前是否来过中国的外籍留学生、有无宗教信仰的外籍留学生对中国人形象的评价均未见显著差异。[②]

本次调查数据显示，在对中国传统文化、地理名胜的知识上，美国与欧洲以及亚洲国家并没有显著性差别，但是非洲留学生的相关知识要显著低于美国留学生（$p < 0.01$）。尽管如此，非洲留学生在对中国产品品牌的知识上与欧美国家差异并不显著，反而日本、拉美等国要显著低于欧美国家（详见表 8 − 6）。

有关中国文化软实力的评价方面，在控制了调查年份、留学资金来源以及是否有中国亲戚的变量外，以美国为对照组，发现在很多指标上国家间的评价都存在显著性差异。其中非洲、越南、中亚以及除日韩外的亚洲国

---

① 邓禹：《广西东盟留学生对中国形象的认知与启示》，《东南亚研究》2013 年第 3 期。

② 姚君喜：《外籍留学生对中国人形象认知的实证研究》，《当代传播》2015 年第 4 期。

家的留学生对中国文化软实力相关指标的评价与美国相比都存在显著性差异,并远高于美国(详见表8－9)。非洲国家在所有评估指标上都显著高于美国,在模型4至模型15共12个模型中,评价差异最大的依次为知识产权(高2.571)、宽带网络(高2.404)、政府效率(高1.624)、法治精神(高1.751)、言论自由(高1.455)、政治民主(高1.441)、文化包容(高1.396)。而对于高等院校、孔子学院、中国电影、生活幸福度等的评估,非洲留学生虽然显著高于美国留学生,但差异值并没有那么高,普遍在0.6～0.9之间。

越南与中国同属于社会主义国家,越南的留学生对中国知识产权、宽带网络、政治民主、法治精神、言论自由的评价最为积极,在 p < 0.01 的水平上要分别显著高于美国2.916、2.355、2.127、2.095、2.012(详见表8－9)。在有关对中国高等院校、政府效率、孔子学院、中国电影、文化包容、文化软实力等指标的评价上,也要显著高于美国1.4～1.9之间。

中亚国家的留学生在对中国法治精神(高2.112)、知识产权(高2.173)、言论自由(高2.046)、政府效率(高1.797)、政治民主(高1.516)、文化包容(高1.546)、宽带网络(高1.502)的评价上要显著高于美国。在对中国高等院校、孔子学院、中国电影、生活幸福度以及文化软实力的评估上,高于美国的值大多落在0.6～1.2之间。

其他亚洲国家的留学生在各项指标上的评价上也显著高于美国,突出体现在宽带网络(高2.355)、知识产权(高1.658)、言论自由(高1.476)、政治民主(高1.312)、法治精神(高1.308)、文化包容(高1.07)等指标上(详见表8－9)。

欧洲的留学生在各项指标的评价普遍好于美国,其中在对中国知识产权、政府效率、文化包容、法治精神以及文化软实力的评价上,与美国相比具有显著性差异。日韩留学生在对中国文化软实力各项指标的评价上要略好于美国,但大多在统计学意义上并不显著,其中,日本在对中国宽带网络、知识产权两个指标的评价上分别显著高于美国的1.073、0.965,但在对中国高等院校的评价上则显著低于美国0.970(p < 0.01)。韩国对中国知识产权、政府效率、言论自由三项指标的评价上要分别显著高于美国1.269、0.623、0.906(p < 0.01)。

二、在华时间与调查时间

在被调查的留学生中,他们在中国生活的时间平均为 2.87 年,最长为 21 年。其中,有 34.75% 的留学生在中国生活时间在 1 年以内,23.43% 生活时间为 1~2 年,11.31% 生活时间为 2~3 年,7.47% 为 3~4 年,8.69% 为 4~5 年,5.05% 为 5~6 年,2.42% 为 6~7 年,6.87% 为 7 年以上。

在中国生活时间的长短是影响留学生对中国文化软实力的知识程度的显著变量(详见表 8 - 6 模型 1~3)。调研数据显示,两者之间呈现显著的正相关关系。在 p<0.01 的水平上,留学生对中国传统文化、地理名胜、产品品牌的熟知度与在中国生活时间长短的相关系数分别为 0.119、0.107、0.129。但是留学生在中国生活的时间的长短与他们对中国文化软实力的评估却并不存在显著的相关性。

那么留学时间长短对留学生对中国文化软实力的评价是否产生影响呢?跨文化适应理论认为,跨文化群体存在"文化震荡"与"文化适应"过程,伴随时间推移,跨文化适应存在一个 U 型或 W 型曲线,呈现上下波动态势。[①] 不少相关调查显示,留学生刚到中国对中国的评价有一个非常短暂的上升,而后出现下跌趋势,大约经历 1~2 年时间,之后又开始出现上升趋势。[②] 一位来自韩国的留学生说:"随着时间的推移,我对中国的感觉有些变化,刚开始来上海看到这个城市还是相当现代化,同学老师也非常友好,那时对中国印象还不错。后来,发现问路大家好像很冷漠的样子,购买的物品质量也很差,我们宿舍周围施工每天晚上都很吵,就有些失望。现在慢慢适应了这些,觉得在这里还是交了不少新朋友,学了很多新知识,又感觉好了很多。"此次调研留学生对中国的文化软实力的评价也可以发现存在类似的 U 型曲线,但这个差异在统计学意义上并不显著,因此并未纳入模型分析中。

本调研从为 2014 年到 2016 年历时三年,三年里留学生对中国文化软

---

① 陈晓萍:《跨文化管理》,清华大学出版社,2009 年,第 302~304 页。
② 参见邓禹:《广西东盟留学生对中国形象的认知与启示》,《东南亚研究》2013 年第 3 期;叶淑兰:《镜像中国:上海外国留学生的中国形象认知》,《社会科学》2013 年第 9 期。

实力是否出现了显著变化是一个值得关注的问题。本调研以 2014 年为对照组，发现衡量留学生对中国传统文化、地理名胜、产品品牌的知识程度的指标在 2015 年有显著的下降，而 2016 年又存在显著上升趋势（详见表 8 - 6）。在控制了留学生来源国别、奖学金来源、是否有中国亲戚三个变量的基础上，留学生对于中国的知识产权、政府效率、电影、言论自由、文化软实力等指标评价存在逐年上升的趋势。其他一些变量在 2015 年则表现为有所下降，但 2016 年普遍比 2014 年有所上升（详见表 8 - 9）。例如，在知识产权问题上，留学生在 2015 年的评价值比 2014 年显著上升了 0.436，而 2016 年则比 2014 年显著上升了 0.584（$p < 0.01$）。留学生对于孔子学院的评价，2016 年比 2014 年显著上升了 0.574（$p < 0.01$）。对于中国的言论自由、政治民主、法治精神、文化软实力指标的评估，2016 年比 2014 年分别显著上升了 0.495、0.527、0.521、0.477（$p < 0.01$）。这说明伴随中国文化软实力的发展，留学生对它的评价也有所提升，尤其体现在对精神价值层面上的言论自由、政治民主、法治精神、制度层面上知识产权以及物质设施层面上的孔子学院等长期以来中外一直比较具有争议性的指标上。

三、奖学金来源

对外援助是一种公共外交手段，是提升国家形象的重要政策工具。考察获得中国政府奖学金是否影响到留学生对中国文化软实力的评估，对于中国制订奖学金政策具有启示性作用。在本调研纳入模型分析的指标中，发现获得中国政府奖学金的留学生对于中国传统文化、地理名胜、产品品牌的相关知识要显著高于拿到本国政府、自费或其他经费来源的留学生（详见表 8 - 6）。例如，拿本国政府奖学金的留学生对中国传统文化、地理名胜和产品品牌的知识要分别显著低于拿中国政府奖学金的留学生 0.902、0.807、1.154（$p < 0.01$）。是否获得中国政府奖学金对于留学生对中国文化软实力的评价则影响没有那么大，那些拥有中国奖学金的留学生比未拥有的留学生对中国的文化软实力、宽带网络、知识产权、政府效率、孔子学院、生活幸福度、法治精神的评价要稍好一些，但大部分指标的差异在统计学意义上并不显著（详见表 8 - 9）。其中少数几个具有统计学显著

差异的指标在于,获得中国政府学金的留学生在文化软实力、政府效率、孔子学院三个评价指标上要分别显著高于自费留学生 0.583、0.532、0.294 (p<0.01)。

提供奖学金可以吸引一些留学生来华留学,但是物质利益的给予并不能有效地改变他们对中国的固有看法和情感。他们的中国观仍然主要受制于自身的价值取向以及对中国政治经济制度、社会公平与正义、中国人文明素质的感知。为了进一步排除国别因素的干扰,本调研进一步锁定非洲留学生,检测拿中国奖学金的学生是否比其他人群具有更好的中国形象评价,也同样发现拿中国奖学金的非洲同学确实在某些方面比没有拿到中国奖学金的评价更正面,但在某些方面也存在评价更为负面的情况。总体上,奖学金等利益因素,对于提升留学生的中国观,有微弱但不显著的效果。获得中国的奖学金,有助于提升留学生融入中国社会的信心,使他们具有更好的社会适应能力。但是另一方面,中国提供的经济支持,可能使他们产生"知恩图报""经济收买"等警惕性心理,在面对中国人与自己同胞时,都可能具有一定的心理压力感,从而产生一定的心理抗拒。特别是在西方话语霸权面前,他们可能更有意识地去区隔自己与中国的情感关系。也有的留学生可能是因为某些特定的原因来到中国,因此奖学金对其并无什么影响,如一位留学生就指出:"我来中国是因为喜欢中国文化,不管是不是拿到奖学金我都会来。是否有奖学金,对我对中国的看法并没有太大的影响。"

四、是否有中国亲戚

根据笔者先前关于外国留学生中国观的研究,拥有中国亲戚会给留学生带来更多的与中国情感互动的机会。与中国的亲情关系是否有助于提升留学生的中国观呢?本调研发现,有中国亲戚确实有助于留学生更好地适应中国,在交友和参加社团活动方面,拥有中国亲戚的留学生的相关指标均高于没有中国亲戚的留学生。拥有中国亲戚的留学生在把上海视为第二故乡,以及留在中国工作的意愿上也比没有中国亲戚的留学生更强,但是涉及对中国的评价与情感方面,例如,来华后对中国印象变化、谈论中国时对中国的态度、为中国留学经历感到自豪以及喜欢中国等指标,有中国亲戚的留学生则不如没有中国亲戚的留学生。如一位来自印尼的华人指出:"我家里也过春节,也讲中国传统的风俗习惯,这帮助我更快地在上海交到新朋友。但是我父母曾和我一起去看福建老家的亲戚,如果我们没有钱给他们,他们就会很不高兴,现在我们已经不再回去了。"

本次研究数据显示,有中国亲戚的留学生比没有的留学生在对中国文化软实力各项指标的评价中都呈现更好的水平,虽然在某些指标上差异并不具有统计学显著性(详见表 8 - 9)。其中,在 p < 0.01 水平上具有统计学显著差异的指标主要有对高等院校(高 0.310)、知识产权(高 0.470)、孔子学院(高 0.487)、中国电影(高 0.450)、文化包容(高 0.409)、生活幸福度(高 0.426)、言论自由(0.614)、文化软实力(高 0.326)。

表 8 - 6　留学生对中国文化知识的模型

变量	模型 1 传统文化	模型 2 名胜古迹	模型 3 产品品牌
在中国时间	0.119 ***	0.107 ***	0.129 ***
男生	0.101	− 0.012	0.470 ***
欧洲	0.223	− 0.101	− 0.285
非洲	− 0.712 *	− 1.401 ***	− 0.521
日本	− 0.218	0.141	− 0.951 *
越南	0.607	0.868	− 0.393
韩国	− 0.183	0.127	− 0.695
中亚	− 0.374	− 0.849	− 0.523
中东	− 0.838	− 0.345	− 1.121
拉美	− 0.282	− 0.691	− 1.017 **
其他亚洲国家	− 0.069	− 0.301	− 0.256
2015 年	− 0.417 **	− 0.559 **	− 0.112
2016 年	0.729 ***	0.582 **	0.679 ***
本国政府奖学金	− 0.902 **	− 0.807 **	− 1.154 ***
自费	− 0.508 **	− 0.341	− 0.189

续表

变量	模型1 传统文化	模型2 名胜古迹	模型3 产品品牌
其他经费来源	-0.482	-0.472	0.292
经济管理	-0.020	-0.286	0.051
语言类	-0.240	-0.441	-0.883**
理工或医学	-0.422	-0.868*	-0.670
教育	1.478**	0.677	-0.509
其他人文社科	-0.600	-0.884*	-1.027**
常量	4.150***	4.503***	3.453***
Observations	411	411	411
R-squared	0.239	0.251	0.237

Standard errors in parentheses

***p<0.01, **p<0.05, *p<0.1

注：以上性别的对照组为女生，国家对照组为美国，年份对照组为2014年，经费来源对照组为中国奖学金，专业对照组为政治或国际关系。

表8-7　留学生对中国文化软实力相关指标的评价模型(1)

变量	模型4 高等院校	模型5 宽带网络	模型6 知识产权	模型7 政府效率
欧洲	0.135	0.423	0.858*	0.729**
非洲	0.875***	2.404***	2.571***	1.624***
日本	-0.970**	1.073*	0.965*	-0.432
越南	1.468***	2.355***	2.916***	1.586***
韩国	0.126	0.627	1.269***	0.623*
中亚	1.223***	1.502**	2.173***	1.797***
中东	0.432	1.203	-0.162	0.544
拉美	0.524	0.896	1.136**	0.358
其他亚洲国家	0.799***	2.002***	1.658***	0.954***
2015年	-0.294**	0.361	0.436**	-0.239
2016年	0.250	0.134	0.584**	0.001

变量	模型 4 高等院校	模型 5 宽带网络	模型 6 知识产权	模型 7 政府效率
本国政府奖学金	0.041	− 0.605	− 0.048	− 0.425
自费	− 0.055	− 0.238	− 0.327	− 0.532***
其他经费来源	− 0.511*	− 0.567	− 0.423	− 0.545*
有中国亲戚	0.310*	0.197	0.470*	0.121
常量	1.269***	− 1.125**	− 1.395***	0.607*
Observations	411	420	406	409
R – squared	0.173	0.182	0.181	0.205

Standard errors in parentheses

***$p < 0.01$, **$p < 0.05$, *$p < 0.1$

注:以上国家对照组为美国,年份对照组为 2014 年,经费来源对照组为中国奖学金,是否有中国亲戚对照组为无。

表 8 − 8　留学生对中国文化软实力相关指标的评价模型(2)

变量	模型 8 孔子学院	模型 9 中国电影	模型 10 文化包容	模型 11 幸福度
欧洲	0.296	− 0.309	0.874**	0.133
非洲	0.821**	0.810**	1.396***	0.993**
日本	− 0.399	0.232	0.645	0.020
越南	1.784***	1.769***	1.853***	1.024*
韩国	0.152	− 0.027	0.583	− 0.058
中亚	0.979**	0.642	1.546***	0.847*
中东	0.769	− 0.690	− 0.255	− 0.703
拉美	0.035	0.179	0.392	0.030
其他亚洲国家	0.451	0.530	1.070***	0.465
2015 年	0.045	0.082	− 0.166	− 0.110
2016 年	0.574***	0.307	0.274	0.277
本国政府奖学金	− 0.212	0.121	0.067	− 0.334
自费	− 0.294*	− 0.119	− 0.073	− 0.220

续表

变量	模型 8 孔子学院	模型 9 中国电影	模型 10 文化包容	模型 11 幸福度
其他经费来源	-0.323	0.177	-0.241	-0.033
有中国亲戚	0.487 **	0.450 **	0.409 *	0.426 *
常量	0.902 ***	0.546	-0.105	0.340
Observations	395	406	410	415
R – squared	0.130	0.102	0.079	0.085

Standard errors in parentheses

***p < 0.01, **p < 0.05, *p < 0.1

注:以上国家对照组为美国,年份对照组为 2014 年,经费来源对照组为中国奖学金,是否有中国亲戚对照组为无。

表 8 – 9　留学生对中国文化软实力相关指标的评价模型(3)

变量	模型 12 言论自由	模型 13 政治民主	模型 14 法治精神	模型 15 文化软实力
欧洲	0.450	0.182	0.768 *	0.641 *
非洲	1.455 ***	1.441 ***	1.751 ***	0.668 **
日本	0.776	0.086	0.065	0.189
越南	2.012 ***	2.127 ***	2.095 ***	1.712 ***
韩国	0.906 *	0.427	0.112	0.330
中亚	2.046 ***	1.516 ***	2.112 ***	0.761 *
中东	0.484	0.517	0.493	0.156
拉美	1.038 *	0.572	0.920 *	0.404
其他亚洲国家	1.476 ***	1.312 ***	1.308 ***	0.575 *
2015 年	0.116	-0.024	-0.008	0.129
2016 年	0.495 **	0.527 **	0.521 **	0.477 ***
本国政府奖学金	0.669 *	0.368	-0.057	-0.397
自费	-0.082	0.086	-0.153	-0.583 ***
其他经费来源	-0.126	0.397	0.340	-0.161
有中国亲戚	0.614 **	0.251	0.358	0.326 *

续表

变量	模型 12 言论自由	模型 13 政治民主	模型 14 法治精神	模型 15 文化软实力
常量	− 1.430 ***	− 1.176 ***	− 0.297	0.770 **
Observations	408	409	401	403
R − squared	0.095	0.114	0.156	0.114

Standard errors in parentheses

***p < 0.01，**p < 0.05，*p < 0.1

注:以上国家对照组为美国,年份对照组为2014年,经费来源对照组为中国奖学金,是否有中国亲戚对照组为无。

　　总体上看,外国留学生对中国传统文化、地理名胜、产品品牌具有良好的熟知度,他们对中国整体文化软实力的评价较为正面,尤其表现在对中国文化设施、传统文化保护、政府办事效率等指标上。但是他们对中国言论自由、政治民主、平等对待外国人的评价略呈现负面态势。中国在文化设施、文化媒介的建设上较为成功,在文化制度、精神价值建设的影响力上还有待进一步加强。未来要进一步提升国家文化软实力,需要着力提升文化制度层面的知识产品保护、社会福利、政府廉洁度、人文发展,尤其需要提升精神价值层面的言论自由、政治民主、平等精神以及国民的文明素质。

　　中国的文化软实力在非洲、中亚、越南等东南亚国家具有较好的影响力,但是在美、日、韩等国的影响力则较为不足,这主要受到国家意识形态不同因素的影响。提升中国文化软实力的国际影响力,需要扬长避短,进一步提升中国文化产业对于发展中国家的影响力,积极开拓西方发达国家市场。

　　2014—2016年连续三年的问卷调查显示,外国留学生对中国文化软实力的评估整体上有所上升。根据中国外文局对中国国际形象的历年调查,也可以发现,2013年至2017年,发达国家对中国形象的打分(总分为10分)从4.9逐年上升到5.6,而发展中国家的打分从5.8逐年上升到6.9。① 伴随中国国力增强,中国文化软实力的国际影响力将逐渐增强。

――――――――――

　　① 《中国国家形象全球调查报告 2016—2017》,http://www.chinacics.org/achievement/201801/P020180124575867951495.pdf,第4页。

奖学金政策对于提升留学生眼中的中国文化软实力具有一定的作用，但是效果并不十分显著。中国对留学生推行奖学金制度需要量力而行，在当前奖学金额度较高的情况，不宜进一步提高额度，但可以进一步扩大奖学金覆盖面。有中国亲戚的留学生对中国文化软实力的评价高于其他留学生，这表明可以充分发挥华人华侨力量，使之更好发挥提升中国文化软实力的桥梁作用。

在提升文化软实力的过程中，立法机构应该有步骤有计划地制定出保护文化资源、保障出版管理和新闻管理等法律法规，引导文化资源的发掘，文化产品的开发，文化产业合法的发展，形成有中国特色的文化市场。[①]

---

① 陈宇翔、张武:《提升文化软实力的法治思考》,《求索》2010 年第 9 期。

第四篇

中国文化软实力增进方略与策略

本篇用两章的篇幅来阐述两部分内容。第一部分主要是从总体上阐述增强中国文化软实力的方略，包括：其一，必须要坚持文化软实力发展的基本原则，即在坚持马克思主义指导的前提下，把马克思主义与中国文化有机结合起来，坚守中国文化的主体性；必须跳出文化自负和文化自卑的窠臼；必须既要坚持文化自觉又要树立文化自信。其二，必须要全面深化文化体制机制改革。制度是保障，长期以来文化软实力的发展不仅受制于政策的约束，更受制于制度设计。因此，要不断深化文化体制以适应文化发展的基本规律。其三，要牢记新时代中国特色社会主义文化发展的历史使命，最根本的就是要使文化建设既要充分满足国内文化生活的需要，又要使中国文化产品在国际社会受到广泛的接受，从而直接转化为中国的文化软实力。

本篇的第二部分内容是在第二篇国际比较的基础上，认真分析中国文化软实力具体指标的缺陷和短板，根据具体指标情况有针对性地提出提升的具体策略。不同的指标发展状况不一样，因此具体的增进策略也不相同。但是文化软实力本身非常复杂，绝对不能寄希望于按图索骥就可以获得增进的策略，必须要联系实际，在实践中去摸索才有可能获得相应的经验和路径。

第九章 增强中国文化软实力的基本方略

早在 20 世纪 80 年代,美国著名未来学家阿尔温·托夫勒就指出,随着信息时代的到来,"我们正进入一个文化比任何时候更重要的时期"[①]。进入 21 世纪以后,世界已经进入一个文化竞争的时代。中国正在崛起为一个大国,在经济实力上对世界的影响越来越大,也正因为经济实力的增强,中国越来越接近世界舞台的中央。但是中国要真正崛起为一个大国,而且中国这种大国成长的进程具有可持续性和持久性,那就必须要不断增强中国的文化软实力,积极参与国际文化竞争。

问题是,当前中国文化软实力发展的总体状况是:第一,中国的文化资源十分丰富,但文化竞争力非常弱小。中国文化历史悠久,且其历史发展脉络从未被打断,这种文化发展历史造就了中国的文化资源大国地位,也使中国文化具有其他国家文化所没有的厚重感。[②] 西方学者也认为,几千年的文明史使中国文化资源有着无与伦比的优势。[③] 但是丰富的文化资源和文化传统只是提升中国文化竞争力的基础和前提条件。只有把优秀的文化资源激活成为文化创新的原动力,并使之通过跨国界传播,成为其他国家和国际社会的基本价值观或主流文化,那么发源这种文化的社会才能获得巨大的软实力。[④]

[①] [美]阿尔温·托夫勒:《预测与前提——托夫勒未来对话录》,粟旺等译,国际文化出版公司,1984 年,第 160 页。

[②] 胡键:《非经济国力与中国的国际地位》,《太平洋学报》2005 年第 5 期。

[③] Bates Gill and Yanzhong Huang, "Sources and Limits of Chinese 'Soft Power'", *Survival*, Vol. 48, No. 2, Summer 2006, p. 17.

[④] 王沪宁:《作为国家实力的文化:软权力》,《复旦学报(社会科学版)》1993 年第 3 期;胡键:《文化软实力研究:中国的视角》,《社会科学》2011 年第 5 期。

第二,中国文化品种丰富,但文化品牌严重缺乏,文化品牌国际化程度非常低。中国文化品种繁多,不仅传统文化产品积淀多,而且当今高科技条件下的文化产品,在中国也是比比皆是。这同样跟中国悠久的文化有关,也跟中华民族善于吐故纳新、敢于创新的精神有关。但是在繁多的中国文化产品中,我们很难找到国际知名的文化品牌。虽然在进入新世纪以后,中国的文化创意已经成为全球创意产品的第一生产国和出口国,但创意产业出口主要集中在文化产品制造,如工艺品加工、设计产品加工等,而核心的版权内容产品输出仍然不多,尤其是视听内容产品及版权贸易还相当匮乏。真正的文化品牌是民族的,也是国际化的,而国际化品牌的多少和品牌国际化程度的高低恰恰是检验一个国家文化软实力和文化产业竞争力的重要标志。综观我国的文化品牌发展,还存在内外失衡的现象,即文化产业总体结构仍偏重内向型,核心文化产品的国际市场开发力度不足、程度不高。①

第三,文化平台多,但缺乏文化营销的有效手段。进入 21 世纪以来,中国已经认识到文化在国际竞争中的重要作用,因而加大了文化平台建设,尤其是在世界各国都在构筑新的中国文化平台,以传播中国文化。其中包括各种各样的"中国文化艺术节""中国文化周""汉语年"等,遍布世界各国的孔子学院和孔子学堂,对传播中国文化更是发挥了重要作用。但是,提升文化软实力仅仅靠这些文化平台是不够的,还需要掌握文化软实力发展的基本原则,对相应的体制机制进行全面深化改革以及把改进原有的文化平台与打造新的文化平台相结合。

第一节　增强中国文化软实力的基本原则

文化软实力是国家综合实力的重要组成部分,这一观念产生于冷战后大国新的合作与竞争时期。但是,在企业管理中,把文化作为一种实力早已非常普遍。早在 20 世纪 80 年代,美国加利福尼亚大学教授巴尼(Jay B.

---

① 欧阳友权、杜鹃:《我国文化品牌发展现状、问题及对策》,《黑龙江社会科学》2009 年第 5 期。

Barney)开展了"企业文化与持续的、优异的财务业绩之间关系",以及在何种条件下"企业文化可以转化为企业的持续竞争能力"的研究。巴尼认为,企业可以不受模仿者的制约,获得一种持续竞争优势,这种竞争优势可能来源于企业持续的"优异业绩",而这种持续的"优异业绩"可能来源于企业文化,而构成企业"持续竞争能力"的企业文化必须具有价值性、稀缺性和难以模仿性这三个方面的特征。① 但是把文化放在国际战略的视野下则是在文化竞争成为国际竞争重要内容的全球化时代。随着冷战的结束,国际竞争正在从军事—经济—科技—文化演进,文化竞争也就日益成为国际竞争的新态势。② 因此,各国不仅把文化视为国家综合实力中的重要内容,而且也从国际战略的角度来思考如何增强国家文化软实力问题。

关于文化软实力,实际上马克思恩格斯早就对此进行了论述。他们在《共产党宣言》中就指出:"资产阶级,由于一切生产工具的迅速改进,由于交通的极其便利,把一切民族甚至最野蛮的民族都卷入文明中来了。"③资产阶级之所以能够按照自己的面貌创造出一个世界,就是因为资产阶级不仅掌握着先进的生产力,而且通过工业革命之后,它拥有比此前的一切阶级都先进的技术文明。简言之,资产阶级拥有比其他一切阶级都强大的文化软实力。不过,马克思恩格斯同时也指出,作为现代民族的资产阶级并非比一切民族优先掌握先进的文化,有的野蛮民族反而却比资产阶级民族的文明程度更高一些,因而其文化更具有竞争力。马克思恩格斯在《德意志意识形态》中指出:"民族大迁移后的时期中到处都可见到的一件事实,即奴隶成了主人,征服者很快就学会了被征服民族的语言接受了他们的教育和风俗。"④后来马克思在《不列颠在印度统治的未来结果》也提出了同样的观点,指出"野蛮的征服者总是被那些他们所征服的民族的较高文明所征服,这是一条永恒的历史规律"⑤。马克思恩格斯虽然没有直接使用

① Jay B. Barney, "Organizational Culture: CanIt Be a Source of Sustained Competitive Advantage?", *The Academy of Managerial Review*, Vol. 11, No. 3, 1986, p. 657.

② 万君宝:《西方文化竞争力研究的五种视角》,《上海交通大学学报(哲学社会科学版)》2007年第6期。

③ 《马克思恩格斯选集(第一卷)》,人民出版社,1995年,第276页。

④ 《马克思恩格斯全集(第3卷)》,人民出版社,1956年,第83页。

⑤ 《马克思恩格斯全集(第9卷)》,人民出版社,1961年,第247页。

"文化软实力"这一概念,但他们的观点已经很显然:文明程度高的民族往往拥有更大的文化竞争力,这样的民族至少在文化上更具有同化作用。

20世纪初,德国著名学者马克斯·韦伯在宗教文化的视角下来探讨不同文化的竞争力问题。他在1904年出版的《新教伦理与资本主义精神》一书中提出了这样一个问题:"为什么在西方文明中,而且只有在西方文明中才出现了一个(我们认为)其发展具有世界意义和价值的文化现象,这究竟应归结为怎样一种环境呢?"韦伯的回答是:这主要归结为新教伦理的宗教文化。他认为,正是因为新教伦理对理性主义的不懈追求,才使得西方文化无论是在天文学、历史学、艺术领域、建筑科学还是社会组织方面,都达到了中国文化、伊斯兰文化、印度文化无法企及的高度。[①] 韦伯的这一观点无疑是"西方文化中心论"的一个直接表现,这一观点对西方文化学者形成了长期而深刻的影响使西方的"文化优越感"和"东方主义"思维保持了半个多世纪。[②]

在冷战结束以后,"西方文化中心论"再次流行开来。最典型的代表是亨廷顿的"文明冲突论"。1996年他在《文明的冲突与世界秩序的重建》一书中阐述了其"文明冲突论"的思想。他认为,冷战结束后,国际冲突的根源主要不是来自意识形态,也不是来自经济,而是来自于文化和以不同文化体现出来的文明,"最为危险的文化冲突是沿着文明的断层线发生的那些冲突"[③]。在亨廷顿看来,文化的竞争必然导致文化的冲突。另外,亨廷顿继续延续了韦伯"西方文化优越论"的逻辑,认为"在所有的文明之中,唯独西方文明对其他文明产生过重大的、有时是压倒一切的影响"[④]。然而亨廷顿没有注意到一个事实:西方启蒙主义所倡导的人本主义固然起源于古希腊、古罗马文化,但这并不是它的唯一来源。当传教士把中国文化带到欧洲之后,欧洲的启蒙思想家就自然地接受了中国文化的精神养

---

① 参见[德]马克斯·韦伯:《新教伦理与资本主义精神》,马奇炎、陈婧译,北京大学出版社,2012年,第1章;万君宝:《西方文化竞争力研究的五种视角》,《上海交通大学学报(哲学社会科学版)》2007年第6期。

② 万君宝:《西方文化竞争力研究的五种视角》,《上海交通大学学报(哲学社会科学版)》,2007年第6期。

③ [美]塞缪尔·亨廷顿:《文明的冲突与世界秩序的重建》,周琪等译,新华出版社,2002年,第7页。

④ 同上,第199页。

料,最终发展成近代西方的人本主义。①

第二次世界大战结束以后,由于拜物主义膨胀,西方社会发展陷入了新的困境,西方的思想家们倡导新人文主义以防止拜物教的无限扩张,也极力主张到东方中国的古老文明中去寻找,并从中国传统思想中获得其精神来源。② 也就是说,文化在相互竞争的同时也在相互影响,并非只是一种文化或文明对其他文化或文明的单向性的影响。

无论是马克思恩格斯关于征服者与被征服者之间文明的较量,还是韦伯、亨廷顿关于一种文化优于另一种文化的观点,都表明文化软实力对于一个民族、一个国家至关重要。尤其是在当今,文化竞争反映了发达国家从谋求军事霸权、经济霸权到谋求文化霸权的新变化。因此,中共十八大以来中国共产党明确提出,建设社会主义文化强国,增强国家文化软实力,必须坚持社会主义先进文化前进方向,坚持中国特色社会主义文化发展道路,培育和践行社会主义核心价值观,巩固马克思主义在意识形态领域的指导地位,巩固全党全国各族人民团结奋斗的共同思想基础。这既是国际竞争的压力所致,也是中国现代化发展的需要。

一、增强中国文化软实力必须坚守中国文化的主体性

何谓"文化主体性"? 所谓文化主体性就是指对文化的认同,也就是作为个体对于所属文化的归属感及内心的承诺从而获得保持与创新自身文化属性的社会心理过程。民族之所以能够形成民族或者说形成民族认同,归根到底是一定历史阶段内相关的整套的文化特质建构起来的一种集体性身份。文化特质是民族身份的具体载体,它构成了一个民族的精神世界和行为规范并以特有的形式表现出来。因而在民族认同中,虽然民族身份并不只是文化意义上的,它还包括政治意义,即政治意义上的民族身份,也会是所谓民族"想象的政治共同体";但是对于一个民族而言,文化的特

---

① 胡键:《文化软实力研究:中国的视角》,《社会科学》2011 年第 5 期。

② 楼宇烈:《中国的品格》,南海出版公司,2009 年,第 50～51 页。对于这种看法,实际上早在 20 世纪 40 年代著名历史学家朱谦之先生就对此进行了深入的研究。参见朱谦之:《中国思想对于欧洲文化之影响》,商务印书馆,1940 年。不久,梁漱溟先生在 1949 年完稿的《中国文化要义》一书中再次强调了这一观点。参见梁漱溟:《中国文化要义》,上海人民出版社,2005 年,第 8 页。

质具有天然的优先性。

尽管中国是一个大国,是一个多民族构成的大国,但在历史上文化的主体性是一直存在的。在中国文化的发展历史长河中,儒、道、释构成了中国文化的主脉,也是中华民族文化认同的最核心内容。这种文化认同不仅本身在当时的世界处于最发达的文明程度,而且曾经在农耕时代造就了中国最发达的物质文明和制度文明。因此,无论是马可·波罗、利玛窦,还是莱布尼茨、门多尔萨都曾经在他们的著作中对中国文化给予了高度的评价并不吝赞赏。

楼宇烈先生说:"如果一个民族、一个国家的文化主体性失落了,那就意味着这个国家的历史中断了,它的民族精神和传统丧失了。"①因此,维护文化主体性是十分重要的。在国家强盛的情况下,文化主体性以强大的物质文明作后盾往往得以很好的维护。在汉朝、唐朝、宋朝,中国在经济发展上一直领跑整个世界,因此文化主体性一直非常强大。但是在经济衰落和遭受外族侵略失败的情况下,文化主体性往往会因此而失落。可见,物质的发展与文化的发展是互为条件的。正如西欧如果没有文艺复兴,就不会有工业革命;如果没有工业革命而促使西欧资本主义的发展,西欧资本主义文化就不会成为世界工业文明的标杆。这恰恰是西欧在现代化进程中产生文化优越感如"欧洲中心论""欧洲文化中心论"等的根本原因。中国文化的主体性在于儒、释、道三位一体的中国传统文化思想体系,也称为"天下体系",这个体系既是制度的体系,也是思想的体系。

秦统一中国之前,"天下"因社会礼坏乐崩而陷入危机。当时,主要有两种力量试图恢复"天下"道统,不过其结果是完全不同的。一种力量是孔子,他力图从价值上恢复"天下",通过"修身、齐家、治国、平天下"来实现"天下"之太平。孔子不仅强调提升自己的修养,更希望由己及人而为世界创造一种自在的安乐。另一种力量则是政治权力的力量,也就是通过政治权力建立政治上一统之"天下"。虽然孔子重塑了一套价值体系,但根本无法恢复西周时期的道统。政治权力统一中国以后,政治上建立了"大一统"的"天下",但也依赖于孔孟之儒家价值体系来为"大一统"进行

---

① 楼宇烈:《中国的品格》,南海出版公司,2009 年,第 13 页。

背书。二者的结合构成了秦统一中国后的新"天下主义"之内涵。

秦统一后,虽然是以法家思想来治理"天下"的,但法家二系(韩非子、李斯)皆为荀子的门徒。荀子与孟子各自继承了孔子思想之一脉。孔子"四科"中的"政事"一科,正是法家之"源",秦以后的政治制度则是法家思想之"流"。因此,儒法实乃一家。也因为如此,儒家与皇权的结合,形式上表现为儒家的理论,本质上则是儒家的价值。尽管道家学说依旧在中国的思想界占据重要位置,但是自汉武帝开始,儒家与皇权的结合在政府的支持下而日益紧密,儒生绝大多数成为皇权的拥护者,而完全丧失了西周时期儒生对皇权的批判性。因此,儒家学生逐渐陷入僵化,这为刚刚传入中国的佛教在中国的传播提供了思想领域的空间和社会基础。特别是佛教的思想与在汉朝初年一度成为治国思想的道家学说在相当大程度上是相互兼容的。"这两个出世的思想与儒家入世的思想,构成了一个辩证关系,彼此兼容,它们也在中国人人生的不同阶段彼此代替。"①不过,也有学者认为:"强调自然与社会的对立使道家更多的是作为儒学之外的一种选择,而不是一种补充而存在,特别是当社会中的官僚机构处于崩溃之时更是如此。作为大众化的道教,它可能意味的是农民起义,像东汉反对地主、儒家和官僚的黄巾起义,作为高深的道教,它可能意味的是士大夫从社会生活中急流勇退而成为3世纪的'清谈'者,或'竹林七贤',或是满怀乡愁的唐朝诗人。"②到了宋代,士大夫们开始努力重塑中国文化传统,一个重要的标志就是把道学发展成为理学。但无论是道学还是理学,其构成的基石仍然是以《论语》《孟子》《大学》《中庸》为主的儒家经典。这样,"儒、释、道这三种思想是你中有我、我中有你,共同来支撑着中国的传统文化"③,从而构成了秦统一以来的所谓的"天下主义"的思想体系。

因此,在今天的中国坚守中国文化的主体性,就是要坚持中国传统文化的主脉,并把它们与马克思主义相结合,形成中国特色社会主义的文化。

---

① 许倬云:《中西文明的对照》,浙江人民出版社,2013 年,第 64 页。
② [美]约瑟夫·列文森:《儒家中国及其现代命运》,郑大华、任菁译,广西师大出版社,2009 年,第 36 页。
③ 楼宇烈:《中国的品格》,南海出版公司,2009 年,第 173 页。

二、增强中国文化软实力，必须戒除文化自负和文化自卑

所谓文化自负感，就是一种对待自身文化态度上的自满自足感和妄自尊大的文化优越感。这种文化自负感来源于中国历史上曾经领先于周边乃至整个世界的社会经济成就，也来自于过于封闭、不谙世事文化守旧主义。从大历史来看，在农耕文明时代，基于儒家的"大一统"体制，中国造就了一个"繁荣、治理完善的中华帝国"。而在此之前，《马可·波罗游记》第一次打开西方对中国的好奇之心的窗户，西方抱着一种推崇备至之心而使中国蒙上了一层乌托邦的色彩。在此之后，德国哲学家莱布尼茨更是对中国文化大加赞扬，认为中国有"人类最高度的文化和最发达的技术文明"。历史性的事实也的确如此，从大汉帝国一直到唐宋时期，中国农耕经济一直领先于世界，特别是唐宋时代，中国把农耕文明推到了顶峰。

文化自负的根源在于自唐宋以来中国领先于世界的农耕文明和经济成就，宋代更是达到了中国乃至世界农耕文明的顶峰。据有关的统计，宋代的经济总量超过世界经济总量的一半。即便是宋代以后，中国经济走下坡路，到康乾时期又迎来了农耕文明的"晚秋晴日"，加之中国社会的自我封闭，以至于对西方发生的一切都毫无知晓，既不知道西方的文艺复兴，也不知道工业革命。这种发展成就使中国的士大夫们沉浸于"天朝大国"的美梦之中，尤其是沉迷于"华夏为尊，夷狄为卑"的儒家文化优越感之中。社会经济发展的成就，一方面赋予了古代中国统治政权强有力的合法性，另一方面经过历朝历代的嬗变后更确立了以中华帝国为中心的"华夷秩序"。长此以往，华夏文明的中心地位最终导致了中华民族在文化上的自我陶醉式的文化满足感，以及自我封闭和对外界的茫然无知的"文化夜郎主义"。当我们处于"康乾盛世"的时候，西方的工业革命方兴未艾，正是工业革命使长期落后于东方的西方把东方帝国远远甩到后面。问题是，中国的士大夫对这一切并不知晓，还沉睡在"天朝大国"的美梦之中。正是这种情形造就了华夏民族的心理优越感。另一方面，当时《马可·波罗游记》《曼德维尔游记》《大中华帝国史》的确是把东方帝国吹捧到了无以复加的地步，说是"世界上最好的文化""世界上管理最好的帝国"等，这一切

更加深了中国社会的文化自负感。

　　然而西方不仅在进行工业革命,以技术的力量在开拓世界历史进程,使资本主义从西欧走向了世界各地;而且,在此之前,西方也在制度层面上进行了非常有益的改革,制度与法律的拓展不断增加了民众参与的机会。资本主义在法律制度和技术两个轮子的推动下,在世界各地如虎添翼般地拓展着世界市场,也同时拓展自己的殖民地,把东方落后国家"纳入"资本的"文明"进程之中。而沉睡的、自负的中国对这些进程基本上是毫无所知的。有一句俗话是这样说的,"鸡蛋从外面打开就是别人的美食,自己从内部打开则是生命"。当时的中国由于自我封闭、自我陶醉的自负感,所以是被西方从外部打开的,因此近代中国就成为西方的美食,任人宰割。

　　文化自卑是一种在对待自身文化价值上的轻视、怀疑乃至否定的态度和心理。文化自卑的根源在于鸦片战争的失败。鸦片战争之后,中国的士大夫们又走向了另一个极端,从文化自负走向了文化自卑。所谓文化自卑,就是指一种在对待自身文化价值上的轻视、怀疑乃至否定的态度和心理。中国的文化自卑感源于鸦片战争的失败。鸦片战争的失败使中国士大夫们开始对中国器物文明进行反思,开始"放眼向洋看世界",从而产生了"师夷长技"的思想,主张学习西方的器物文明。这个学习过程到洋务运动达到了高潮,并且取得了实质性的成就,不仅在中国建立了有一定规模的近代工业,而且也建立了一支强大的中国海军。然而中国在甲午海战中仍然是惨败,这促使中国士大夫们的进一步反思,认为仅有器物文明的学习是不行的,还必须学习西方的制度文明。从康梁变法到孙中山的"揖美追欧",都是想从制度上对中国进行"旧邦新造",但最后都失败了。这就表明,学习西方的制度文明仅仅停留在制度学习本身之上也是不够的,还必须要从西方社会发展的根本基因来寻找原因。正是在这个过程中,中国一些知识分子对自身文化的评价越来越低,特别是随着民族危机的一次次加深,他们对自身文化的失望也日益加重。在这种情形下,中国社会的文化革新运动在所难免。但是"新文化运动"的矛头一开始就直指中国传统文化,到五四时期,"新文化运动"的矛头直指中国传统文化,有的甚至要求彻底否定中国传统文化,它表现为对民族文化的罪恶感和"赎罪"意识,文化自卑程度之深甚至对中华民族在种族方面的品质也产生了怀疑。[①]
在这种背景下,中国知识界一度出现要求废除汉字、走世界拼音文字之路
的主张全盘西化现象。

文化自负导致中国人的闭目塞听,以至于在鸦片战争前夕中国并没有
足够的资源和动力来突破传统的世界图式,从而产生制度性迟钝或者也称
为制度惰性。文化自卑感会认为文化的历史包袱太沉重,其结果就是要彻
底否定中国传统文化结果会导致当今中国文化成为无源之水、无本之木,
导致所谓的历史虚无主义。

三、坚持文化自觉,树立文化自信

1933 年,陈序经在《中国文化的出路》一文中指出:"中国的问题根本
就是文化问题,要想解决中国的政治、经济、教育等问题,必须从文化着
手。"当时中国经济正处于发展的"黄金十年",但经济发展并不意味着中
国已经找到了现代化的道路。相反,中国走什么样道路的问题长期以来困
扰着中国知识分子。也正因为如此,中国知识分子从自己的立场出发并且
从文化上来探讨中国的道路问题。当今中国的经济发展迅速,但中国发展
也遭遇难以突破的瓶颈问题,虽然主要问题出在经济上,但根源却在经济
之外——在文化上。因此,在中国已经是世界第二大经济体的时候,解决当
今中国所有问题的关键也如陈序经当年所说的那样"必须从文化入手"。

从文化入手,就是要通过提高产业素质来实现经济发展方式的根本转
变。中国经过四十多年的现代化建设已经成为世界第二大经济体,但中国
经济发展方式的转变并不顺利,经济的品质也并不太高。而经济的品质决
定于产业素质,提升产业素质就必须大力提升文化素质和科学技术素质。
当前,中国的国力要素发展仍然不平衡,不仅表现为硬实力与软实力的发
展不平衡,而且硬实力内部、软实力内部诸要素的发展也不平衡。从总体
上来看,中国硬实力"量大质低"和软实力"量小质低"的状况没有根本改

---

① 胡键:《文化软实力研究:中国的视角》,《社会科学》2011 年第 5 期;胡键:《中国文化软实
力建设:必要性、瓶颈和路径》,《社会科学》2012 年第 2 期;胡键:《文化强国战略:跳出文化自负与
自卑窠臼》,《社会观察》2012 年第 2 期。

变。从文化入手,既要夯实中国经济发展的文化底蕴,更要用现代科学技术文化来推进中国的产业更新和科技创新。

从文化入手,就是用文化来滋养人心,提高国民素质。所谓文化就是以文化人。产业素质决定于劳动力素质和国民的整体素质。从现实情况来看,尽管经济发展迅速,但国民素质并没有相应提升。相反,有时候还表现为国民素质严重下滑的情形。从文化入手,就是要为中国的大国成长提供可持续性的成长力。大国的成长并非仅仅依靠硬实力,只有硬实力支撑的大国崛起进程,最终会陷入"修昔底德陷阱"。这是西方历史大国崛起的基本教训。要避免陷入陷阱之中,大国崛起的进程必须以硬实力和软实力共同来支撑。① 四十多年的现代化建设使中国从一个游离于国际体系之外的国家,转变成为处于国际体系中央区域的国家,中国国际地位的大幅度提升,需要通过文化建设来提高中国的品格。《易经》说:"德不配位,必有灾殃。"这既可以是针对个人,也可以说是针对国家。西方历史大国的衰落,就是因为没有加强自己的软实力建设,完全靠硬实力的扩张,所以最终因"德不配位"而覆灭的。

要树立文化自信,首先要有文化自觉。文化自觉是费孝通先生在1997 年提出来的。② 按照费孝通先生的说法,文化自觉分为四个阶段,也就是他所说的"各美其美、美人之美、美美与共、天下大同"。这四个阶段即对自己文化的欣赏、对他人文化的欣赏、不同文化之间的相互交流、在文化交融之中走向世界大同。它主要包含三层内蕴:一是文化自觉建立在对"根"的找寻与继承上,二是建立在对"真"的批判与发展上,三是对发展趋向的规律把握与持续指引上。简而言之,就是寻根、反思和对文化发展规律的认识。在文化寻根的问题上,梁漱溟先生在《中国文化要义》中对中国文化的特点有比较经典的概括:独自创发、自成体系、从未中断、同化力非常强、吸纳外部文化融合而成、后两千年没有进步、文化在四周的放射力大。③ 从这些情况来看,中国文化的根始终是存在的。然而中国文化走向

---

① 参见胡键:《角色、责任、成长路径:中国在 21 世纪的基础性战略》,上海人民出版社,2010年,第十、十一章。
② 费孝通:《中国文化的重建》,华东师范大学出版社,2014 年,第 129 ~ 133 页。
③ 梁漱溟:《中国文化要义》,上海人民出版社,2005 年,第 7 ~ 8 页。

何处的问题,在当今中国现代化的历程之中并不太清楚。不过,仅仅是寻根是不够的,文化对社会发展的作用毕竟具有双重性:既可能是促进社会发展,也有可能是抑制甚至是阻碍社会发展。因此,我们需要对文化进行反思。

近代以来,主要有两大原因促使中国知识分子对传统文化进行反思,一是战争,二是经济发展。战争的失败和经济的发展都会促使知识分子对技术、对制度、对文化进行反思。中国的现代化道路正是在不断的反思中而得以推进的。所有的反思是在西方文化、西方现代化冲击之下的反思,也是对中国命运的文化忧虑,以及对中国现代化道路的文化阐释。寻根和反思都不是目的,目的是要认识和把握文化的发展规律。从寻根和反思中,我们发现文化发展有其自身的发展规律,这些规律至少可以概括为:

一是没有单一的文化存在。凡是发展到今天且有生命力的文化都是在历史的长河中与其他文化进行广泛的融合。没有任何文化是所谓的"纯种"文化,就像民族、种族一样,在历史变迁中已经大杂居、大混杂、大融合。这种情况提示着人们不要打任何文化原教旨主义的旗帜。二是文化发展不能封闭。尽管古老的中国文明受自然条件的影响而处于相对孤立的状态,但人们的社会生活总是会突破自然的屏障而走到一起。例如,汉代张骞出使西域,是比较早的突破自然屏障而实现中原文化与西域文化进行交流的人。虽然其主观目的是要联合大月氏攻击匈奴,以恢复河西走廊的商贸通道,但战争同样也会带来文化的交往,且不说古丝绸之路的驼峰把东方神秘的故事带到西方,驼铃又把西方传奇传到东方,从那时起历经了鸠摩罗什、玄奘等的努力,中国文化、印度文化、伊斯兰文化乃至基督教文化之间实现了大规模的交流、对话和融合。三是文化是可以分享的。文化主要是技术文化、精神文化是可以在世界各国人民之中进行分享的。也正因为文化的可分享性,文化才得以广泛传播。如果文化不能分享,那就意味着文化是不能进行对话和交流的,更不能进行融合。尤其是那些符合社会发展潮流、促进社会进步的文化,可以为任何民族、任何国家所分享。

文化自信并非是通过口号来实现的,文化自信要靠我们的社会实践来实现。在文化自信问题上,我们要有"自信人生两百年,会当击水三千里"的雄心壮志,要有"路漫漫其修远兮,吾将上下而求索"的实践勇气,要有

"上九天揽月,下五洋捉鳖"的豪迈情怀。

要实现文化自信,就要正确认识中国传统文化。中国文化历史悠久,文化资源非常丰富。但是丰富的文化资源既有可能转化为文化软实力,也有可能成为中国现代化发展的历史文化包袱。长期以来,我们总是不忘中国的四大发明并以此为骄傲。但是中国在四大发明之后基本上就没有更进一步的技术革命,而仅仅是停留在四大发明的水平上。相反,中国的四大发明传到西方之后却对西方社会产生了巨大的影响。正如马克思所说:"火药、指南针、印刷术——这是预示资产阶级社会到来的三大发明。火药把骑士阶层炸得粉碎,指南针打开了世界市场并建立了殖民地,而印刷术则变成新教的工具,总的来说变成科学复兴的手段的最强大的杠杆。"而对中国来说,四大发明则最终使欧洲列强有机会和技术打开中国的国门并对中国实行掠夺和践踏。因此,我们引以为骄傲的四大发明恰恰是近代中国受辱的源头。换言之,我们因四大发明而产生的文化自负感,正是后来走向文化自卑的开始。因而实现文化自信,就要以一种科学的态度对待传统文化。同时,中国传统文化延续数千年之久,毫无疑问既有迄今为止葆有不朽生命力的文化精华,也有已经成为社会发展阻力的文化糟粕。实现文化自信,就要既善于吸纳传统文化的精华,又要有勇气抛弃文化糟粕。

要实现文化自信,就要正确认识中国发展的两面性。一方面,中国发展迅速,尤其是经济发展创造了世界奇迹,也令每个中国人感到自豪。另一方面,中国发展进程中还有不少问题。过去四十多年的发展并非是解决问题谋发展的,而是绕开问题谋发展的,所以改革才带来了社会的普遍受益。然而过去留下来的问题越来越成为进一步发展的障碍,况且在新的发展中也会产生各种新问题。因而在发展到一定程度时,我们不得不回过头去重新面对过去的问题,也必须解决过去的问题。正因为如此,中国的深化改革才更为艰难。面对中国发展的这种两面性,我们要有足够的勇气讲好中国这两方面的故事。一方面是要用中国话语讲中国好故事,也就是讲中国现代化成功的故事,显然这个故事容易讲好。另一方面,我们要用适当的方式用中国话语陈述中国现代化进程中所存在的问题。这样才是客观的中国故事,这样才是自信地讲好中国故事。只讲中国好故事,却不愿意也不善于讲中国故事的问题一面,这样的故事不仅不客观,也很难让世界相信中国故事的真实性。只有把两方面的故事都讲好了,才算是实现了文化自信。

要实现文化自信,就要积极吸纳外来文化,特别是其他民族创造的优秀文化成果。中国文化发展至今而不衰,不是因为中国文化保留着其纯洁性,而是因为中国文化一直就不断在与世界各种文化对话、交流、融合,从而实现自我革新。当前有一种观点,把西方的一切都视为洪水猛兽而拒绝,甚至连西方的社会科学思想、著作都被视为"和平演变"的工具了,都被认为是西方的"幕后黑手"。这跟极"左"时期所说的"宁要社会主义的草,不要资本主义的苗"没有任何区别,甚至有过之而无不及。草和苗本没有阶级属性,未种在社会主义田里的苗当然就是社会主义的,长在社会主义田里的草同样也会妨碍社会主义庄稼的生长。有的人说,社会科学是有阶级性的。勇敢地"拿来"为我所用就是一种最大的文化自信的表现。

要实现文化自信,就要勇于创新和善于创新。创新是一个国家的灵魂,文化的创新更是塑造灵魂的根本手段。文化的创新的基础是传统文化,没有传统文化,中国的文化即没有根。所以创新首先要有对传统文化的自信。文化创新还需要文化的包容性,没有包容的文化是没有生命力更没有创新力。文化的发展与创新就是在多样文化的交融与竞争中实现的。同时,文化的生命力和创新力还在于文化传播力和影响力。中国文化传播力和影响力的基础是中国积极与世界分享中国的文化产品。没有生命力和创造力的文化是难以分享出去的。因此,中国的文化自信既要表现出大胆的吸纳,也表现为积极地对外分享也就是"送去"。这是文化创新过程中的两个方面,也是敢于创新和善于创新统一过程的两个方面。社会实践的发展与文化创新是互为因果的,没有社会实践的创新就没有文化的发展;同样,没有文化的创新,社会实践也会失去持续发展的动力。

第二节　增强中国文化软实力的制度保障

增强中国文化软实力必须要全面深化文化体制机制改革。制度是保障,长期以来文化软实力的发展不仅受制于政策的约束,更受制于制度设计。也正因为如此,文化体制也需要全面深化改革。增强国家文化软实力和实施文化强国战略提出来以后,关于文化体制改革也提上了日程。

一、中共十九大以前文化体制改革的历史演进

2002 年 11 月,中共十六大报告厘清了两者之间的关系,首次提出"积极发展文化事业和文化产业""根据社会主义精神文明建设的特点和规律,适应社会主义市场经济发展的要求,推进文化体制改革"。2005 年年底,中共中央、国务院下发《关于深化文化体制改革的若干意见》。2006 年 3 月,中央召开全国文化体制改革工作会议,新确定了全国 89 个地区和 170 个单位作为文化体制改革试点。文化体制改革在稳步推进的基础上,走上全面推开的新里程。2006 年 9 月,中共中央办公厅、国务院办公厅印发《国家"十一五"时期文化发展规划纲要》,对进一步加快文化建设、推动文化体制改革作出部署。2007 年 11 月,中共十七大从中国特色社会主义事业"四位一体"总体布局的战略高度,提出兴起社会主义文化建设新高潮、推动社会主义文化大发展大繁荣的战略任务。管理体制的创新促进了我国文化产业规模的迅速壮大。据国家统计局的报告,2008 年,我国文化产业增加值达到 7630 亿元,比 2004 年增加了 4190 亿元;文化产业增加值相当于同期国内生产总值的 2.43%,比 2004 年提高了近 0.3 个百分点。但是这种规模依然是弱小的。

2009 年 7 月,我国第一部文化产业专项规划——《文化产业振兴规划》由国务院常务会议审议通过。这是继钢铁、汽车、纺织等十大产业振兴规划后出台的又一重要产业振兴规划,标志着文化产业已上升为国家战略性产业。第二年,中央政治局集体学习专门讨论文化管理体制创新问题。时任总书记的胡锦涛强调,一定要从战略高度深刻认识文化的重要地位和作用,以高度的责任感和紧迫感,顺应时代发展要求,深入推进文化体制改革,推动社会主义文化大发展大繁荣。正是在这样的背景之下,加强我国文化体制改革的序幕正式拉开。这一阶段改革的主要特点是:

第一,转变政府职能,发展文化事业。长期以来,我国在文化领域内文化产业与文化事业是不分的,以至于公益文化事业收费项目较多,而文化

领域的媒体尤其特殊，产业反而更像事业。把文化事业与文化产业区别开来以后，政府重新进行角色定位，由主要"办文化"转到"社会管理和公共服务"上来。与此同时，政府越来越重视公益性文化事业的发展，在"十一五"规划中明确提出，加大政府对文化事业的投入，逐步形成覆盖全社会的比较完备的公共文化服务体系。"十一五"期间，博物馆、纪念馆、公共图书馆、文化馆、书屋等都大规模免费开放，使市民能够充分享受到文化事业发展的直接成果。

第二，以市场经济规律为指导，大力发展文化产业。由于事业与产业的分离，在文化事业发展的同时，文化产业也获得了相应的发展动力，各项指标都表现良好。尤其是文化企业的转制，使一大批文化企业焕发出新的生机和活力，文化产业成为各地新的经济增长点。根据《文化及相关产业分类（2012）》和《文化及相关产业增加值核算方法》的规定和要求，经核算，2016 年全国文化及相关产业增加值为 30785 亿元，比上年增长 13%（未扣除价格因素，下同），比同期国内生产总值名义增速高 4.4 个百分点；占国内生产总值的比重为 4.14%，比上年提高 0.17 个百分点。2016 年文化及相关产业保持平稳快速增长，比重稳步上升，对促进经济转型升级、平稳健康可持续发展发挥了重要作用。按行业分，2016 年文化制造业增加值为 11889 亿元，比上年增长 7.6%，占文化及相关产业增加值的比重为 38.6%；文化批发零售业增加值为 2872 亿元，增长 13%，占 9.3%；文化服务业增加值为 16024 亿元，增长 17.5%，占 52.1%。

第三，突出以文化人。过去由于强调以经济建设为中心，以及住宅市场经济的刺激之下，各行各业都强调利润，文化行业也盲目追求利益，完全忽视了社会责任。但是随着文化体制的改革不断深入，文化行业尤其强调以国民素质的提升为核心，突出以文化人。根据贴近实际、贴近生活、贴近群众的"三贴近"要求，各级各类文化单位努力践行"艺术的生命力蕴含在人民群众之中"的实践标准，在出版发行、电影电视、演艺演出等多行业多领域，创作出一大批脍炙人口的主旋律作品，产生了一大批德艺双馨的文化艺术工作者。

二、中共十九大以来关于文化体制改革的新内容

中共十九大报告关于文化体制改革的主要内容是：一是"要深化文化体制改革，完善文化管理体制，加快构建把社会效益放在首位、社会效益和经济效益相统一的体制机制"。所谓"深化"，是因为从中共十七大提出推动"文化大发展大繁荣"到十八大明确"建设文化强国"以后，文化事业和文化产业都有较大的发展。

但是经济发展与文化发展之间的矛盾依然突出，尤其是文化发展相对滞后的情形没有根本改变。而中共十九大指出"人们对美好生活的追求与发展不平衡、不充分的矛盾"已经成为新时代中国特色社会主义的主要矛盾。人们对美好生活的追求，不仅包括追求更高质量、更安全的物质生活，也包括更高质量、更安全的文化生活、精神生活。而"发展不平衡、不充分"则成为制约中国人民对美好生活的追求的限制。正因为如此，十九大报告提出要深化文化体制改革，为社会提供更高质量和更丰富的文化产品，以满足人们的需求。所谓"完善"，是因为十六大以来对文化体制改革已经非常深入，但文化体制尤其是管理体制上的弊端依然存在，全面深化改革在文化体制上的目标就是要完善文化管理体制，是文化产业和文化事业各自发挥其功能，是文化生产力能够充分地发挥出来。因此，十九大以后，各项深化文化体制改革的政策相继出台；各项推进公共文化机构法人治理结构改革、基层综合性文化服务中心建设的重点措施得以落实；文化扶贫工作取得重大进展；在文化市场改革方面，政府简政放权，推行一系列融资举措，鼓励文化企业进入市场，减轻企业负担，释放市场活力、主体动力和社会潜力。

二是"完善公共文化服务体系，深入实施文化惠民工程，丰富群众性文化活动"。过去相当长时期内，我们以经济建设为中心，所以一切都服务经济建设这个中心，经济以外的东西都被搁在一边，尤其是文化服务是非常欠缺的，更没有什么公共文化服务体系。中共十七大以后，文化体制改革和文化大繁荣战略的推进实施，公共文化服务体系逐渐建立起来。不过，公共文化服务体系是非常不完善的，也正因为如此，十九大才提出完善公

共文化服务体系。同样,在经济尚未发展起来的时候,人们的文化消费和文化享受也不会得到重视,而经济实力得到提升的前提下,人们对文化的追求也就自然地提上了日程。因此,文化惠民政策和丰富群众性文化活动也就成为一种必然的政策取向。

三是"加强文物保护利用和文化遗产保护传承"。中国是一个拥有数千年历史文化的国家,在现代化过程中,过度地强调经济发展和城市化,以至于众多文物被经济发展和城市化淹没了,甚至是摧毁了。因此,近年来文化保护意识得到提升,并在努力将文化转化为国家文化软实力。

四是"健全现代文化产业体系和市场体系,创新生产经营机制,完善文化经济政策,培育新型文化业态"。在"十二五"规划提出的"公共文化服务体系"基础上,"十三五"规划提出"中华优秀传统文化传承体系""文化产业体系""文化市场体系",这与公共文化服务体系一起构成"十三五"期间我国文化发展更全面、更系统、更完整的宏观体系。经济发展需要打造现代经济体系,文化尤其是文化产业的发展也需要现代文化产业体系和新型的文化业态。用新产业、新业态来促进文化大发展、大繁荣。

第三节　增强文化软实力与新时代中国的文化发展使命

中共十九大报告对文化发展的意义作出新的历史定位,提出了新的文化使命。十九大报告还明确指出:"当代中国共产党人和中国人民应该而且一定能够担负起新的文化使命。"那么新时代在增强中国文化软实力过程中如何担当中华民族的文化使命呢,应做到以下四点:

首先,要坚持马克思主义意识形态在文化发展中的领导权。中共十九大报告明确指出:"意识形态决定文化前进方向和发展道路。"文化发展的方向所揭示的是现代化道路问题。从历史来看,每当现代化道路遭遇困境的时候,知识分子往往会从文化上进行反思,而反思的原因一般有两种:一种是战争,另一种就是经济的快速发展。回顾鸦片战争以来的中国近现代史,我们会发现,中国先进分子的文化反思主要从器物文化、制度文化和精神文化三个方面进行反思。

对器物文化的反思,是由于鸦片战争的失败,在与西方列强的第一次遭遇中,泱泱大国为什么会失败? 战争的失败尤其是在战争中切身地感受到西方列强的船坚炮利的情形促使中国的开明士绅和知识分子对中国的技术文化进行反思。这表现最为突出的就是林则徐和魏源。林则徐是"睁眼看世界"的第一人,他主张了解西方,学习西方进步的自然科学与实用技术。他总结鸦片战争失败的教训,认为英国之所以胜利在于,英帝国主义"器良、技熟、胆壮、心齐"。林则徐尤其强调英国的器物文化的先进性。因此,他认为中国要想御侮图强,必须学习西方先进的科学技术。魏源继承了林则徐师夷制夷的思想。他在林则徐《四洲志》的基础上完成了《海国图志》,非常详细地介绍了世界各国的地理、历史和社会的状况,比较详细地阐发了"师夷长技以制夷"的向西方学习的思想。魏源强调指出:"师夷"是为了"制夷",向西方学习是为了抵御西方的侵略,而要成功地抵御西方的侵略,实现"制夷"的目的,首先必须要"师夷"。在器物文化上用实际行动来反思的是洋务派发起的洋务运动,倡导"中学为体,西学为用"创办了各种近代企业,的确是使中国在现代化的道路上迈出了非常重要的一步。但遗憾的是,"体""用"之间的矛盾从一开始就暴露出来,最终导致洋务运动以失败而告终。这表明仅仅在器物文化上的反思是不够的。

对制度文化的反思,这同样是战争引发的反思。甲午战争的失败,才有了康、梁领导的"公车上书",这是一个诱因,最终在数年后爆发了维新变法运动。虽然变法历经百日而失败,但也检验了当时中国社会对革新的接受程度。实践证明,即便在中国处于亡国灭种的危亡之中,中国社会对革新的接受程度也是非常低的,这也验证了马克思在此前所说的:"中国,这块活的化石……在东方各国我们总是看到,社会基础停滞不动,而夺得政治上层建筑的人物和种族却不断更迭。"①更有甚者,还有一批守旧的知识分子为这种"活化石"做守护人。例如,王国维就公然对外说,君主专制是至善至美的制度。然而欧风美雨尽管遭到中国社会的拒斥,但对中国社会仍然具有摧枯拉朽的作用。正如马克思在《鸦片贸易史》中所说:"一个人口几乎占人类三分之一的大帝国,不顾时势,安于现状,人为地隔绝于世

---

① 《马克思恩格斯全集(第15卷)》,人民出版社,1963年,第545页。

并因此竭力以天朝尽善尽美的幻想自欺。这样一个帝国注定最后要在一场殊死的决斗中被打垮……"①果不其然,帝国最终被孙中山领导的资产阶级民主革命所推翻,取而代之的是民主共和制。这是制度文化比较彻底的一次反思。遗憾的是,资产阶级民主共和缺乏民众基础,原因就是缺乏思想启蒙。所以说,中国社会开始进入精神文化的反思。

对精神文化的反思,是由于辛亥革命失败后,中国社会充斥着复古逆流。陈独秀、李大钊、鲁迅、胡适等一批知识分子主张向西方学习,倡导"德先生"(民主)和"赛先生"(科学),这就是新文化运动和五四运动的价值追求。在这种文化冲击之下,旧式的知识分子由于无法适应,所以有的被淘汰,有的则自我淘汰。例如,王国维的自杀,既可以说是为了"殉制度"也可以说是"殉文化",成为旧式文化和制度的殉道者。当然还有一批虽不像王国维那样走向极端,但也是中国的文化保守主义者,如辜鸿铭、林琴南、杜亚泉等,以维护中国主脉为由拒绝一切西方的文化。

关于精神文化的反思不能不提及梁启超。第一次世界大战后,梁启超遍游欧洲,所见所闻使其从内心改变了对西方文化和对中国传统文化的看法。尤其是看到一战导致欧洲的萧条使他感到欧洲并非十全十美,过去认为欧洲一切都是好的,中国一无是处,这根本不对。因此,他主张要有所鉴别地学习西方。梁启超的这种反思无疑是深刻的,甚至影响了 20 世纪 30 年代的文化论战。当然 30 年代的论战更多的是经济发展所致。因为国民政府统一中国以后,加上一战结束后,世界主要大国都处于"休养生息"时期,中国民族经济迎来了发展的"黄金十年"。然而经济在发展的同时,中国知识界也在探讨中国现代化的走向问题,这种思考最终也反映到文化上,并在知识界中形成了西洋派、折中派、复古派三大流派。这场文化论战是由陈序经挑起的。1933 年,陈序经发表了《中国文化的出路》一文,主张全盘西化,其理由是:西洋文化比中国文化进步;西方现代化是世界的趋势;中国道德(公德、私德)不及西洋。王新命、萨孟武、陶希圣、何炳松等十位教授则于 1935 年针锋相对发表了《中国本位的文化建设宣言》一文,表达了折中派的文化主张:中国的特殊性;不能凭空赞美中国的制度,要加

---

① 《马克思恩格斯文集(第二卷)》,人民出版社,2009 年,第 632 页。

以检讨;按照中国的需要吸收欧美文化;中国文化建设的关键是创新;文化建设的目标是世界大同等。当时被这场论争卷入其中的有一大批知识分子,包括折中派的张东荪、吴景超、张申府、嵇文甫;西洋派的胡适、张佛泉、张熙若、梁实秋等。① 这场论战虽然是因经济而起,但直到全面抗战爆发以后这场论战也没有真正停止。

无论是战争还是经济发展引发的上述三方面的反思都没有能够把中国的发展引入正轨,原因就在于缺乏科学理论和正确意识形态的指导。今天,在社会主义现代化建设过程中,中国经济发展迅速,但中国缺乏原创性的哲学社会科学理论,因此中国现代化道路究竟向何处去的问题又摆在了中国社会面前,回答好这一问题的前提同样需要从文化上进行反思。实际上,中国的现代化道路是在不断的反思中得以推进的;而且所有的反思是在西方文化、西方现代化冲击之下的反思,也是对中国命运的文化忧虑,以及对中国现代化道路的文化阐释。但是这些反思都必须坚持马克思主义意识形态的指导,只有马克思主义意识形态才是中国文化建设和提升中国文化软实力的根本保证。

其次,要在提升中国文化软实力的进程中始终践行社会主义核心价值观。社会主义核心价值观的源头是中华优秀传统文化,但形成于中国社会主义现代化的伟大实践。因此,践行社会主义核心价值观就必须不断挖掘中华优秀传统文化。挖掘中国优秀传统文化的前提是要对传统文化进行整理,揭示出中国优秀传统文化的特质。中国优秀传统文化的特征非常多,但笔者认为最为重要的特质表现在②:

一是"正德利用厚生"。"正德",就是尽人之性,以正人德;尽物之性,以正物德。"利用",即利物之用,也就是利用自然资源。"厚生",即厚民之生,也就是尊重、关爱、厚待社会民生,使百姓富足。这就是后来孟子所说的"王道"。即使如有的学者所说的那样《战国策》是以争夺霸权为核心的,③但《战国策》也强调"德、仁、道、义、法、贤、圣"等因素的决定性作用。

---

① 上述争论的情况及相关文献请参见罗荣渠主编:《从"西化"到现代化:五四以来有关中国的文化趋向和发展道路论争文选(中册)》,黄山书社,2007 年。
② 参见胡键:《文化软实力研究:中国的视角》,《社会科学》2011 年第 5 期。
③ 阎学通:《〈战国策〉的霸权思想及其启示》,《国际政治科学》2008 年第 4 期。

例如,司马错对秦惠王说:"欲王者,务博其德。"①意思就是说,要建立王道大业,必须广施德政,用今天的话来说就是要增强软实力。"正德厚生"的文化特质几千年来一直就流淌在中国的文化长河之中,时而为潜流、暗流,时而为明流乃至洪流,为中国封建社会历朝历代都造就了为期不短的盛世奇光。中国传统文化的这种特质和以这种文化特质为源泉的中国文化软实力,也为当今中国社会发展、经济繁荣提供了思想动力。更为重要的是,它们正在把当今中国塑造成一个"德唯善政、政在养民"的德治国家。

二是"修己以安百姓"②。《论语》这种德政观念虽然是由亲亲尊尊的五伦来维系的,但由这种文化特质滋长起来的尽心、尽性、尽伦、尽制的"综和尽理之精神",就是要求每个人尤其是施政者要成就圣贤人格。③ 孟子曾说,人人皆可为尧舜。意思就是每个人不断"修己",即不断地进行自我完善、自我发展、自我提升,就能进行有效地"安人"和"安百姓"。在漫长的中国封建社会中,因财富占有的差别而经常导致社会底层的暴动最终改朝换代,但历朝历代的统治者都深知载舟覆舟的道理,因而在夺得江山社稷之初,总是非常注重"修德政""养生息"。这不仅与文化有直接的关系,而且实际上就是传统文化的特质使然。这种传统文化特质一直就是中国历朝历代为政的基本道德。当今中国共产党的执政生涯中,反复强调加强党的自身建设,提高执政能力,构建和谐社会,这也正是中国传统文化的特质在当今成为时代强音的具体表现。

三是在对外的理念上强调"和而不同"。包容性是中国传统文化最鲜明的特质。"和而不同"包含着不同、差异、矛盾在内的多样性的统一,同异有别,协调差异,以求和谐。无论是道家还是儒家都追求和谐。《道德经》讲:"道生一,一生二,二生三,三生万物。万物负阴而抱阳,冲气以为和。"④孔子也说:"君子和而不同,小人同而不和。"⑤虽然道家与儒家所追求的"和谐"内容不同,但本质上都强调在尊重多样性的前提下来谋求和谐。中国文化的历史发展脉络之所以能绵延不断地传承至今,一个非常重

---

① 《战国策·秦策》。

② 《论语·宪问》。

③ 牟宗三:《中国哲学的特质》,上海古籍出版社,2007 年,第 166 页。

④ 《道德经·四十二章》。

⑤ 《论语·子路》。

要的原因就在于,中国文化具有海纳百川的包容性,中国文化的巨大生命力和成长力就在于,它提倡求同存异,而不化异为同。当今中国以"和谐世界"为目标取向的外交理念在相当大程度上也是基于这种"和而不同"的传统文化特质。

再次,要以提高国民素质为核心加强思想道德建设,为提升中国文化软实力奠定好社会基础。客观地说,中国现代化进程迅速发展的四十多年中,经济等物质方面的要素发展迅速,但人们的精神生活尤其是道德素质不仅没有提升,反而在下滑,以至于社会流行着一种"道德滑坡论"。在改革开放之初,社会强调物质生活的富足,这是无可厚非的。但是如果在物质生活水平大幅度提升的情况下,我们还依然仅仅追求物质生活的东西,那么我们的社会就会陷入一种畸形的拜物主义泥沼之中。为了避免这种现象,我们才特别注重文化生活、精神生活等的高质量生活。而像道德素质的提升是精神生活质量提升的前提条件,所以说,提高人民思想觉悟、道德水准、文明素养,是满足人民美好生活的精神文化需求的必要条件。

最后,增强中国文化软实力必须加强跨文化交流。从经济对外开放以来,中国就一直强调"走出去",最初是经济"走出去",这一方面是比较成功的,也取得了实质性的成就。随后,随着文化强国战略的实施,以及增强国家文化软实力的目标提出来后,文化"走出去"也作为一种战略在不断推进。尤其是"一带一路"倡议提出来后,文化"走出去"的步子也在加快。不过,不少人错误地认为,文化"走出去"似乎就仅仅是推介中国文化,甚至是把中国文化输出国门。这种理解文化"走出去"是非常肤浅的。真正意义上的文化"走出去"是为了促进中国文化与世界各国、各民族其他文化之间的交流,也就是跨文化交流。

所谓"跨文化交流",就是让对方从对方的文化来理解中国文化并对中国文化产生积极的认知。这里举三个例子来说明跨文化交流的内容和重要性。1919年巴黎和会,中国是战胜国,然而西方主要大国却要把德国在中国山东的权益交给日本,这对中国来说是极大的侮辱。中华民国外交家们是怎样进行抵制的呢?如果以一种简单的逻辑来抗议,如山东是中国的主权,中国是战胜国,不应该把山东从德国手里交给日本!这从中国的角度来看完全正确,但中国是弱国,这根本无法说服西方大国。然而顾维钧却另辟蹊径来进行抵制。他说,孔子是东方的圣人,出生在山东,山东就是中国的圣地。因此,如果要让中国让出山东,除非基督教、伊斯兰教让出耶路撒冷!尽管结果都没有保住山东,但顾维钧的一番话打动了当时西方各国外交家,他们纷纷鼓掌有的甚至与顾维钧先生拥抱。至于没有保留住山东的权益,那是因为有太多的因素影响着巴黎和会的最终决定。

另一个案例是1954年,周恩来总理带领中华人民共和国外交使团出席日内瓦会议,在会议的间歇期间,代表团也要推介中国文化,邀请当时各国代表观看《梁山伯与祝英台》。从这个情况来看,那也意味着中国文化"走出去"了,但如果仅仅是简单的邀请然后我们放映,估计没有几个人会对此感兴趣。当这事上报给周恩来总理的时候,他在海报和邀请函上加了一句话"请欣赏东方的《罗密欧与朱丽叶》"。西方的外交家们也许不知道《梁山伯与祝英台》,但肯定都知道《罗密欧与朱丽叶》,他们通过熟悉的《罗密欧与朱丽叶》而对中国的《梁山伯与祝英台》充满了期待。因此,就因为这句话使得《梁山伯与祝英台》吸引了各国外交家。

第三个案例是2010年上海世博会。在申办的时候,竞争非常激烈,共有六个国家的六个城市参与竞争,而最大的竞争对手是俄罗斯的莫斯科,它的基础非常好。然而中国以"城市"为主题来申办,最初并没有什么优势。因为与西方相比,中国城市化起步较晚,城市发展的困境更为突出。假若中国以自己城市的发展为内容来确定主题,很有可能会失败。但是中国以亚里士多德的一句话作为主题演绎的起点,即"人们来到城市是为了生活,人们居住在城市中是为了生活得更好"。国际博览局的各国代表对中国城市发展并不了解,但他们对亚里士多德这句话并不陌生。在西方城市化陷入各种"城市病"的情况下,他们特别希望看到中国城市化究竟会给世界展示一种什么样的精彩。最终,中国上海击败了所有的竞争对手而获得主办权。

跨文化交流,不是用中国的话语去说服其他国家接受中国文化,而是对相关的文化角色、文化时空、文化要素进行合理化且符合逻辑的"置换",使之对中国文化产生积极的认知。从文化角色来看,跨文化交流就是要从对方的角度引导对方来理解我方的文化;从文化时空来看,就是把双方、多方不同时空的文化进行空间与实践的重组,使对方更加容易理解我

方的文化;从文化要素来看,就是把我方的文化要素与对方具有相似性的
文化要素进行比较,使对方从自己文化要素的角度来理解我方的文化要
素,从而对我方的文化产生积极认知。当然,我方同样用这样的方式去理
解对方的文化。这样,跨文化交流的结果就是在相互的积极认知下形成文
化对话和融合。

第十章 增强中国文化软实力的策略

关于如何提升中国文化软实力的问题,国内学者已经提出了不少建设性的建议。例如,童世骏从文化软实力建设的路径探讨了提升文化软实力的措施在于,推进文化创新和产品升级,提高文化产业的国际竞争力。[①]韩振峰则提出了提升国家文化软实力的十项措施,其中直接关于提升文化竞争力的措施包括:发展文化生产力、增进文化传承力、激发文化创造力、提高文化竞争力、提升文化传播力、扩大文化影响力,以及加大文化保障力等。[②] 陈正良认为,必须大力发展文化事业,重视文化创新,整合利用中国深厚悠久文化资源,大力推动文化产业的发展,让中国产品成为中国特色文化的结晶和载体;增强中国文化价值观的全球辐射、对外亲和力与感召力。[③] 客观地说,这些研究都颇有价值,但不具有系统性。前一章中从宏观上研究了增进中国文化软实力的基本方略,这里将从文化软实力的具体要素就提升中国文化软实力的策略提出建议。应该说,中国文化软实力近些年取得了长足的发展,在前面的相关章节中已经有数据显示,但的确在一些方面有提升的空间。为了具有更强的针对性,本章在这里主要是寻找问题与不足,以便使对策建议更加切合客观实际。

---

① 童世骏:《提高国家文化软实力:内涵、背景和任务》,《毛泽东邓小平理论研究》2008 年第4 期。

② 韩振峰:《提高国家文化软实力的十大举措》,《理论导报》2008 年第 4 期。

③ 陈正良:《增强中国文化软实力论要》,《浙江社会科学》2008 年第 2 期。

第一节　如何增强中国物质性资源
产生的文化软实力

从前文的比较中我们可以发现,中国物质性资源产生的文化软实力的主要缺陷表现如下:

第一,教育、科研投入虽然比以前有大幅度的增加但依然不多,因此表现为著名科研机构指数比较低。有一个非常重要的现象,机构数量不断增加,但能够产生科研创新的不多。尤其是哲学社会科学的研究机构在大幅度增加,但社会科学思想创新严重不足。中共十八大以后,随着中国现代化建设的迅速发展,中国的大国成长尤其需要中国特色的哲学社会科学思想作为支撑。因此,2013 年 4 月,习近平总书记首次提出建设"中国特色新型智库"的目标。中共十八届三中全会审议通过的《中共中央关于全面深化改革若干重大问题的决定》明确提出,应"加强中国特色新型智库建设"。2014 年中央全面深化改革领导小组第六次会议审议通过《关于加强中国特色新型智库建设的意见》,2015 年 1 月,中共中央办公厅、国务院办公厅印发了该文件。随后,首批 25 家国家高端智库建立起来,其他各类智库也在政策咨询服务上发挥了不同的重要作用。然而据统计,2014 年中国共有 429 个智库,在数量上仅次于美国(1830 个),居全球第二,但只有 7 家进入全球影响力排行前 100 名。[①] 2015 年和 2016 年,中国的智库数量上升到 435 家,两年都分别有 9 家中国智库成为"全球顶级智库",两年都是中国社会科学院、中国国际问题研究院、中国现代国际关系研究院、国务院发展研究中心、北京大学国际战略研究院、上海国际问题研究院、中国与全球化研究中心、人大重阳金融研究院等 9 家。[②] 2017 年,中国智库的数量又有新的增加,上升到 512 家,但进入顶级智库百强榜的中国智库数量

---

① Think Tanks & Civil Societies Program, "2014 Global Go To Think Tank Index Report", January 22, 2014.

② [美]詹姆斯·G.麦甘:《2015 年全球智库报告》,上海社会科学院智库研究中心译,上海社会科学院出版社,2016 年,第 74~82 页;[美]詹姆斯·G.麦甘:《2016 年全球智库报告》,上海社会科学院智库研究中心译,上海社会科学院出版社,2017 年,第 75~82 页。

并没有增加。①

第二,从政府效率指数来看,中国的文化管理体制缺乏足够的灵活性,政府在抓文化建设方面有通过短平快的项目追逐形象工程的嫌疑。因而,中长期的文化项目严重缺乏。众所周知,文化发展并非是一朝一夕能够见效的,必须长期培育。同时,作为居民文化素质提升的重要场地如包括图书馆、博物馆等公共文化设施严重不足。

第三,劳动力数量和质量都严重短缺,在科研管理上重数量而忽视质量。劳动力的数量体现的是国家的总体创新水平,而劳动力的质量则是国家的核心创新力。文化发展不仅要创新,而且要创意,这些都需要有高质量的劳动力。另外,这些年高校、科研机构的评价都在追求"论文 GDP",尤其是大量追求在国际化期刊上发表的数量,从而导致科研本身的异化。结果是,大量的科研人员想方设法要追求国际发表,否则就无法进行职称晋升,获得学术头衔和各种荣誉称号。但问题是,一个国家最有创新性的论文本应该在本国期刊上发表,这样才能体现国家的综合创新能力。众所周知,日本的创新力非常强,但日本的学术界从来不追求国际发表,反而更强调在日本的科技期刊上发表。这不能不值得我们深思。

第四,国际文化品牌严重缺失,核心文化产品对外贸易依然是巨大的逆差。文化品牌是文化传播力的重要基础,没有文化品牌,文化要在国际上产生影响力就非常艰难。也正因为缺乏国际文化品牌,中国的核心文化产品如报纸、期刊、图书、电影、电视以及相应的版权等,在对外贸易的过程中都是严重逆差。这与中国经济对外贸易形成了严重的反差,也与中国文化资源大国相悖。

鉴于此,我们建议从以下方面来增进中国物质资源产生的文化软实力:

第一,继续加大对教育和科研的投入,但要强调成果创新而不是仅仅是大学规模的扩大和科研机构数量的增加,尤其是要强调基础理论研究的创新。当前高校最大的问题是各种专业院校都要改名为大学,而且都要办成综合性大学,结果自己的特色丧失了却又没有成为有竞争力的综合性大

---

① Think Tanks & Civil Societies Program? "2017 Global Go To Think Tank Index Report", January 31, 2018.

学。科研机构和大学都在争先恐后地要做国家的智库,确切地说都在写专报、建议,时间一长,研究人员连学术论文都不会写了。如果是这样,学者何以为学者?基础理论又如何进行创新?另外,教师的天职是教书育人,今天高校的教育出了不少问题,一个最现实的问题是,一方面大学教育质量严重下降,另一方面大学教师却都在努力做智库。这两方面都会导致大学精神的丧失和大学的衰落。因此,我们的政策制定和政策偏好绝对不能本末倒置。

第二,在文化管理体制上,还是要按照中共十八届三中全会的要求,要按照政企分开、政事分开原则,推动政府部门由办文化向管文化转变。由于文化涉及意识形态安全问题,长期以来文化领域一直是政府主导的,体制机制上是十分刚性的。这种情形实际上违背了文化发展的基本规律。文化主要分两块,一块是公共文化,这涉及居民的日常生活质量问题。现代化建设不能仅仅是在物质上满足人们生活的需要,而且要在文化上也要满足人们生活的需要。这部分内容需要政府来办,构建现代公共文化服务体系,促进基本公共文化服务标准化、均等化,从而消除公共文化生活上的"不平衡、不充分"问题。尤其是要大规模推动公共图书馆、博物馆、文化馆、科技馆等文化设施建设,一方面是提升中国城乡的文化形象,另一方面更可以通过这些文化设施来提升民众素质。一个经常在博物馆、科技馆、文化馆中思考的民族,才是最有文化底蕴的民族。另一块是文化产业。文化产业的发展要坚持走国际化发展之路,提高中国文化产业的国际地位。文化产业的发展必须融入全球化的进程,只有在参与全球竞争的情况下才能不断提高自身的竞争力。

其一,要在全球化的市场框架中构思中国文化产业的发展规划。中国文化产品对外贸易逆差,这是因为长期以来中国文化产业的发展着眼于内部市场。全球文化市场的日益开放,意味着世界各国的文化将以最快的速度抢占中国市场,在这种情形下,中国文化产品并不能在国内市场占据优势地位。因此,迎接竞争才能增强自身实力。文化产业发展不仅要有内需的拉动,而且也要有外需的拉动。用外需来拉动内需,用外需来推动内需的增长和质量,用外需来影响国内市场的国际竞争,这已经成为一些国家文化产业发展战略的重要选择。中国文化产业发展要实施走出去战略,积极利用国内、国际两种资源,培育、开发国内和国际两个市场,努力开拓文化产品和文化服务的出口渠道;充分利用中国丰富的民族文化资源,加快发展自己的特色文化产业,主动参与国际竞争,在竞争中变得强大起来。

其二,要充分利用经济领域走出去积累起来的市场和经验,大力支持文化企业参与国际竞争。中国经济开放已经四十多年,不仅拥有了巨大的国际市场,而且还积累了中国产品"走出去"的丰富经验。因此,中国文化产品和文化企业"走出去"参与国际竞争,要利用这些经验来开发国际市场,特别是通过开展国际合作与交流来促进中国文化企业和文化产品尽快熟悉和适应国际市场的竞争环境,在竞争中不断增强中国文化的竞争力。此外,具体的文化企业还要认真研究世界市场的文化需求和消费心理,使中国的文化产品能够积极应对世界市场的需求。这样才能从根本上扭转中国文化产品贸易逆差的态势。

其三,要在不断提高文化产品的技术含量和技术水平的同时,全方位整合文化资源,加快推进文化资源集约化经营战略。中国文化产品的技术含量不高,面对西方先进技术广泛应用于文化产品之上的现实,中国文化产品还停留于传统的文化生产方式和经营方式上。因此,一方面,提高中国文化竞争力就要借用新技术进行文化产品创新,打造新技术条件下的文化品牌;另一方面,中国文化产业刚刚起步,无论是文化产业的经营理念、策划经营能力,还是资源整合能力,都不够成熟和强大。也就是说,在这方面中国要不断学习西方的文化经营战略,提高自己的文化资源整合能力,努力打造中国的文化产业"航空母舰",提升中国文化的整体竞争力。

第三,关于劳动力素质和数量问题,当前对高校教育的批评之声颇多,尤其是对20世纪90年代中后期的大学扩招以及随后的研究生扩招的批评不绝于耳。客观地说,本科生和后来的研究生扩招对提升中国劳动力素质和增加中国劳动力总量发挥了十分积极的作用。笔者认为,问题不在于扩招,而在于教育产业化后虽然提出来"宽进严出"的口号,但在具体的教育管理实践中"宽进"的确做到了,"严出"却并没有做到,以至于毕业的大学生、研究生质量严重下降。提高劳动力质量唯一的途径无疑是高等教育,一个人口大国如果接受高等教育的人数所占的比例不高,这至少说明我们不是教育大国,也不是人力资源大国。因此,让更多的人接受高等教育依然是提升劳动力数量和素质的根本途径。不过在继续扩大数量的同时,必须把劳动力质量及高等教育质量作为最根本的抓手。这抓手是什么呢? 这抓手就是使教育回归其本位,其前提就是使高校教师回归其教书育人的本职。教育服务社会和服务国家的核心内容就是为国家和社会培养合格的人才。不要刻意让高校教师去做智库,当然在教书育人在时间和精力都还有剩余的前提下,做一点咨政的事情也是可以的,但不倡导以此尤其是领导对专报的批示作为考核高校教师的指标。儒家的"学而优则仕"就是指在传道授业解惑还有余力的前提下做官。这里的"优"就是指余力。对教师的考核就是要对教师传道授业解惑等方面进行考核。

　　第四,增强文化竞争力必须要打造文化品牌,特别是要采取国际化的文化产品制作、传播方式来打造中国特色、中国风格的文化品牌产品。文化品牌既是文化企业的无形资产,也是民族文化走向世界的窗口。在激烈的文化产品竞争中,中国文化产业要努力打造民族文化品牌,多创作、多生产出既有艺术品位又有市场需求的文化产品。要扶持有发展潜力的大中企业,做大做强一批对外交流的文化品牌,把反映中华民族特色与当代中国风貌的文化产品及服务尽可能多地推介到国际市场和世界范围内的文化交流中。越是民族的就越是世界的。只有那些能够展现中国文化特色、中华民族特色的文化品牌才能够抢占世界市场高地。[①] 实际上,"一带一路"倡议从提出到实践已经五年多,在与有关国家的合作尤其是文化交流与合作上已经形成了与相关国家共同的文化品牌,类似这样的文化品牌应该大力培育和大力推广。

第二节　如何提升中国精神文化
资源产生的文化软实力

　　前面用具体的数据分析了中国精神文化资源产生的文化软实力发展状况,从国际比较的视角来看,中国在这一方面的文化软实力有自己的特点,确实很难进行比较,尤其是在价值观方面要强调中国特色。但是我们

---

① 欧阳友权、杜鹃:《我国文化品牌发展现状、问题及对策》,《黑龙江社会科学》2009 年第10 期。

可以就一些统计数据发现，精神文化产生的文化软实力中国存在着以下不足：

第一，在文化价值观层面，中国缺乏企业家精神的某些要素，如开拓精神、学习精神、诚信精神。所谓开拓精神不足是中国文化的保守比较突出。这可能与近代中国的历史际遇有关，在西学东渐的过程中，中国文化受到严重侵蚀，而中国的士大夫和知识分子要么主张全盘接受西方文化，要么就是坚决拒绝。不过，在欧风美雨的冲击之下，中国更多的是走向了文化保守主义。中国文化的保守性放到民族性上就是缺乏开拓精神。

所谓学习精神不足在当今表现为中国读书的人越来越少了，看微信的多了。据有的口径统计，2018 年，中国成年人人均纸质图书阅读量只有4.67 本，以至于连印度人都说中国是一个不阅读的民族。真的如那句话所说，毛泽东使中国人民站起来了，乔布斯让中国人民低下了头（因为乔布斯开发了智能手机，据统计中国使用智能手机的人是世界各国最多的，这些人就是"低头族"）。不阅读的民族肯定就没有学习精神。

所谓诚信精神不足，我们不仅可以从中国市场上的履约比例可以看出诚信不足，也可以从一些具体案例来揭示这种现象。市场规则在于诚信，而中国市场上曾经一度充斥着各种各样的诚信风险，如为了抢占市场优势，在食品中恶意添加诸如"苏丹红""孔雀绿""吊白块""一滴飘香"等工业添加剂；老人摔倒后扶与不扶成为一个问题，也是诚信的问题，等等。简而言之，诚信在中国成为一种稀缺资源。

第二，科技创新力不足，知识产权保护有较大的提升空间。在创新力方面，笔者用了多个指标的数据，但中国最大的问题在于科技创新力不足。虽然我们抓住了二战后新科技革命的衣襟，从而实现了中国经济的崛起，在科技上某些方面也有不少创新性的成果，尤其是在航天技术、远洋技术等方面处于领先地位，但从全国科技的总体创新力水平上看是比较弱的。另外，科技创新力的一个重要前提就是知识产权保护，中国的知识产权保护水平比较低，这与中国社会主义市场经济起步较晚有关。科技创新力与知识产权保护之间有一定的内在逻辑关系。如果知识产权保护程度不高，一个国家的科技创新力就会比较弱，或者说是科技创新动力不足。

第三，在文化传播力上表现为文化吸引力不足，这与中国是一个文化资源大国的地位严重不相符。其中原因在于,一是如前文所说的文化品牌尤其是国际文化品牌品种不足;二是缺乏将文化资源转化为文化软实力的能力。文化资源丰富可以说是一个文化大国,但文化资源不一定能够直接成为文化软实力,只有把文化资源转化为世界其他国家所接受的文化产品的时候,这种文化才被认为已经转化为国家的文化软实力。

第四,在文化品位方面,中国在社会公平上有所欠缺。这一情况与中国社会主要矛盾的判断是一致的,即人们对美好生活的追求与发展不平衡、不充分的矛盾。而发展不平衡与社会不公平现象则有一定的因果关系。文化品位上的另一个问题则是中国的人类发展指数还不算太高,还没有进入高阶水平。那就意味着社会发展的质量和水平都还有很大的提升空间。

针对上述问题与不足,笔者认为要提升中国精神文化资源产生的文化软实力,需要从以下方面下功夫:

第一,在文化价值观方面,必须使全社会努力践行社会主义核心价值观,提高全民族的思想道德水平。正如习近平所指出的那样,要加快构建充分反映中国特色、民族特性、时代特征的价值体系;要努力实现中华传统美德的创造性转化,要努力抢占价值体系的制高点。社会主义核心价值观是社会主义核心价值体系的内核,体现社会主义核心价值体系的根本性质和基本特征,反映社会主义核心价值体系的丰富内涵和实践要求,是社会主义核心价值体系的高度凝练和集中表达;要以培养担当民族复兴大任的时代新人为着眼点,强化教育引导、实践养成、制度保障,发挥社会主义核心价值观对国民教育、精神文明创建、精神文化产品创作生产传播的引领作用,把社会主义核心价值观融入社会发展各方面,转化为人们的情感认同和行为习惯。

第二,加强知识产权保护,在全面依法治国的前提下,构建健康的社会主义市场经济的法治体系,为提高中国的科技创新力保驾护航。中共十八大以后,习近平总书记提出了"四个全面",其中"全面依法治国"本就是发展社会主义市场经济的客观需要,是国家民主法治进步的重要标志,也是建设中国特色社会主义文化的重要条件,显然也必然是增强中国文化软实力的重要条件。美国在贸易争端中就不断对中国的知识产权保护施加压力,其实即便美国不对中国施加这方面的压力,中国也必然会加大力度和加强立法来保护知识产权,这不仅是中国"全面依法治国"的题中应有之义,也是为了很好地促进中国科技创新力的提高。

第三,在文化传播力上:

一是要构筑牢固的传播基础,打造中国自己的传播"航空母舰",用自己的传播机构向国际社会传播中国的信息。在中国崛起过程中,国际社会中的"中国影响""中国因素""中国作用"等在不断增多,国际社会对有关中国的信息需求也不断增加。但目前这方面的信息大多不是中国传播机构发出的,基本上都是西方媒体从中国"倒卖"出去的,因此存在着严重的失真现象:要么是有意歪曲,要么是因传送渠道问题而被"污染",而网络的广泛应用进一步加强了信息的失真现象。因此,对中国来说,最迫切的就是要建立自己强大的国际传播机构。

二是在传播形式上要内外有别,少一点宣传色彩,多一些说理的内容,使中国传播机构发出的信息能够令国际社会信服。这是掌握舆论主动权的关键。长期以来,由于我们强调"宣传有纪律",因此,对内传播是官方语言,对外传播也一样是讲官方语言、发官样文章。对外传播业需要解放思想,不能说教与灌输,而是要用充分且可信的事实说理,把真实的中国传递给国际社会。

三是在传播内容上要善于制造话题,而不是一味地应对西方传媒机构制造的话题,这是引导国际舆论能力的体现。这实际上就是要切实提高中国传播机构的话语能力。一方面是在具体的突发事件上,信息传递要及时准确、公开透明。信息准确是话语能力的物质性来源,没有准确、真实的信息,即便是第一个报道某次事件而暂时获得了话语能力,也会在真相被识破后很快失去话语能力。另一方面是在战略问题上,要有战略眼光和宏观思维,特别是为中国自身制造话语,就更加需要中国的传播机构要走在中国发展的前面,对中国的发展要有前瞻性的判断。传播并非只是"事后报道",传播还具有事前制造话语和话题并加以引领的功能,而后一种功能的效果比前一种要大得多。

四是在管理体制上要不断创新,特别是政府要履行好传播管理职能。传播管理体制的创新就是要把政府过去"办传播"的职能转变为"管传播"

的职能,从而使"办传播"成为传播市场主体的市场行为,政府则专注于宏观的管理和指导。

五是在营销形式上,要以提升传播产业的国际竞争力为目标,实施"走出去"战略。企业的核心竞争力是品牌,品牌是制胜的关键,西方的传媒"巨人"都拥有自己的核心品牌,如时代华纳拥有《时代》周刊、美国有限电视新闻网(CNN)、华纳兄弟等一系列文化品牌等。因此,中国的传播机构要"走出去",首先要有自己的品牌,要加快品牌的创新步伐。在品牌创新的基础上,还要加快传播产业的业态创新。客观地说,中国目前已经有了传播产业的各种业态,如书报刊出版、印刷和发行业,文化艺术业,广播电影、电视业,文化娱乐业,广告业,等等。但是中国还没有综合性、多元化经营的传播业态。西方的主要传媒如时代华纳、新闻集团、迪士尼、维旺迪、贝塔斯曼、索尼等,走的都是综合性、多元化的发展之路,其主营的业务一般都涵盖了新闻、理财、娱乐、购物、健康、邮件、图书、期刊、版权等。这些传媒"帝国"的成功,无疑是中国传播产业业态创新的可借鉴的发展思路。

第四,在文化品位方面,不仅要着眼于内部经济发展来消除中国经济发展的二元现象,消除社会不公平现象;而且也要大力发展文化事业和文化市场,满足人们在各个层次上的文化消费。当然,在文化生产上也不能盲目增加投入和数量扩张。如果以为文化发展就是多出版几本书、多拍几部电影、多拍几部电视剧、多组织几场文艺演出等,而不是从文化消费市场的角度来决定文化生产。结果很可能是文化泡沫和文化的虚假繁荣。

总之,增进精神文化资源产生的文化软实力,需要努力开发中国传统文化资源。传统是中国文化的根,一方面要重新整理国故。提到"整理国故",人们自然会想到20世纪20年代前后发生的"整理国故运动"。也许当时发生的"整理国故运动"并非如胡适所说的要通过"整理国故"来"再造文明",但他们的确并非只是要"为学术而学术"来整理国故,而是通过"整理国故","还其本来面目",从而达到"解放人心"的目的。[①]

当今重提整理国故并非是要复古,而是要重建中国的文化自觉。通过借用现代科技手段整理国故,去国渣、扬国粹,既不能陷入文化保守主义,

---

① 周质平:《评胡适的倡导科学与整理国故》,《近代史研究》1992 年第 1 期。

也不能对西方所谓的"普世价值"顶礼膜拜;既要防止文化自负,也要防止文化自卑,在文化自信中走向文化自觉,最终实现中华民族的文化自强。另一方面要传承国粹。整理国故不是要将中国传统文化梳理之后便束之高阁,而是要在区别国渣与国粹之后,传承国粹。目的就在于:为夯实文化发展的基础,建立中国文化的传承体系,建立中国文化发展及构建中国话语的知识谱系。增进精神文化资源产生的文化软实力,还要推进中国文化创新。开发传统文化资源的目的是要以优秀传统文化为基础不断推进中国文化的创新。

中国文化历经悠久的历史而不衰,不是因为中国社会原封不动地继承下来,而是因为在保持其精髓的情况下在新的时代条件下加以创新,从而使之获得经久不衰的生命力。文化的发展和文化竞争力的提升,就是要在尊重传统的前提下不断创新。当然,文化创新必须以建设社会主义核心价值体系为核心。任何社会在历史发展进程中都会形成与其根本体制相适应的、发挥主导和支配地位的社会核心价值体系。社会主义核心价值体系就是当代中国社会精神之魂。文化的发展总是为建设国家现时代的核心价值体系服务的。

经济学家熊彼特指出:"社会主义瞄准比塞饱肚子更高的目标,正如基督教的意义远比关于天堂和地狱带点享乐主义的价值更高。更重要的是社会主义意味着一个新的文化世界。"[①]所谓"新的文化世界",不仅意味着社会主义要展示文化先进性的一面,更重要的是社会主义要拥有以前任何社会所没有的全新的核心价值体系。离开了社会主义的核心价值体系,社会主义文化就不具有先进性,也就不具有感召力和吸引力。此外,提升文化和文化软实力的目的是塑造国家品格、提高国家品位。反过来,文化要塑造国家的品格就需要不断创新。文化和文化软实力对国家具有巨大的塑造功能。[②] 因为一个国家的品格蕴含在自己的传统文化之中,使文化在不断创新中提高国家的品位。

---

① [美]约瑟夫·熊彼特:《资本主义、社会主义与民主》,吴良健译,商务印书馆,1999 年,第261 页。

② 胡键:《文化软实力研究:中国的视角》,《社会科学》2011 年第 5 期。

中国的品格就是根植于中国传统文化之中的特殊品质。① 国家品格的高低取决于文化发展水平和文化的品位,落后的文化塑造的是低品格的国家,先进的文化塑造的是高品格的国家。

第三节　如何提升中国制度文化
资源产生的文化软实力

从理论上来讲,中国特色社会主义制度要比资本主义制度更加优越,也应该更加容易产生出制度性的文化软实力。但是众所周知,中国社会主义的起点非常低,脱胎于一个贫困的半殖民地半封建社会,各种制度都是在"摸着石头过河"的基础上建立起来的。无疑,过去七十多年中国特色社会主义制度建设取得了巨大的成就,这是有目共睹的事实。但是中国特色社会主义制度依然还有许多不完善之处,因而制度文化也存在着一些缺陷,这就必然导致制度文化产生的文化软实力也存在着不足之处。这些不足之处表现为:

第一,权力腐败是中国制度资源产生的文化软实力的最大缺陷。权力腐败问题大致有这样一些表现:

一是"一把手"问题。由于一把手职位高,权力大,为他"吹喇叭""抬轿子"的人多,在这种环境下,一把手极易成为各种势力腐蚀的对象。对于"一把手"问题,邓小平在改革之初就注意到了并且要求加强对"一把手"的教育和监督。邓小平指出,"一把手"的家长制作风,"除了使个人高度集权意外,还使个人凌驾于组织之上,组织成为个人的工具。家长制是历史非常悠久的一种陈旧社会现象,它的影响在党的历史上产生过很大危害"②。因此,邓小平要求处于现代化建设中的中国共产党"要有群众监督制度,让群众和党员监督干部,特别是领导干部。凡是搞特权、特殊化,经过教育而又不改的,人民就有权依法进行检举、控告、弹劾、撤换、罢免"③。

---

① 楼宇烈:《中国的品格》,南海出版公司,2009 年,第 1 页。
② 《邓小平文选(第二卷)》,人民出版社,1994 年,第 329～330 页。
③ 同上,第 332 页。

但是从历年查处的腐败案件来看,涉及党政一把手的案件所占的比例仍呈上升的趋势。

二是公权力私有化现象。《中华人民共和国宪法》明确规定了"一切权力属于人民所有"的基本原则。人民则赋予了"公仆"行政管理权、资源配置权、经济管辖权、人事任用权、司法执行权、财物审批权等管理国家事务的公共权力。但是在上级不易监督、同级不好监督、下级不敢监督、人民不能监督的情况下,某些掌握着国家权力的人把手中掌握的公权力转化为谋取私利的工具。这就是所谓的公权力私有化现象。公权力私有化在大多数情况下都是堂而皇之地被冠以"组织"或者是"制度"的名义。在当今中国改革开放过程中,公权力私有化现象表现为以下四点:①通过制定有利于自己或自己所代表的利益群体的制度、政策,从而能够以"国家政策"即"制度"的名义获得普通群体难以获得的社会资源。②人为地改变地区、部门的某些规章制度,特别是改变地区、部门的分配制度,并以"改革"的名义获得最大利益。③提拔干部任人唯亲,不遵守程序,或者打破正常的程序提拔自己的亲人、亲信,从而导致公务员"家仆化"。④以"组织"的名义合法性地占有社会资源,或者是提拔自己的亲信,或者是享有某些特殊资源。改革开放四十多年极大地促进了中国的现代化进程,但公权力私有化也恰恰是在改革开放的进程中日益严重。

三是公权力市场化,导致买官卖官现象。权力市场化是指权力作为市场交易的客体而成为掌握一定公权力的人谋取社会资源的一种方式。它既表现为权钱交易,也表现为权物交易,归根结底是用公权力与其他利益进行交换以换取更大的收益。公权力市场化在中国封建政治制度中比较普遍,但封建的政治传统并没有被革命彻底根除,而是作为一种"社会基因"在当今中国政治发展中发挥着某种影响。因此,即便在当今,中国政治体制内买官卖官的现象也时有发生。

四是公权力运行潜规则化、暗箱操作。公权力运行的潜规则化是廉政建设中最大的问题。过去四十多年来,中国在廉政建设方面建立了一系列的制度,但这些主要是关于内部(道德、品格)建设的制度,而不是外在建设的制度,即不是关于制度建设的制度,而只是检验人的道德的制度,很少有关于权力运行以及关于权力与没有掌握权力的人的关系的制度。而恰恰是权力运行过程是腐败产生的最大空间。缺乏外部制度的规制,其结果必然是权力运作的暗箱操作,正式的制度被潜规则排挤,潜规则成为正常社会的规制手段。这种情形下,很容易导致黑社会性质的组织和群体性事件的泛滥。自改革开放以来,中国经济快速增长的同时,党员干部腐败堕落的问题也日益突出。据"透明国际"的研究,在改革初期的 1980—1985 年间,中国的清廉指数为 5.13,属于轻微腐败国家;但到了 1993—1996 年间,中国的清廉指数降到了 2.43,属于极端腐败国家。进入 21 世纪后,中国在透明国际的腐败指数榜上保持在 3.4～3.8 之间。① 这表明,尽管通过从严惩治,腐败问题已经得到有效控制,但仍然是影响党的形象和国家建设最大的因素。即便是在中共十八大以来的反腐浪潮中,仍然有人敢于顶风作案。由此可见,当前最大的危险仍然是腐败。

第二,中国人的规则意识淡薄,体制性规则意识和运行规则意识都淡薄。所谓规则意识实际上更多的是一种法治意识,广义而言就是规则意识。改革开放以来,中国的法制建设尤其表现为立法上有长足进步,各种法律制度都建立起来。然而在中国的现实实践中,不少法律、社会的体制性规则以及社会的运行规则都被视为摆设,在大多数情况下,人们更愿意找熟人、找朋友、找同学来办事,而不是按照法律制度和社会规则来办事。对个人而言,办事成本不仅没有减少,反而增大;对国家和社会而言则有损法制和社会规则。

第三,公民的政治参与度与社会参与度都不高,而围观意识强。对中国政治有深入研究的学者都不难发现中国社会有一个非常奇特的现象:网络民主、网络问政、网络反腐。最初都以为是网络时代世界的普遍现象,后来对其他国家进行深入观察后发现,尽管一些发达国家的网络信息化比中国发展早,有的国家网络信息化水平也比中国的高,但它们基本上没有这种"网络政治现象"。原因何在呢? 原因就是中国民众对现实的政治事件缺乏信任,转而进入网络空间之中。在最初网络没有实名制的情况下,中

---

① 具体数据参见"透明国际"网站:http://www.gwdg.de/~uwvw。另外,清廉指数(Corruption Perceptions Index,CPI)的数据来源是由一些专家学者从国际上重要、著名的调查报告中提取有关人士对各个国家腐败程度的感觉和评判数据,加以综合评估,给出分数。CPI采用10分制,10分为最高分,表示最廉洁;0分表示最腐败;8.0～10.0之间表示比较廉洁;5.0～8.0之间为轻微腐败;2.5～5.0之间腐败比较严重;0～2.5之间则为极端腐败。

国的"网络政治"现象就非常突出。后来实现网络实名制后,网络政治的参与度也急剧下降,网上对政治问题的"围观"者越来越多。当然,对现实政治和社会的参与度更低。

第四,在国民心态上,极端个人主义倾向与拜物主义结合在一起,社会的焦躁、焦虑感与冷漠感同时存在。国民心态是文化的产物,也是制度(政策)的产物。文化对国民心态的影响是持久的,而制度对国民心态的影响则是直接的。反过来,国民心态也是制度(政策)的一种直接反映。中国近年来的国民心态呈现出极端个人主义和拜物主义的倾向,一个直接的原因就是,市场经济启动以后,个人的成功要远远超出对国家、社会的关怀。而社会对个人的成功则更主要是集中在个人能够挣多少钱上面,也就是用钱的多少来衡量一个人的成功与否。在某种程度上,这几乎成为某种体制性政策。于是乎,政策—国民心态—体制性政策的循环成为中国国民心态扭曲的一种路径。这从而又回到了19世纪中期以后西方对中国人一样的评价:中国人没有信仰,他们只在乎权力和金钱。这种评价也逐渐成为西方对中国的一种制度性偏见。

鉴于上述情形,笔者就如何提升中国制度文化资源产生的文化软实力提出以下策略建议:

第一,继续对权力腐败施加制度性的压力,使制度能够对腐败分子产生震慑力。中共十八大以来,我们制定了一系列关于制约权力的制度,努力做到"把权力关进制度的笼子里"。不过,还必须将制度进行分类。因为廉政包含四个要素:"廉正",指政府及其官员在履行公务、处理问题的过程中廉洁而公正,不贪污、不受贿、不枉法;"廉朴",指政府及其官员取之于民者少而用之于民者多;"廉节",指政府及其官员在国家管理活动和处理与社会公共事务有关的活动中具有清廉无私的品德或节操,也称廉德;"廉制",即有关廉政的制度。从四个方面来看,前三者主要是道德操守的内容,这三个方面中国都做得非常不错。

但是廉政建设的关键是廉制建设,这方面中国做得非常不够,廉政的制度存在着严重的缺陷。这些制度包括:掌握权力的人与权力之间的关系的制度,权力运行的制度和没有掌握权力的人与权力之间的关系的制度。这三种制度比较完备的是关于掌握权力的人与权力之间的制度。例如,干部任期、回避、交流制度，干部问责制，在任、离任审计制度，述职述廉制度等，这些制度都是关于掌握权力的人与权力之间的制度。但是中国很少认识到制定关于权力运行的制度和制定没有掌握权力的人与权力之间的关系的制度的重要性。因此，建立健全廉政制度，就必须进一步完善掌握权力的人与权力之间的关系的制度，尽快建立权力运行的制度和没有掌握权力的人与权力之间的关系的制度。

关于掌握权力的人与权力之间的关系的制度，要对两方面的问题进行规制：一方面是任何人获得权力的方式是法律认可的，不能让权力进入市场，力避出现买官卖官的现象。人民将权力授予了执政党并通过法律的形式确认下来，并不意味着掌握权力的人可以将公权力视为私有，可以随意进行交易。买官卖官现象本来是封建专制时代的产物，"家天下"时代就把权力视为一己之私。但是当今中国在社会大转型时代，由于各种制度的缺陷和漏洞，封建专制时代的陋习又或多或少地在今天冒出头来。没有法律的规制，封建陋习就会像被激活的遗传脱氧核糖核酸一样迅速在中国社会的机体中活跃起来。另一方面，关于握有权力的人与权力的关系的制度，要求所有握有权力的人必须在宪法和法律的范围内活动，而不允许任何权力有超越法律甚至凌驾于法律之上的特权。改革开放以来，个别领导凌驾于法律之上的情况时有发生。有鉴于此，中共十八大报告明确指出："党领导人民制定宪法和法律，党必须在宪法和法律范围内活动。任何组织或个人都不能有超越宪法和法律的特权，绝不允许以言代法、以权压法、徇私枉法。"①这实际上就是强调法律对权力的规制作用。

关于权力运行的制度，其功能在于对以下方面进行规制：其一，权力决策前的预防；其二，权力决策方式的科学性；其三，决策失误的追责。决策前的预防主要是防止决策的盲目性，也就是要做到决策具有科学性。长期以来，民众没有参与决策的机会，民众只是在领导干部决策之后而被迫接受某种决策。而领导干部则常常是过度消耗权力而盲目决策：一是只为了自己的政绩来决策，一切以政绩为目标；二是不求创新只求稳定；三是缺乏相应的能力又不愿意搞调查研究，不愿意听取群众意见，导致错误决策。

---

① 胡锦涛：《坚定不移沿着中国特色社会主义道路前进 为全面建成小康社会而奋斗》，人民出版社，2012 年，第 28 页。

盲目决策这三个方面的表现带来的结果是,践踏国家法制、给国家造成极大浪费,以及导致社会不稳定。盲目决策,最大的问题就是把自己的权力凌驾于法律之上,形式上表现为个人英雄主义,实质上是无视法律的威严。事实表明,对国家来说,最大的浪费不是在生产上,而是在决策上。生产上的浪费可能只是某些项目的问题,但决策失误造成的浪费则是全局性的。另外,决策失误或者决策错误也会危害社会稳定。因此,建立权力运行的科学制度就是防范权力被过度使用和错误使用。

关于权力与没有掌握权力的人的关系的制度,一是要明确权力的法律责任,即权力是人民授予的,那么权力对人民的利益具有天然的保护责任;二是要明确人民对被授予者有要求透明的权力运作;三是要明确人民对权力具有"二次授予"的权力。人民将权力授予一批人不是让被授予者随心所欲地使用权力的,而是让权力真正服务人民,使权力向人民负责。也就是说,人民信任一个政党才将权力授予这个政党,授予这个政党的先进分子,使人民的利益能够在权力的安全保护之下。被授予权力的人,对人民来说就没有个人的特权,更没有秘密使用权力的特权。另外,由于人都会犯错误,有的错误是可以原谅和改正的,但在权力运行的过程中造成的重大错误是不可以原谅的,因此人民第一次授予其权力就需要"自我纠错",重新选择授予的对象,也就是"二次授予"的权力。这样就能够确保权力在人民的监督下运行。

要建立上述"廉制",那就必须不断深化改革。在中共十八大之后,一系列的改革举措已初见端倪,尤其是关于预防腐败和惩治腐败的举措正在实践中产生积极成效。我们至少通过这些举措可以看出,中国共产党正在通过自己的努力不断提升自己治党治国的能力,也不断改善中国的制度形象。

第二,关于规则意识、法制意识,增强全社会的法治观念和规则意识,其前提就是党政领导干部在行使权力的时候要坚持依法用权、依法执政。各级党政领导干部是社会的政治精英,应该是社会的表率,对民众具有重要的示范作用。更重要的是,各级领导干部手里都或多或少掌握着权力,在权与法之间进行权衡的时候,不能把权力凌驾于法律之上。当然,对于那些触犯法律的领导干部进行惩处的时候,更加强调法律面前人人平等,所谓"陟罚臧否,不宜异同"。这样国家的法律制度和社会的体制规则才能居于权威性而得到全社会的普遍尊重。这应该是最重要的一点。当然,除此之外,要加强对民众的法制教育、规则教育,使之自觉接受法制、规则的规训。

第三,关于公民参与问题,我们要认识到公众的参与是现代社会生活的必不可少的内容,因此要激发公众对政治、社会的参与热情。当今处于信息化时代,这个时代有一个非常重要的悖论:一方面公众担心自己对信息的冷漠会导致忽略了众多流动的信息而丧失机会;另一方面又因信息众多而迅速淹没了真实。也就是说,公众既担心信息过多也担心信息过少,其结果很有可能是做一个慵懒的围观者,从而缺乏参与的积极性。激发公众社会参与积极性的最重要手段就是确保信息公开和信息顺畅流动,尤其是确保真实信息的顺畅流动。

第四,关于国民心态的问题,就内部而言,的确表现为极端个人主义倾向与拜物主义。这需要加强价值观、世界观的教育,特别是要用社会主义价值观来进行教育,树立起社会主义的道德观和价值观,自觉坚守道德底线。另外,中国的国民心态在对外方面可能表现为极端民族主义倾向。这实际上是一种不健康的民族心理。当今中国内部的民族主义情绪不像近代史上缺乏物质支撑的民族主义,而是在中国较为坚实的经济实力支撑下的民族主义,它更加有底气,或者说有一种从未有过的自信的民族主义。这样的民族主义如果与近代历史上因失败而产生的耻辱感结合起来,那么为了解决"挨骂"的问题,这种民族主义最容易滑落成为前面所说的"雪耻型"民族主义。其结果就是排外、拒外、仇外而走向自负式的封闭,诸如砸日系汽车、砸韩系汽车、拒用苹果手机等,无不呈现民粹化倾向,用革命时期的民族主义来展现和平时期的民粹主义。这种民族主义往往以爱国主义的面貌出现,但这种非理性的民族主义或者说也是非理性的爱国主义与全球化、全球治理是相对立的。

一方面,全球化、全球治理已经成为不可逆转的趋势,而非理性的民族主义却坚守传统的狭隘国家利益理念并以此来抵制全球化和全球治理;另一方面,正如前文所述,中国是融入全球化和全球治理进程才得以崛起的。因此,非理性的民族主义、非理性的爱国主义并不是真正的爱国,而是在爱国主义的面纱下发泄潜藏在内心的悲情民族主义情绪。这种民族心理对一个国家的成长来说有害无益。中国是一个大国,中国的崛起必然要对国际体系和整个国际社会产生重大而深远的影响。更为重要的是,中国在西方看来是以西方的"他者"角色的崛起,西方尤其是美国这样的主导国对中国的遏制就在所难免。而伴随着美国对中国的战略遏制的,是西方对中国的各种负面舆论,其中包括所谓的"中国威胁论""中国傲慢论""中国颠覆论""修昔底德陷阱论"等,从而激起了中国内部的民族主义情绪。然而一个大国的崛起需要健康的民族心理,更需要理性的民族主义。只有善于向世界学习的民族主义才是健康的民族主义,这样的民族心理才能支撑大国的持续成长进程,并为大国崛起提供持久不衰的动力。

参考文献

一、中文文献

1. [苏]阿·阿夫托尔哈诺夫:《勃列日涅夫的力量和弱点》,杨春华、张道庆译,新华出版社,1981年。

2. [美]阿尔温·托夫勒:《预测与前提——托夫勒未来对话录》,粟旺等译,国际文化出版公司,1984年。

3. [加拿大]阿米塔·阿查亚:《美国世界秩序的终结》,袁正清、肖莹莹译,上海人民出版社,2017年。

4. [美]阿什利·泰利斯、乔纳斯·比利亚、克利斯托弗·莱恩、梅丽萨·麦克弗森:《国家实力评估:资源、绩效、军事能力》,门洪华、黄福武译,新华出版社,2002年。

5. [英]安格斯·麦迪森:《世界经济千年史》,伍晓鹰等译,北京大学出版社,2005年。

6. [英]安格斯·麦迪森:《中国经济的长期表现——公元960—2030年》,伍晓鹰、马德斌译,上海人民出版社,2008年。

7. [美]保罗·肯尼迪:《大国的兴衰》,陈景彪等译,国际文化出版公司,2006年。

8. [美]彼得·施魏策尔:《里根政府是怎样搞垮苏联的》,殷雄译,新华出版社,2001年。

9. [美]布热津斯基:《大失败——二十世纪共产主义的兴亡》,军事科学院外国军事研究部译,军事科学出版社,1989年。

10. 陈廷湘、周鼎:《天下·世界·国家:近代中国对外观念演变史论》,上海三联书店,2008 年。

11. 陈旭麓:《近代中国社会的新陈代谢》,上海人民出版社,1992 年。

12. 戴茂堂、江畅:《传统价值观念与当代中国》,湖北人民出版社,2001 年。

13. [美]戴维·卡莱欧:《欧洲的未来》,冯绍雷等译,上海人民出版社,2003 年。

13. [美]丹尼斯·朗:《实力论》,陆震纶、郑明哲译,中国社会科学出版社,2001 年。

15. 邓正来、J. C. 亚历山大编:《国家与市民社会——一种社会理论的研究路径》,中央编译出版社,1999 年。

16. [俄]格·阿·阿尔巴托夫:《苏联政治内幕:知情者的见证》,徐葵、张达楠译,新华出版社,1998 年。

17. [俄]雷日科夫:《大国悲剧:苏联解体的前因后果》,徐昌翰等译,新华出版社,2008 年。

18. [美]费正清、刘广京编:《剑桥中国晚清史》,中国社会科学出版社,1985 年。

19. 冯友兰:《中国哲学简史》,北京大学出版社,1985 年。

20. 高占祥:《文化力》,北京大学出版社,2008 年。

21. 龚铁鹰:《软权力的系统分析》,天津人民出版社,2008 年。

22. 管文虎主编:《国家形象论》,电子科技大学出版社,2000 年。

23. 郭树勇:《大国成长的逻辑:西方大国崛起的国际政治社会学分析》,北京大学出版社,2006 年。

24. 韩召颖:《输出美国:美国新闻署与美国公众外交》,天津人民出版社,2000 年。

25. 胡键等:《中国和平崛起进程中的软实力建设方略》,新华出版社,2013 年。

26. 胡键:《理解中国的改革:当代中国社会主义理论与实践研究》,学林出版社,2015 年。

27. 胡键:《中国软实力研究》,天津人民出版社,2018 年。

28. 花建等:《文化力:先进文化的内涵与 21 世纪中国和平发展的文化动力》,上海文艺出版社、百家出版社,2006 年。

29. 黄仁伟:《中国和平崛起的时间与空间》,上海社会科学院出版社,2002 年。

30. 黄硕风:《综合国力新论——兼论新中国综合国力》,中国社会科学出版社,1999 年。

31. [美]孔华润主编:《剑桥美国对外关系史》,王琛等译,新华出版社,2004 年。

32. 李培林、李强、孙立平等:《中国社会分层》,社会科学文献出版社,2004 年。

33. 李智:《文化外交:一种传播学的解读》,北京大学出版社,2005 年。

34. 李宗禹等:《斯大林模式研究》,中央编译出版社,1999 年。

35. 梁漱溟:《中国文化要义》,学林出版社,1987 年。

36. 刘鸿武、李新烽主编:《全球视野下的达尔富尔问题研究》,世界知识出版社,2008 年。

37. 刘继南、何辉:《世界镜像——世界主流媒体中的中国形象》,中国传媒大学出版社,2006 年。

38. 刘建飞:《美国与反共主义——论美国对社会主义国家的意识形态外交》,中国社会科学出版社,2001 年。

39. 楼宇烈:《中国的品格》,南海出版公司,2009 年。

40. [美]罗伯特·基欧汉、约瑟夫·奈:《权力与相互依赖》,门洪华译,北京大学出版社,2002 年。

41. [美]罗伯特·杰克曼:《不需要暴力的权力——民族国家的政治能力》,欧阳景根译,天津人民出版社,2005 年。

42. [美]罗伯特·杰维斯:《国际政治中的知觉与错误知觉》,秦亚青译,世界知识出版社,2003 年。

43. 罗荣渠:《现代化新论——世界与中国的现代化进程》,商务印书馆,2009 年。

44. 罗荣渠主编:《从"西化"到现代化》,北京大学出版社,1990 年。

45. [英]马丁·雅克:《当中国统治世界:中国的崛起和西方世界的衰

落》,张莉、刘曲译,中信出版社,2010 年。

46.[德]马克斯·韦伯:《新教伦理与资本主义精神》,马奇炎、陈婧译,北京大学出版社,2012 年。

47.[加拿大]马修·弗雷泽:《软实力:美国电影、流行乐、电视和快餐的全球统治》,刘满贵等译,新华出版社,2006 年。

48.马勇:《近代中国文化诸问题》,东方出版中心,2008 年。

49.[美]玛格丽特·E. 凯克、凯瑟琳·辛金克:《跨越国界的活动家:国际政治中的倡议网络》,韩召颖、孙英丽译,北京大学出版社,2005 年。

50.[美]玛莎·费丽莫:《国际社会中的国际利益》,袁正清译,浙江人民出版社,2001 年。

51.[美]麦克尔·哈特、[意]安东尼奥·奈格里:《帝国——全球化的政治秩序》,杨建国、范一亭译,江苏人民出版社,2003 年。

52.门洪华:《中国:软实力方略》,浙江人民出版社,2007 年。

53.孟亮:《大国策:通向大国之路的软实力》,人民日报出版社,2008 年。

54.[法]孟德斯鸠:《论法的精神》,张雁深译,商务印书馆,2002 年。

55.明安香:《传媒全球化与中国崛起》,社会科学文献出版社,2008 年。

56.[美]明恩溥:《中国人的素质》,秦悦译,学林出版社,1991 年。

57.[美]莫顿·贝科威茨等:《美国对外政策的政治背景》,张禾译,商务印书馆,1979 年。

58.牟宗三:《中国哲学的特质》,上海古籍出版社,2007 年。

59.牟宗三:《中国哲学的特质》,上海古籍出版社,1997 年。

60.倪世雄等:《当代西方国际关系理论》,复旦大学出版社,2001 年。

61.潘维主编:《中国模式:解读人民共和国的 60 年》,中央编译出版社,2009 年。

62.钱穆:《中国文化史导论》,商务印书馆,1994 年。

63.秦亚青:《霸权体系与国际冲突——美国在国际武装冲突中的支持行动(1945—1988)》,上海人民出版社,1999 年。

64.[法]让-马克·夸克:《合法性与政治》,佟心平、王远飞译,中央编译出版社,2002年。

65. 任东来等:《当代美国——一个超级大国的成长》,贵州人民出版社,2000年。

66. [日]星野昭吉:《全球化时代的世界政治——世界政治的行为主体与结构》,刘小林、梁云祥译,社会科学文献出版社,2004年。

67. [日]星野昭吉:《全球政治学——全球化进程中的变化、冲突、治理与和平》,刘小林、张胜军译,新华出版社,2000年。

68. [美]塞缪尔·亨廷顿:《第三波——20世纪后期民主化浪潮》,刘军宁译,上海三联书店,1998年。

69. [美]塞缪尔·亨廷顿:《文明的冲突与世界秩序的重建》,周琪等译,新华出版社,2002年。

70. [美]塞缪尔·亨廷顿:《我们是谁?——美国国家特性面临的挑战》,程克雄译,新华出版社,2005年。

71. [美]苏珊·罗斯·艾克曼:《腐败与政府》,王江、程文浩译,新华出版社,2000年。

72. 孙炳辉、郑寅达:《德国史纲》,华东师范大学出版社,1995年。

73. 孙立平:《转型与断裂:改革以来中国社会结构的变迁》,清华大学出版社,2004年。

74. 唐代兴:《文化软实力战略研究》,人民出版社,2008年。

75. 田丰、肖海鹏、夏辉:《文化竞争力研究》,中国社会科学出版社,2007年。

76. 童世骏:《文化软实力》,重庆出版社,2008年。

77. 王梦奎:《改革攻坚30题:完善社会主义市场经济体制探索》,中国发展出版社,2003年。

78. 王逸舟:《西方国际政治经济学:历史与理论》,上海人民出版社,1998年。

79. 王治河:《福柯》,湖南教育出版社,1999年。

80. [美]威廉·奥多姆:《苏联军队是怎样崩溃的》,王振西等译,新华出版社,2000年,第464页。

81. 吴忠民:《走向公正的中国社会》,山东人民出版社,2008年。

82. 邢广程:《苏联高层决策 70 年——从列宁到戈尔巴乔夫》,世界知识出版社,1998 年。

83. [美]亚历山大·温特:《国际政治的社会理论》,秦亚青译,上海人民出版社,2000 年。

84. 杨家祺等:《白宫总统史》,吉林人民出版社,2000 年。

85. [美]伊曼纽尔·沃勒斯坦:《美国实力的衰落》,谭荣根译,社会科学文献出版社,2007 年。

86. [美]伊曼纽尔·沃勒斯坦:《现代世界体系》第 1 - 3 卷,庞卓恒等译,高等教育出版社,2000 年。

87. 艺衡:《文化主权与国家文化软实力》,社会科学文献出版社,2009 年。

88. 俞可平、黄平等:《中国模式与"北京共识"——超越"华盛顿共识"》,社会科学文献出版社,2006 年。

89. [美]约翰·米尔斯海默:《大国政治的悲剧》,王义桅、唐小松译,上海人民出版社,2003 年。

90. [美]约瑟夫·奈:《理解国际冲突:理论与历史》,张小明译,上海人民出版社,2005 年。

91. [美]约瑟夫·奈:《软力量:世界政坛成功之道》,吴晓辉、钱程译,东方出版社,2005 年。

92. [美]约瑟夫·熊彼特:《资本主义、社会主义与民主》,吴良健译,商务印书馆,1999 年。

93. [美]詹姆斯·多尔蒂、小罗伯特·普法尔茨格拉夫:《争论中的国际关系理论》,阎学通、陈寒溪等译,世界知识出版社,2003 年。

94. 张昆:《国家形象传播》,复旦大学出版社,2005 年。

95. 张文木:《全球视野中的中国国家安全战略》,山东人民出版社,2008 年。

96. 周宁:《天朝遥远:西方的中国形象研究》,北京大学出版社,2006 年。

97. 周琪:《意识形态与美国外交》,上海人民出版社,2006 年。

98. 周尚文、叶书宗、王斯德:《苏联兴亡史》,上海人民出版社,

2002 年。

99.朱光磊:《中国的贫富差距与政府控制》,上海三联书店,2002 年。

100.资中筠:《冷眼向洋 百年风云启示录》,生活·读书·新知三联书店,2000 年。

二、外文文献

1. Aaron L. Friedberg, "The Future of American Power," *Political Science Quarterly*, Vol. 109, Spring 1994.

2. Albert Keidel, "China's Growing Pains Should Hurt Us", *The Washington Post*, July 24, 2005.

3. Bates Gill and Yanzhong Huang, "Sources and Limits of Chinese 'Soft Power'," *Survival*, Vol. 48, No. 2, 2006.

4. Chin – Chuan Lee, "Established Pluralism: US Elite Media Discourse about China Policy," *Journalism Studies*, Vol. 3, No. 3, 2002, p. 355.

5. David Shambaugh, "Beijing Charms Its neighbors," *International Herald Tribune*, May 14, 2005.

6. Edward Cody, "China's Quiet Rise Casts Wide Shadow," *Washington Post*, February 26, 2005.

7. G. John Ikenberry, "The Rise of China and the Future of the West: Can the Liberal System Survive?" *Foreign Affairs*, Vol. 87, No. 1, 2008.

8. John E. Rielly, *American Public Opinion and U. S . Foreign Policy*, The Chicago Council on Foreign Relations, 1995.

9. John J. Mearsheimer, "China's Unpeaceful Rise", *Current History*, April 2006.

10. John J. Mearsheimer, "The Gathering Storm: China's Challenge to US Power in Asia", *The Chinese Journal of International Politics*, Vol. 3, No. 4, Winter 2010.

11. Joseph S. Nye, Jr., "Soft Power," *Foreign Policy*, Issue 80, Fall 1990.

12. Joseph S. Nye, Jr. , "The Changing Nature of World Power," *Political Science Quarterly*, Vol. 105, No. 2, 1990.

13. Josephine Ma, "Wealth Gap Fuelling Instability, Studies Warn," *South China Morning Post*, Dec. 22, 2005.

14. Joshua Kurlantzick, "China Buys the Soft Sell," *Washington Post*, October 15, 2006.

15. Michael G. Kulma, "The Evolution of U. S. mages of China," *World Affairs*, Vol. 162, No. 2, Fall 1999.

16. Paul Krugman, "The Myth of Asia's Miracle," *Foreign Affairs*, Vol. 73, No. 6, 1994.

17. Robert Kagan, "League of Dictators?" *Washington Post*, April 30, 2006.

后 记

　　本书是本人主持的第三个国家社科基金项目"中国文化软实力评估及增进方略研究"的结项成果,此前主持过国家社科基金重大项目"中国模式问题研究"的子课题、国家社科基金一般项目"软实力建设与中国和平发展道路"。该项目研究历时四年,但因在国际比较中涉及十多个国家,而且数据整理非常复杂。因此,研究的难度非常大。总体来看,本课题有以下一些情形:

　　第一,从项目执行情况来看,本课题申请的时候是以重点项目的名义申请的,所以当时设计的时候不仅纳入比较研究的国家数量比较多,而且涉及的相应数据也更为复杂。但是最后批下来为一般项目,所以尽管国家的数量没有变化,但对数据指标进行了调整,适当限制了一些数据指标。申请书设计的是 2018 年 12 月 30 日申请结项,后又因其他原因推迟到2019 年 10 月结项。在这近五年的研究中,课题组成员发表了大量的中期成果,尤其是课题负责人出版了作为本课题中期成果的专著《中国软实力研究》(天津人民出版社,2018 年)。整个课题组围绕"中国文化软实力"及相关问题发表了 CSSCI 论文 30 多篇、权威期刊《中国社会科学》论文 1篇,被《新华文摘》长文转载 3 篇,被人大复印资料转载 8 篇,被《中国社会科学文摘》转载 1 篇;专报多篇,其中被中宣部综合采纳的专报有两篇。此外,还在《解放日报》《中国社会科学报》、"上海观察"、求是网、光明网发表了一系列理论评论文章。因此,从中期成果、计划进度等方面来看,该课题的执行情况是非常理想的。

　　第二,从创新的情况来看,在内容上:其一,本课题从理论上阐释了马克思主义关于文化的社会功能的理论,文化对社会的功能具有二重性,一方面优秀的文化对社会具有积极的塑造作用,表现为推动社会向前发展;另一方面,劣质文化和不适合本国发展的文化就会产生消极阻碍作用。因此,在世界多样文化中,我们要善于甄别文化,更要善于吸收优秀的文化,并将它转化为本民族文化之中,以推动社会向前发展。其二,本课题梳理了传统文化资源对增强文化软实力的重要性,但同时也注意到传统文化是文化软实力的资源,而并非直接就是文化软实力。文化资源转化为文化软实力需要有一个转化能力。另外,传统文化对于文化软实力而言,既有可能是资源,也有可能是包袱,关键是要正确对待。其三,最重要的是,本课题构建了一个文化软实力评估的指标体系,在这个体系中分为 3 个一级指标、14 个二级指标和 50 多个三级指标。当然,在研究的时候,本研究选择具有代表性的一些具体指标进行归集比较,通过对 11 个国家的比较来评估中国文化软实力的发展状况,同时也把纳入比较的另外 10 个国家的文化软实力做了相应的分析。然后在此基础上,提出了增进中国软实力的相应政策建议。因此,本课题研究最突出的特点和创新之处在于,将文化软实力进行定性与定量相结合的分析,揭示了文化软实力的发展特点和基本发展规律,同时强调增强文化软实力必须尊重文化软实力发展客观规律的重要性。此外,内容上还对国际社会如何认识中国的文化进行了分析,这是文化软实力的外部效应。在研究视角有独到的创新。在有关文化软实力的既有研究中,都是从文化学的视角来研究的,本课题将把文化软实力放在国际的视角中来研究,体现本课题的国际视野。在研究方法上,有关文化软实力的既有研究,大多是用逻辑推导的方法来阐述增强文化软实力的重要性,而缺乏定量的分析,更缺乏国际的比较。本课题既建立了一个定量分析的指标体系,而且还要进行国际比较,更直观地展现中国文化软实力的优势和劣势。

第三,关于资料收集与数据采集的情况,本课题的文献来自于国内外有关软实力、文化软实力、文化产业等研究的既有成果,也就是定性研究的文献是相对比较容易获得的;同时,由于课题负责人和部分成员长期从事软实力、文化软实力、文化以及国际政治中的文化研究,对国内外的文献比较了解,掌握的文献也比较多,这对研究有重要的促进作用。在数据采集方面,本课题的数据主要来自于两方面,一是国内外相关的统计数据,包括一些国际组织的的研究数据,如"透明国际"、联合国相关机构等。二是本研究也得到了中国社会科学院城市与竞争力研究中心的支持,本课题组在参与该中心相关课题研究的时候获得了该中心的允许而可以使用该中心整理到的相关数据。当然,也有部分数据是本课题组的调查、收集整理而成。

第四,课题成果的价值:一是学术价值,课题成果梳理了软实力、文化软实力、文化等学术概念,从理论上阐述了这些概念的理论逻辑和构成机理。这在此前的研究中是少见甚至是没有见到的。而学术研究的价值主要就是体现在厘清概念、理论的同时努力构建相关的理论。本课题也尝试在文化软实力方面构建中国的学术话语。当然文化软实力提出的时间不长,理论研究相对薄弱。但是中国现代化对文化软实力的理论提出了非常迫切的需求。本研究在既有研究的基础上继续深化文化软实力的理论研究,对推进文化软实力研究的理论创新和为增强我国文化实力提供理论支持。二是成果的应用价值,课题成果所构建的关于文化软实力评估指标体系,不仅仅是评估中国的文化软实力的工具,也可以用来评价其他任何一个国家的文化软实力,该体系具有普遍性的意义。这在既有的研究中是尚未见到的,所以在一定意义上具有原创性价值。更为重要的是,中国的目标是崛起为世界大国,但绝不能仅仅靠物质实力的支撑而缺乏文化软实力支撑,如果是这样,中国的大国成长进程将很难具有可持续性。因此,增强文化软实力就必然成为中国总体发展战略的一部分。鉴于此,本课题成果对文化软实力有比较深入的研究,为实现"中国梦"提供相应的理论解释,为构建中国话语进行非常有益的尝试。三是课题成果的社会影响,本课题在理论研究和文化软实力的量化分析具有开创性的意义,从发表的中期成果来看,不少已经发表的论文被《新华文摘》、人大复印资料、《中国社科文摘》转载,而且在短时间内的引用率也不低。这表明学术界对此有了较高的关注度,有重要的学术影响。而文化软实力是一个应用性非常强的领域,这个评估体系可以用来评估一个国家、一个地区、一个城市、一个组织的文化软实力发展状况,具有广泛的应用价值。目前,该指标体系略作调整已经运用到一些城市的文化软实力评估上,这为城市的文化发展和文化规划提供了具有针对性的标尺和相应的政策参考。

第五,课题成果的不足和需要进一步研究的问题:成果不足之处在于,一是数据的更新问题,由于所有的数据库对数据的更新一般都要滞后于两三年甚至更长的时间,所以本课题成果在使用数据上就不可能是最新的情况,而是早几年的情况。同时又由于课题组无论是在经费上还是在精力上都很难根据各国的情况来编制相应的最新数据,这使得成果所揭示的情形可能不是"现实"问题,而是"历史"问题。二是无论指标体系的维度有多少,都很难囊括其全部,也只是一个"抽样"指标,而不是"全数据"指标,所以这种指标体系也只能在一定范围内、一定时间内有参考价值,不可能是具有"普遍意义"的标尺。鉴于此,文化软实力的定量分析完全可以引入大数据研究,借助于大数据技术来进行数据挖掘、整理、分析,从而对文化软实力能够更加全面、更加客观地把握。当然,任何研究视角不同,不仅结论有异,而且研究的漏洞也会有所不同,不能求全责备,作为研究者只能是尽可能努力完善。

本课题的具体分工如下:"文化软实力的理论与分析工具""文化软实力的国际比较",由胡键、胡义清、徐圣龙负责;"对中国文化的认知效应",由徐庆超、胡键、忻华、叶淑兰负责;"中国文化软实力增进方略与策略",由胡键负责;最后,课题负责人胡键对全部书稿作了全面统筹修订。除了要感谢直接撰写课题报告的上述朋友外,在此特别感谢为课题做出了不同贡献的其他课题组成员:为本课题贡献了重要中期成果的陆钢、刘晓音、刘笑言、曾信凯;"软实力"公众号、软实力研究中心的编辑郑皓莹、罗燕;为课题协调和其他后勤保障的黄凤莲;以及《社会科学》《社会科学文摘》编辑部的其他同人,他们在具体的研究工作和编辑工作中都贡献了精力和智慧。

文化发展本是一个渐进且长期的过程,而作为文化滋生出来的文化软实力的提升也必然是一个长期的过程。中国的大国成长进程,不能以硬实力为基础,在强调硬实力不可或缺的同时,必须强调文化软实力的重要性。梁启超先生在1903年发表的《中国国民之品格》一文,曾区分为三种国家,一是"受人尊敬之国","其教化政治卓然与环球,其声明文物烂然震眩于耳目";二是"受人畏慑之国","其挟超强之兵力,虽行以无道,犹足以鞭笞群雄而横绝地球";三是"受人轻辱之国","其尔然不足以自立,听任他国蹂躏操纵,存于若存若亡之境"。因此,没有硬实力则有可能成为"受人轻辱之国",但只有硬实力则有可能成为"受人畏惧之国"。只有建立在硬实力和软实力特别是文化软实力平衡发展的国家,才是"受人尊敬之国"。中国的大国进程就是要崛起成为一个"受人尊敬之国",也就是有文化品位的世界大国。

胡　键
2019 年 12 月